Der Blick auf Dresden. Die Frauenkirche und das Werden der Dresdner Stadtsilhouette

Der Blick auf Dresden. Die Frauenkirche und das Werden der Dresdner Stadtsilhouette

Herausgegeben von Anna Greve, Gilbert Lupfer und Peter Plaßmeyer
für die Staatlichen Kunstsammlungen Dresden

STAATLICHE KUNSTSAMMLUNGEN DRESDEN

Deutscher Kunstverlag

Inhalt

1 | ADOLPH ELTZNER / HEINRICH WALTER | Dresden vom Ballon gesehen | Dresden, um 1852
Kolorierte Lithografie, 51,8 x 71,5 cm | Museen der Stadt Dresden, Städtische Galerie Dresden, Kunstsammlung (1980/k 2471)

Grußwort

Der Wiederaufbau der Dresdner Frauenkirche, der mit der Weihe am 30. Oktober 2005 seinen glücklichen Abschluss findet, ist eines der bedeutendsten Ereignisse in der Nachkriegsgeschichte der Stadt. In Deutschland, in Europa, ja in der ganzen Welt wird das Wiedererstehen dieser Bürgerkirche mit Sympathie und Freude begleitet. Es wird verstanden als Zeichen des Mutes und Engagements der Bürger Dresdens und Sachsens. Für den Blick auf Dresden von außerhalb steht die Frauenkirche nicht nur für die glanzvolle barocke Zeit der ehemaligen Residenz, sondern auch für die Fähigkeit dieser Stadt und ihrer Bürger, Tradition und Moderne zu verbinden und dafür auch neueste Technologien nutzbar zu machen.

So wie die Frauenkirche beim weltweiten Blick auf Dresden im Zentrum steht, so bildet sie auch den Ausgangs- und den Angelpunkt dieser Ausstellung. Dieses Gemeinschaftswerk der Staatlichen Kunstsammlungen Dresden und der Stiftung Frauenkirche, das von der Kulturstiftung Dresden der Dresdner Bank, dem Freundeskreis der Kulturstiftung der Länder und der Kulturstiftung des Freistaates Sachsen großzügig unterstützt wird, begleitet die Weihe der Frauenkirche und das 800-jährige Stadtjubiläum Dresdens. Sie würdigt das »Kernstück« des Weltkulturerbes Elbtal, dieses einzigartige Gesamtkunstwerk aus Architektur und Flusslandschaft im Herzen Dresdens. Die Entwicklung der berühmten Silhouette der Dresdner Altstadt, gespiegelt in den Werken bedeutender Künstler von Matthäus Merian über Canaletto bis zu Oskar Kokoschka, wird über die Jahrhunderte verfolgt. Doch beim künstlerischen Blick auf Dresden bleibt es nicht bei der nostalgischen Rückschau. Zeitgenössische Fotografen steuern ihre höchstpersönliche, jüngst für die Ausstellung eingefangene Sicht auf die Stadt bei.

Die Frauenkirche ist zweifellos die herausragendste Aufbauleistung in Dresden seit 1990 und das Symbol für die neue kulturelle Blüte der Stadt. Fast könnte man darüber vergessen, dass überall in Dresden von öffentlichen und privaten Bauherren zahlreiche historische Bauwerke mit viel Aufwand und Engagement wieder hergestellt wurden. Das jüngste Beispiel hierfür, bei dem der Freistaat Sachsen als Bauherr tätig wurde, ist der Ort dieser Ausstellung. Das ehemalige Ausstellungsgebäude des Sächsischen Kunstvereins kann nun endlich, nach einem mehr als sechzigjährigen »Dornröschenschlaf«, wieder seinem ursprünglichen Zweck zugeführt werden: der Präsentation von Kunstwerken. Damit besitzt Dresden endlich wieder die lange schmerzlich vermisste eindrucksvolle und repräsentative Ausstellungsstätte für alte und neue Kunst.

Prof. Dr. Georg Milbradt

Ministerpräsident des Freistaates Sachsen

Grußwort

Die Kulturstiftung Dresden der Dresdner Bank fördert seit 1991 Kunst, Wissenschaft und Städtebau auf hohem Niveau in der Stadt, in der die Dresdner Bank vor 133 Jahren gegründet wurde.

Ab Oktober 2005 wird dort die Ausstellung »Der Blick auf Dresden. Die Frauenkirche und das Werden der Dresdner Stadtsilhouette« anlässlich der Weihe der Frauenkirche und des 800-jährigen Stadtjubiläums präsentiert. Eine starke Unterstützung der Initiatoren »Staatliche Kunstsammlungen Dresden« und »Stiftung Frauenkirche« gehören zum Selbstverständnis der Kulturstiftung Dresden der Dresdner Bank.

Mit der Weihe der in elfjähriger Bauzeit wieder errichteten Dresdner Frauenkirche am 30. Oktober 2005 wird das Wahrzeichen der Stadt Dresden und ein Jahrhundertwerk vollendet.

Breites, über die Grenzen Deutschlands hinausgehendes Interesse fand das kühne Bauvorhaben durch die Gründung der »Stiftung Frauenkirche Dresden« im Jahr 1994. Die Evangelisch-Lutherische Landeskirche Sachsen, der Freistaat Sachsen sowie die Stadt Dresden haben unter Mitwirkung der Dresdner Bank AG ihre Kräfte in dieser Stiftung gebündelt.

Die Errichtung des prächtigen Beispiels barocker Baukunst, was zugleich als Symbol für Frieden und gemeinschaftliches Denken steht, wurde über lange Jahre hinweg durch nationale und internationale Unterstützung sowie großes privates Engagement ermöglicht.

Unter architekturhistorischen Aspekten wird in der Ausstellung »Der Blick auf Dresden« die Entwicklung Dresdens verfolgt. Gleichzeitig wird die Stadtsilhouette als Gegenstand künstlerischer Darstellung gezeigt. Der Kuppel der Frauenkirche kommt in beiden Bereichen als wichtiger Bestandteil des Elbpanoramas eine herausragende Bedeutung zu.

Die reiche Fülle der ausgewählten Werke führt anschaulich vor Augen, wie sich die visuelle Wahrnehmung, die individuellen und historischen Perspektiven im Laufe der Jahrhunderte veränderten. Für diese außergewöhnliche Zusammenstellung der Exponate und Objekte danken wir allen an der Ausstellung Beteiligten. Den Besuchern wünschen wir interessante Beobachtungen, die etwas von dem Reiz und der Eigenart der Stadt an der Elbe offenbaren, die so viele Künstler einnahmen und inspirierten.

Bernhard Walter
Vorsitzender des Stiftungsrates der Stiftung Frauenkirche Dresden
Mitglied des Kuratoriums der Kulturstiftung Dresden der Dresdner Bank

Vorwort

Bilder Dresdens nehmen in den reichen Beständen der Staatlichen Kunstsammlungen Dresden einen hervorragenden Platz ein. Die Palette reicht vom einzigartigen Landschaftskleid des Kurfürsten Johann Georg I. aus der Rüstkammer über die Veduten Canalettos aus der Gemäldegalerie Alte Meister und über J. C. C. Dahls Blick auf die nächtliche Stadt aus der Galerie Neue Meister bis hin zu grafischen Blättern Ernst Hassebrauks oder Max Uhligs aus dem Kupferstich-Kabinett.

Zwischen der Mitte des 18. Jahrhunderts und 1945 ist kaum ein Bild von Dresden entstanden, das der barocken Frauenkirche nicht einen gewichtigen Platz einräumt. Die Bedeutung der Kuppel für die Stadtsilhouette spiegelt sich in der Kunst wider – in ihrer prachtvollen Präsenz bis 1945 wie in ihrem Fehlen nach der Zerstörung. So war es naheliegend, zur Weihe der neu erbauten Frauenkirche am 30. Oktober 2005, aber auch zum 800-jährigen Jubiläum der Stadt Dresden im Jahr 2006 und anlässlich der Nobilitierung des Dresdner Elbtales als Weltkulturerbe der UNESCO eine repräsentative Auswahl dieser Bilder in einer großen Ausstellung zu vereinen, ergänzt durch Leihgaben anderer Dresdner Sammlungen und auswärtiger Leihgeber.

»Der Blick auf Dresden« ist in doppelter Hinsicht ein treffender Titel. Zum einen lässt sich diese Ausstellung als Dokumentation der architektonischen Entwicklung des Dresdner Zentrums und der Stadtsilhouette vom 16. Jahrhundert bis in die Gegenwart betrachten – sie ist also ein Beitrag zur Architekturgeschichte der Stadt. Zum andern wird der künstlerische Blick auf Dresden verfolgt, über die Jahrhunderte hinweg, quer durch alle künstlerischen Techniken und Stile – somit ist der »Blick auf Dresden« auch ein bemerkenswertes Stück Kunstgeschichte. Neben der Rückschau auf die kulturellen Blütezeiten der Stadt finden auch aktuelle Facetten des Dresden-Bildes ihren Platz: Der besondere Neugier erweckende Ausstellungsteil »Blickwechsel« vereint soeben entstandene Arbeiten namhafter Fotografen.

Nicht nur der Inhalt und der Anlass machen diese Ausstellung zu einem besonderen Ereignis, sondern auch der Ort. Das Ausstellungsgebäude an der Brühlschen Terrasse ist eine legendäre Adresse für wegweisende Kunstausstellungen, die nun endlich wieder zum Leben erweckt wurde. Für die Staatlichen Kunstsammlungen und darüber hinaus für das gesamte Dresdner Kulturleben eröffnet die Wiederherstellung des Gebäudes erfreuliche Zukunftsperspektiven für größere, attraktive Ausstellungen. Dafür ist dem Sächsischen Staatsministerium für Finanzen und speziell Staatsminister Dr. Horst Metz Dank zu sagen.

Dass das Ausstellungsgebäude nun mit dem »Blick auf Dresden« eröffnet werden kann, ist auch Steffen Heitmann, Mitglied des Sächsischen Landtags, zu verdanken, der ein Bindeglied zur Stiftung Frauenkirche Dresden war. Die Stiftung Frauenkirche verantwortet die Ausstellung gemeinsam mit den Staatlichen Kunstsammlungen. Mit der Kulturstiftung Dresden der Dresdner Bank, dem Freundeskreis der Kulturstiftung der Länder und der Kulturstiftung des Freistaates Sachsen fanden sich weitere Partner, die diese Ausstellung erst ermöglicht haben.

Allen Leihgebern, allen engagierten Mitarbeitern der Staatlichen Kunstsammlungen, allen an der Vorbereitung Beteiligten und schließlich dem sachverständig begleitenden Beirat sei herzlich gedankt.

Prof. Dr. Martin Roth

Generaldirektor
Staatliche Kunstsammlungen Dresden

Dr. Peter Plaßmeyer

Direktor des Mathematisch-Physikalischen Salons
Staatliche Kunstsammlungen Dresden

UMSICHT

IN DRESDEN.

AUF DER KUPPEL

DER FRAUENKIRCHE

Aufgenommen, gezeichnet und gestochen von C.A.Richter, Professor d.Acad.d.K.
Dresden, in der Arnoldischen Buchhandlung
1824.

10

Peter Plaßmeyer

Dresden – Eine Einleitung

Die weltweite Aufmerksamkeit für den Aufbau der Frauenkirche hat jüngst Bilder der Dresdner Altstadt in die ganze Welt getragen. Aber seit wann gibt es eine Vorstellung von der Stadt Dresden? Wie sah die Stadt früher aus und wie hat sie sich verändert?

Zu den bekanntesten Dresden-Bildern gehören sicherlich die grandiosen Veduten des Venezianer Bernardo Bellotto, genannt Canaletto, aus der Mitte des 18. Jahrhunderts (Abb. 57 und 58, S. 74 und 75). Er reiste aus der Lagunenstadt in den Norden und schuf bedeutende Bilder vieler Residenzstädte. Seine berühmtesten, die von Dresden, entstanden für den sächsischen Kurfürsten. Im kleineren Format malte Canaletto diese Bilder erneut für die Gemäldegalerie des Grafen Heinrich von Brühl. Das in diesen Gemälden gezeigte »Gesicht« Dresdens hat bis heute seine Suggestionskraft nicht verloren: die Lage am Fluss, die Augustusbrücke, die mächtige, einem Schloss nicht unähnliche Fassade der katholischen Hofkirche und die Kuppel der gerade fertiggestellten Frauenkirche bilden die Vorstellung der vollkommenen Stadt.

Bereits seit dem 16. Jahrhundert waren Stadtansichten von Dresden verbreitet. Damals entstanden so genannte Städtebücher, in denen die Welt aus einer Kombination von Bild und Text erläutert wurde. Als erstes großes Städtebuch erschien in Nürnberg 1493 die »Schedelsche Weltchronik«. In ihr wurden verschiedene Städte durch die Wiederholung desselben typisierten Holzschnittes illustriert. Nur wenige Städte wie etwa Nürnberg, Rom oder Jerusalem erhielten einen eigenen, individualisierten Holzschnitt. In Sebastian Münsters »Cosmographia Universalis«, die zwischen 1544 und 1628 in einer Fülle von deutschen, lateinischen, italienischen und französischen Ausgaben erschien, hatte dann bereits jede Stadt einen eigenen Holzschnitt mit individuellen Merkmalen. Seit den ersten überlieferten Darstellungen von Dresden in der Mitte des 16. Jahrhunderts wird die Ansicht aus Fluss, Brücke, Festung, Schloss und Kirchen gebildet. Allerdings tauchte Dresden in den ersten Städtebüchern zunächst nicht auf. Erst einige Jahre nachdem Dresden alleinige Residenz des mächtigsten protestantischen Kurfürstentums geworden war, wurde die Stadt bildwürdig. In Georg Brauns und Franz Hogenbergs »Civitates orbis terrarum« (Köln 1572) findet sich ein Kupferstich von Dresden (Abb. 21, S. 30). Und erst danach, 1574, fügte auch Müns-

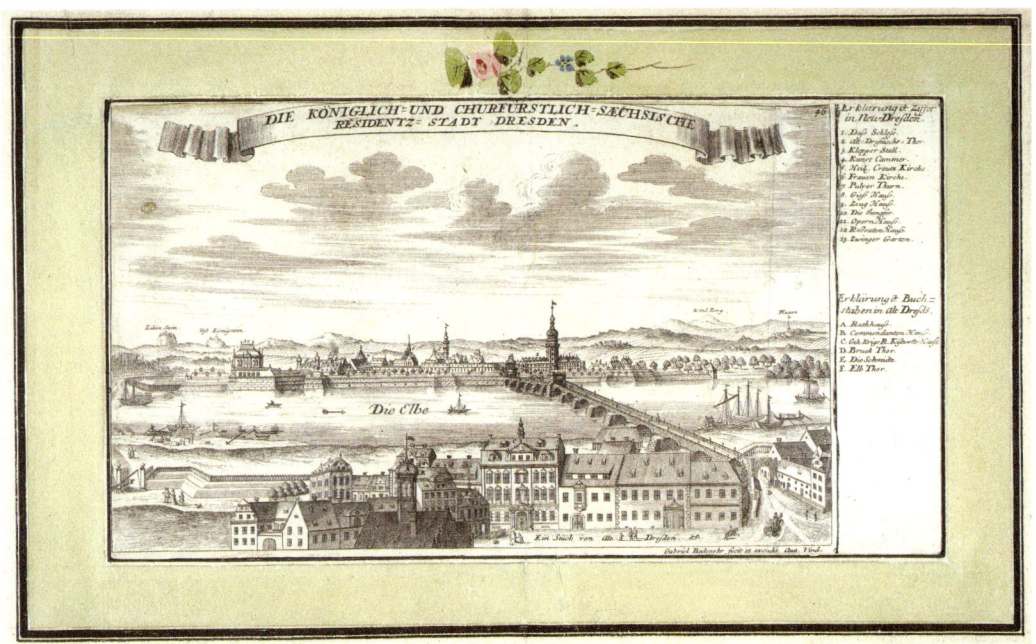

ter seiner »Cosmographia Universalis« eine Dresden-Ansicht nach der gleichen Vorlage hinzu (Abb. 23, S. 34). Die Konstante in den Dresden-Bildern war, dass sich die Ansicht gegenüber dem Grundriss oder der Vogelschau eindeutig durchsetzte, allerdings aus verschiedenen Perspektiven. Wir haben Ansichten von Westen wie von Osten gleichberechtigt neben Ansichten von Norden. Allen gemeinsam ist, dass sie die Lage am Fluss und die Brücke bestmöglich darstellen wollten.

In der ersten Hälfte des 18. Jahrhunderts führten der Neubau der Frauenkirche und der Bau der katholischen Hofkirche zu wesentlichen Veränderungen in der Stadtansicht, mit denen die bisherigen Stadtbilder ihren Wiedererkennungswert verloren (Abb. 3 und 4). War das Bild Dresdens zunächst durch Fluss und Brücke geprägt, so wurde es fortan von der Silhouette bestimmt. Dass sich hieraus eine gewisse Gesetzmäßigkeit ableiten lässt, das belegen zwei Details aus dem späten 19. und dem frühen 20. Jahrhundert. Als in unmittelbarer Nachbarschaft des Semperschen Opernhauses ein Heizkraftwerk mit weit in den Himmel ragendem Schlot errichtet wurde (Abb. 5), wählten die meisten Künstler den Ausschnitt derart, dass sie den Schornstein nicht darstellen mussten. Er störte die Silhouette. Ein anderes markantes und höchst umstrittenes Element war die als »Zitronenpresse«

bekannte gläserne Kuppel des Ausstellungsgebäudes von Constantin Lipsius. Aufgrund der zentralen Lage dieses Baukörpers inmitten der Silhouette war er in Darstellungen jedoch kaum zu vermeiden.

Im 19. Jahrhundert wurde die Ansicht von Dresden zum Reiseandenken. Stahlstich, Lithografie und Fotografie konnten als preiswertere Reproduktionstechniken dem erhöhten Bedarf an Souvenirs der durch die Einführung der Eisenbahn vermehrten Touristenzahl gerecht werden. Dresdens Stadtansichten fanden sich auf Porzellan-Servicen (Abb. 7) wie auf Gläsern (Abb. 6), auf Postkarten und in Reiseführern. Wer kann sich die Verpackung eines Dresdner Christstollens ohne ein Bild der Stadt vorstellen?

Postkarten aus den 1970er Jahren, in denen sich mit den Plattenbauten der Prager Straße und dem Kulturpalast ein modernes, sozialistisches Dresden einprägen sollte, blieben eine Randerscheinung. Die Tradition der gewachsenen Silhouette erwies sich als stärker. Bemerkenswert ist in diesem Zusammenhang der Entwurf für ein Kulturhochhaus von Herbert Schneider, das 1954 neben dem Kulturpalast errichtet werden sollte (Abb. 143, S. 145). Der Turm wurde in eine Vorkriegsaufnahme Dresdens montiert und vermittelt so eine historisch-politische Kontinuität, der die reale Baupolitik in Dresden oftmals widersprach.

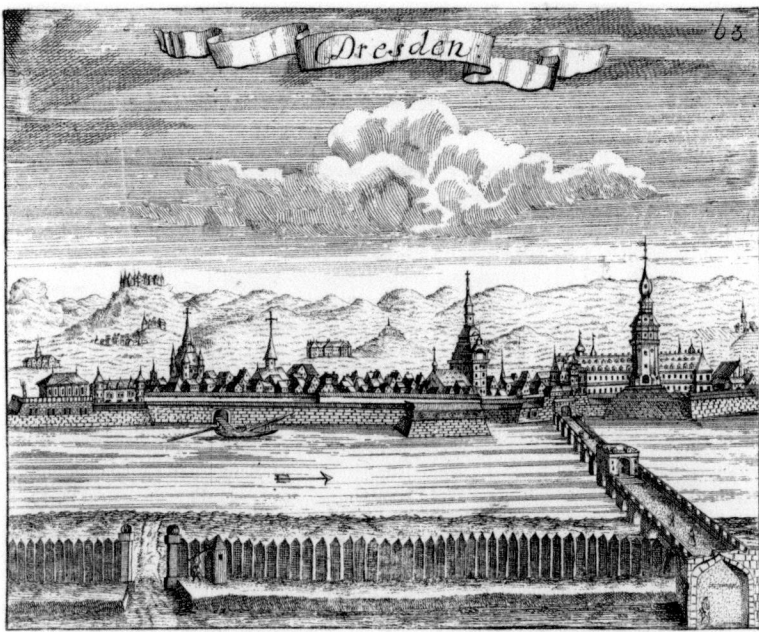

4 | ANONYM
Dresden, Sicht von der Neustadt aus | Deutschland, um 1734 (?)
Kupferstich, 14,8 x 19,5 cm
Kupferstich-Kabinett, Staatliche Kunstsammlungen Dresden,
Sammlung Bienert, im Landesamt für Denkmalpflege Sachsen (M2 K19 B44)

Durch den Wiederaufbau der Frauenkirche ist die Auseinandersetzung mit der fast vollständigen Zerstörung der Silhouette in der Nacht vom 13. zum 14. Februar 1945 und dem damit verbundenen Identitätsverlust sowie der Baupolitik der nachfolgenden Jahrzehnte nicht beendet. Denn neben dieser verständlichen Identitäts(wieder)findung generieren Unsinnigkeiten, wie der Nachbau des bereits 1888 abgerissen Hotel de Saxe, eine verkitschte Vorstellung von Architektur. Aber auch hier zeigt sich beruhigend, wie viel Veränderung im Detail die Kontinuität in der Silhouette zulässt und auch verträgt, ohne dass die Stadt ihre bildliche Identität verlieren muss. Vor diesem Hintergrund darf man auch auf die Veränderungen durch den beabsichtigten Bau der Waldschlösschenbrücke gespannt sein, die einen wichtigen historischen Blick auf Dresden verstellen wird.

Die einzigartige Lage Dresdens an der Elbe, die trotz aller Eingriffe und Veränderungen Bestand hat und das Bild von Dresden prägt, führte 2005 zur Aufnahme des Elbufers zwischen Pillnitz im Osten und Übigau im Westen in die Liste des Weltkulturerbes der UNESCO.

Die Ausstellung »Der Blick auf Dresden« zeigt über weite Strecken ein vertrautes Bild. Nichts anderes war und ist die Aufgabe von Stadtbildern. Neben den Chronisten, die die Stadtsilhouette verbreiten und überliefern halfen, entstanden in Dresden einzigartige Kunstwerke von Canaletto, Caspar David Friedrich, Carl Gustav Carus, Johan Christian Clausen Dahl, Ernst Ludwig Kirchner und Oskar Kokoschka, die der Ausstellung wie auch der Stadt zu unvergänglichem Glanz verhelfen.

Bemerkenswert ist dabei, dass die prägendsten Dresden-Darstellungen von »Zugereisten« geschaffen wurden. Eine Erfahrung, die wir auch bei dem Projekt »Blickwechsel« gemacht haben. In diesem von der Kulturstiftung des Freistaates Sachsen geförderten Ausstellungsteil haben wir sechs zeitgenössische Fotografen um ein aktuelles Dresden-Bild gebeten. Dabei wählten die Nicht-Dresdner das Panorama, während die »Dresdner« ihre Auseinandersetzung im Detail suchten.

Dank

Eine Ausstellung dieses Ausmaßes zu organisieren bedarf vieler hilfreicher Hände und Geister. Sie alle namentlich aufzuführen würde den Rahmen dieses Buches sprengen.

Mein Dank gilt den Mitarbeitern des Mathematisch-Physikalischen Salons, des Kupferstich-Kabinetts und der weiteren Museen der Staatlichen Kunstsammlungen, der Öffentlichkeitsarbeit, der Verwaltung, insbesondere Frau Rühl, und dem Technischen Dienst. Mein Dank gilt der Sächsischen Landesbibliothek – Staats- und Universitätsbibliothek Dresden und den anderen Leihgebern für ihre großzügige Unterstützung und dem Einsatz ihrer Mitarbeiter. Ebenso danke ich den Mitgliedern des Beirates unter dem Vorsitz von Steffen Heitmann und den Mitgliedern der Arbeitsgruppe »Blickwechsel« für eine konstruktive und offene Zusammenarbeit. Mein Dank gilt den Autoren des vorliegenden Begleitbuches und dem Deutschen Kunstverlag, bei dem wir die Produktion von Anfang an in guten Händen wussten.

Dem in jeder Beziehung konstruktiven und zielorientierten Einsatz von Matthias von Rüdiger und seinen Mitarbeitern vom Staatsbetrieb Sächsisches Immobilien- und Baumanagement, Niederlassung Dresden II, verdanken wir ein neues altes Ausstellungsgebäude, das in kaum für möglich gehaltener Geschwindigkeit rechtzeitig zur Ausstellung fertiggebaut wurde.

Keine Ausstellung gelingt ohne sachkundige und ideenreiche Ausstellungsarchitekten. Diese fanden wir kongenial in Daniel Kunze und Roland Lehnen von der Architektengemeinschaft Klinkenbusch und Kunze. Durch sie haben wir wieder einmal erfahren dürfen, wie vergnüglich die Vorbereitung einer Ausstellung sein kann und dass die Gestaltung ein gemeinsamer Prozess ist. Einbezogen in diesen Dank gehört Denise Walther, die für das einheitliche grafische Erscheinungsbild von Ausstellung und Katalog sorgte.

Wichtige Unterstützung erhielten wir von den Studentinnen eines Hauptseminars im Fach Kunstgeschichte an der Technischen Universität Dresden, insbesondere von Katrin Gemser, die auch im Rahmen eines Praktikums an der Ausstellungsvorbereitung beteiligt war.

Mein ganz persönlicher Dank gilt PD Dr. Gilbert Lupfer und Dr. Anna Greve. Gilbert Lupfer hat als Co-Kurator entscheidenden Anteil am Entstehen der Ausstellung. Nicht zuletzt seine profunde Kenntnis der Dresdner Stadtgeschichte, Architektur und der Kunst des 20. Jahrhunderts hat ihre Spuren in der Ausstellung hinterlassen. Ohne die Sachkenntnis, ohne das Organisationsgeschick und ohne das Durchsetzungsvermögen von Dr. Anna Greve wäre diese Ausstellung nicht denkbar gewesen. Niemand hatte die Fäden so in der Hand wie sie. Danke.

6 | WERKSTATT SAMUEL MOHN | Becher mit Stadtsilhouette von Dresden | Dresden, 1813
Farbloses Glas, Silbergelbätze, Transparentmalerei, H. 10,3 cm
Prag, Umeleckoprumyslove Muzeum (17.707)

7 | ANONYM | Achtteiliges Frühstücksservice
Deutschland, um 1870
Porzellan
Ahlen, Leihgabe Graf Schall-Riaucour

8 | Else Seifert (Fotografin)
Brühlsche Terrasse, Blick gegen Coselpalais, Frauenkirche und
Südost-Seite des Ausstellungsgebäudes | Dresden vor 1945
Sächsische Landesbibliothek – Staats- und Universitätsbibliothek Dresden,
Fotothek (46752) | Nicht in der Ausstellung

9 | B. H. Strassberger
Kunstakademie und Kunstausstellungspalast auf der Brühlschen Terrasse zu Dresden
Aus: Illustrierte Zeitung, Juli – December 1894, Bd. 103, Nr. 2664
Sächsische Landesbibliothek – Staats- und Universitätsbibliothek Dresden, Fotothek (17174)
Nicht in der Ausstellung

J. Duncan Berry

Steinerne Glocke gegen Zitronenpresse: Lipsius' Ikonologie der Kuppel

Im Herzen Dresdens, zwischen der Frauenkirche und der Brühlschen Terrasse, wurde zwischen 1887 und 1894 ein Tempel für die Kunst errichtet, der mit seiner markanten gläsernen Kuppel selbstbewusst eine herausragende Stelle in der Stadtsilhouette einnimmt. Constantin Lipsius, Architekturprofessor an der Kunstakademie, hatte den Bau entworfen, war aber kurz vor der Vollendung seines Hauptwerkes verstorben. Der vielgliedrige, reich geschmückte Gebäudekomplex in den damals beliebten Formen der Neorenaissance beherbergte zwei Institutionen, die Kunstakademie (Hochschule für Bildende Künste) und den Sächsischen Kunstverein. Das Kunstausstellungsgebäude, über dessen oktogonalem Saal sich die gläserne Kuppel erhebt, besitzt eine repräsentative Eingangsfassade zur Brühlschen Terrasse. Sie erinnert an den Giebel eines griechischen Tempels. Jahrzehntelang war das Kunstausstellungsgebäude einer der wichtigsten Orte für zeitgenössische Kunst in Dresden. Doch die Architektur war, vor allem wegen der ungewöhnlichen Kuppel, der »Zitronenpresse«, immer umstritten. Nach seiner teilweisen Zerstörung im Februar 1945 blieb das Ausstellungsgebäude jahrzehntelang ungenutzt, erst in den 1990er Jahren begann der Wiederaufbau. Die Räume unter der »Zitronenpresse« werden bereits seit einigen Jahren als Ausstellungsfläche von der Hochschule für Bildende Künste genutzt. Der große Saal und seine Seitenkabinette dagegen, diese für das Dresdner Kunstleben so bedeutenden Räume, werden mit dem »Blick auf Dresden« endlich wieder ihrem ursprünglichen Zweck zugeführt. (Gilbert Lupfer)

Als am 22. Juni 2004 die Laterne auf die Kuppel der Frauenkirche gesetzt wurde, kehrte Dresden wieder in den Kreis derjenigen europäischen Städte mit einer einzigartigen, unverwechselbar klingenden Silhouette zurück. Ein solches Ereignis ruft nach und nach Resonanzen auf verschiedenen Ebenen hervor, auf der kulturellen, der historischen und der symbolischen Ebene – so wie die Stadt sich langsam immer weiter durch die Asche ihrer sich überlagernden Vergangenheitsschichten und Legenden emporarbeitet. Heute nun entfaltet sich wieder ein Schauspiel voll klangvoller, harmonischer Pracht, das vor allem das Resultat eines Dialogs ist, der 150 Jahre nach der Vollendung von George Bährs Frauenkirchenkuppel einsetzte. Damals wurde Constantin Lipsius' berühmt-berüchtigte »Zitronenpresse« errichtet.

Es ist ein aufschlussreicher Dialog: ein Zeugnis des aufgeklärten Protestantismus trifft auf einen weltlichen, proto-modernen Kunsttempel. Äußerst fein bearbeiteter Sandstein sieht sich industriell gefertigtem Stahl und Glas gegenüber. Das eine ist ein sakraler Raum, gelegen am geschäftigen Neumarkt; das andere eine vielgestaltige Kulturinstitution an der Brühlschen Terrasse, die zur Elbe und zur Neustadt blickt, aber auch zur Altstadt hin. Zwei Rekonstruktionen, zwei große architektonische Wiedererweckungen – erfolgt, um einander hoch über dem Straßenpflaster erneut in einen wortlosen, symbolischen Dialog zu verwickeln.

Welchen wesentlichen Beitrag der Lipsius-Bau zu dieser stummen Diskussion leistet, ist größtenteils missverstanden worden. Von Anfang an war seine Aufnahme durch die Architekturkritik zurückhaltend. Im Nachruf auf Lipsius deutete sein Freund K. E. O. Fritsch, der renommierte Mit-Herausgeber der Deutschen Bauzeitung, an, dass Lipsius' Tod durch die bittere Erkenntnis beschleunigt wurde, sein Entwurf sei ein Fehlschlag gewesen.[1]

Es wird leider nicht ausreichend gewürdigt, dass Lipsius' Entwurf trotz seiner offenkundigen städtebaulichen Mängel zu seiner Entstehungszeit, in den frühen 1880er Jahren, vielleicht das fortschrittlichste Beispiel für die Strömung des Realismus in der Architektur gewesen ist. Ausgehend von Gottfried Sempers Idee des evolutionären Symbolismus eines Gebäudes, kann man die Fassade der Akademie vertikal, von unten nach oben, lesen: von den vorgehängten Fensterumrahmungen des unteren Geschosses (die

10 | CONSTANTIN LIPSIUS | Akademiegebäude, östlicher Seitenrisalit
der Nordfassade des Akademiegebäudes, Entwurf | Lavierte Federzeichnung
Nicht in der Ausstellung

Sempers Ansicht von den textilen Wurzeln der Architektur widerspiegeln),
über die von einem Architrav überfangenen, eingestellten Stützen bis hin
zur Bogenwölbung über den Fenstern des obersten Geschosses. Lipsius selbst
nannte diese Reihung übereinander gestellter Ädikulamotive seinen »Pavillonstil«.

Die Kuppel, die das Ausstellungsgebäude krönt, verkörpert gewissermaßen Lipsius' Überlegungen zur Zukunft der Architektur. Diese legte er 1878
in seinem Vortrag »Über die ästhetische Behandlung des Eisens im Hochbau« dar. Lipsius stellte fest, die Aufgabe der Architektur sei die nachhaltige ästhetische Verkörperung eines Baugedankens und weniger die Offenlegung der Konstruktion um ihrer selbst willen.[2] In einer umfassenden Studie
im Jahr 1880 lobte Lipsius Gottfried Semper für dessen »Streben nach kollektivem Ausdruck«.[3] So ist Lipsius' Kuppel also weniger der Ausdruck seiner ganz persönlichen, individualistischen Vorstellung, als vielmehr eine
unpersönliche, ideale Form, eine Form ohne Verwurzelung in der Tradition:
eine historisch neue Form. Diese vor-modernistische Beschwörung technischer Abstraktion, entstanden in der Ära der Psychologischen Ästhetik,
bietet eine spannende Vorausschau auf das große Thema der deutschen
Architektur im 20. Jahrhundert. Lipsius' vorausblickender Realismus wird
noch verstärkt durch die Nähe zu George Bährs elegant geschwungener Kirchenkuppel: ein geradezu archetypischer Zusammenklang in Stein, Eisen
und Glas.

Anmerkungen

1   Vgl. K. E. O. Fritsch, Zur Erinnerung an Constantin Lipsius,
    in : Deutsche Bauzeitung 24 (1895), S. 202. Zu Lipsius siehe
    Wolfgang Rother, Der Kunsttempel an der Brühlschen Ter-
    rasse: Das Akademie- und das Ausstellungsgebäude von
    Constantin Lipsius in Dresden, Dresden und Basel 1994;
    J. Duncan Berry, The Legacy of Gottfried Semper, Ph. D. Diss.,
    Brown University, 1989.
2   Vgl. Constantin Lipsius, Über die ästhetische Behandlung
    des Eisens im Hochbau, in: Deutsche Bauzeitung 12 (1878),
    S. 363–366.
3   Constantin Lipsius, Gottfried Semper in seiner Bedeutung
    als Architekt, in: Deutsche Bauzeitung 14 (1880), S. 87.

(Übersetzung aus dem Englischen von David Kletke und
Gilbert Lupfer)

11 | Ermenegildo Antonio Donadini | Dresden | Dresden, nach 1894
Fotografie | Sächsische Landesbibliothek – Staats- und Universitätsbibliothek Dresden, Fotothek (43489)

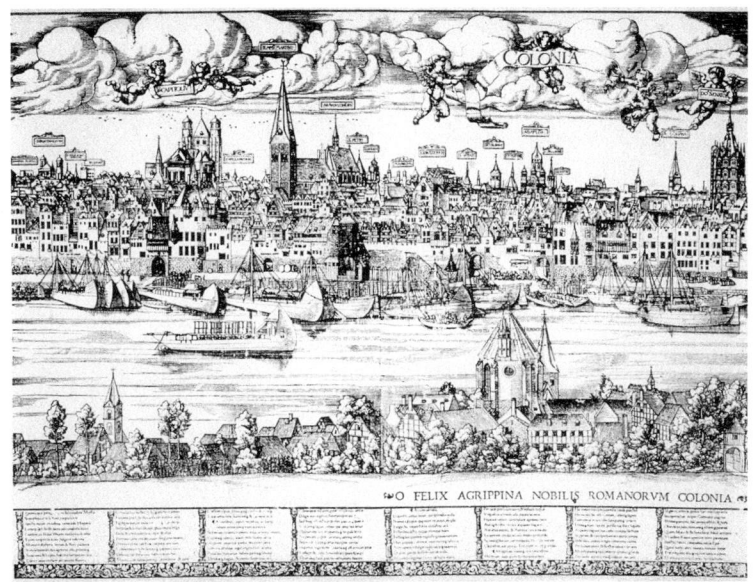

12 | KÖLN | Holzschnitt von Anton Woensam | 1531
Nicht in der Ausstellung

Die Stadt am Wasser

Die berühmte Ansicht von Dresden – das ist der Blick über die Wasser der Elbe oder entlang ihrer Ufer auf die aneinander gereihten Prachtbauten über der Brühlschen Terrasse, vom Albertinum und der Akademie bis zum Ständehaus und weiter bis zum Opernhaus mit den sie überragenden Kuppeln und Türmen: die Welsche Haube des Hausmannsturms des Schlosses mit ihrer hohen Spitze, davor der filigran bewegte Turm der Hofkirche und der offene, kuppelige Baldachin des Ständehauses; links davon taucht über den Dächern die Kuppel der Frauenkirche empor, »graziös und monumental zugleich«, wie sie der Kunsthistoriker Wilhelm Pinder 1917 beschrieb. Aus dem Hintergrund treten dazu: klein die schlanke Spitze der Kreuzkirche, groß in runder Plastizität der Rathausturm mit seinem aufgewellten Kupferhelm, bekrönt von der goldenen Figur des Rathausmannes. Alle diese Bauten haben die Zerstörung der Stadt mehr oder weniger beschädigt überstanden und sind entgegen mancher Wiederaufbauplanungen, die sie beseitigen wollten, wiederhergestellt worden. Diese Ansicht fand nun mit dem Wiederaufbau der Frauenkirche ihren Abschluss. Das einzige, was endgültig verschwunden ist, sind die beiden spitzen Turmhelme der Sophienkirche. Sie wurde 1962 abgerissen.

Vor den Zerstörungen des Zweiten Weltkrieges konnte der Blick nach links weiter schweifen über das breit hingelagerte klassizistische Belvedere auf dem Eckvorsprung der Brühlschen Terrasse, weiter jenseits der Carolabrücke zu der Straßenfront des Terrassenufers. Sie begann mit Häusern in zierlicher venezianischer Gotik dort, wo später zwei nichtssagende (zum Abbruch bestimmte bzw. 2005 abgerissene) Scheibenhäuser stehen. Inzwischen wandert das Auge lieber nach rechts über die Semperoper hinaus entlang an der schwarz-stählernen Rechtwinkligkeit des neuen Landtagsgebäudes, überragt vom riesigen, gaupenbewehrten Betondach des Erlwein-Speichers, weiter an den horizontalen und schrägen Glas-Beton-Linien des neuen Kongresszentrums bis zum exotisch-orientalischen Kuriosum der »Tabakmoschee« Yenidze mit ihrer farbigen Glaskuppel und dem Schornsteinminarett.

Nicht alle diese Bauten sind künstlerisch hochbedeutend. Im kunsthistorischen Kanon fest verankert sind Gaetano Chiaveris Hofkirche und George Bährs Frauenkirche ebenso wie das Opernhaus und die Gemäldegalerie Gottfried Sempers. Über den kunsthistorischen Rang des Gebäudes der Aka-

21

13 | WALTER HAHN | Blick vom Gesamtministerium | Dresden, 1938
Fotografie | Sächsische Landesbibliothek – Staats- und
Universitätsbibliothek Dresden, Fotothek (312129)

demie von Constantin Lipsius mit seiner gläsernen »Zitronenpresse« ebenso wie über den massigen Stil des Ständehauses von Paul Wallot kann man unterschiedlicher Meinung sein. Doch zusammen bilden diese dunklen Bauten mit ihrem reichen Schmuck und den grünen Kupferdächern ein Ensemble von unvergleichlicher Dichte und monumentaler Pracht.

Zum einzigartigen städtebaulichen Kunstwerk wird dieses Ensemble aber erst durch seine Lage am Fluss. Die Elbe ist in Dresden – außer bei Hochwasser – kein breiter, majestätischer Strom, wie sie es in Hamburg oder wie es der Rhein in Köln ist. Doch im Unterschied zu den Flüssen in diesen beiden Städten fließt die Elbe in Dresden durch einen weiten Raum offener, grüner Uferzonen in einem Zirkelspiel schwingender Bögen. Aus der freien Weite des Flussraumes ergibt sich der Abstand, aus dem die Front der Bauten und die sie überragenden Türme und Kuppeln als Bild wirken, aus der Ferne wie eine Vision oder aus der Nähe wie eine erhabene Kulisse über der Bühnenrampe der Brühlschen Terrasse und der steinern gefassten Uferkanten. Zu Dresdens Panorama gehören auch die Brücken: in der Mitte von alters her die mächtige Augustusbrücke – einst eine lange Folge enger runder, im Neu-

bau von 1907–10 weiter gezogener Bögen –, sie rahmend die Marienbrücke und die Carolabrücke, dazu in weiterer Ferne die steinernen Bögen der Albertbrücke.

Die Kurven der Elbe und ihrer Uferstreifen eröffnen aus den unterschiedlichen Winkeln von nah und fern, über und entlang dem Wasser, immer wieder andere Ansichten auf das architektonische Panorama. Da ist zuerst die axiale Nahansicht von der Neustädter Seite der Augustusbrücke, über die der Blick in die architektonische Komposition des Schlossplatzes regelrecht eingesogen wird. Die figurenreiche Fassade des spitzgiebeligen Georgentores bietet den Prospekt dieser städtebaulichen Bühne, die Hofkirche und das Ständehaus die Flanken. Der vorgeschobene filigrane Turm der Hofkirche setzt den Hauptakzent. Die schräg zurückweichende Seite des Kirchenschiffs zeigt sich hier im vollen Reichtum ihrer skulpturalen Plastizität, zu der die schwere Großförmigkeit des Ständehauses einen starken Kontrast setzt.

Am berühmtesten wurde die Ansicht aus dem schrägen Winkel, vom Standpunkt am Japanischen Palais. Es ist der nach der Vedute von Bernardo Bellotto, genannt Canaletto (1720–80), sprichwörtlich gewordene »Canaletto-Blick« (Abb. 58, S. 75). Bellotto malte ihn um 1748 und noch einmal nach 1761. Genau lässt sich der »Canaletto-Blick« nicht nachvollziehen – nicht nur weil sich so vieles geändert hat, sondern auch weil der Maler damals die so exakt realistisch anmutende Ansicht mit einigen perspektivischen Tricks kompositionell aufbereitet hat. Nur Frauenkirche, Hofkirche und Hausmannsturm sind vom »Canaletto-Blick« heute noch oder wieder vorhanden. Doch der Vergleich von damals und heute ist von großer Suggestionskraft, und es ist vor allem dieser Winkel, aus dem die Dresden-Ansicht zum klassischen Städtebild geworden ist. Der Schrägblick zeigt die Hofkirche in ganzer Länge von der Seite. Der schlanke Turm löst sich dabei vom Kirchenschiff ab, über dessen Ende sich der Schlossturm wie eine anderslautende Antwort erhebt. Die Frauenkirche sieht man diagonal, ihre verspielten Ecktürmchen stehen symmetrisch neben der glockenförmigen Kuppel und heben diese optisch hinauf. Gottfried Sempers Opernhaus, das vor den Kriegszerstörungen in dieser Ansicht den nobel-bescheidenen Dreiflügelbau des Hotel Bellevue vor sich hatte, sieht man jetzt von der Seite in der ganzen Höhe und kubischen Masse seiner kraftvollen Quaderarchitektur.

Man kann den Weg vom Canaletto-Standpunkt weiter nach Westen, den Uferbogen entlang und auf die Marienbrücke nehmen und dabei beobach-

14 | GOTTHARDT KUEHL
Ansicht oberhalb der Augustusbrücke
Dresden, 1902
Öl auf Leinwand, 126 x 201,5 cm
Museen der Stadt Dresden,
Städtische Galerie Dresden,
Kunstsammlung (1978/k 108)

ten, wie die vorderen Bauten und die aus dem Hintergrund hineinragenden Türme des Rathauses und der Kreuzkirche sich perspektivisch gegeneinander verschieben. Der Turm der Hofkirche steht von hier gesehen ganz frei wie eine elegante Schmucknadel, während der Kubus des Opernhauses wie das Repoussoir in einem klassischen Landschaftsgemälde wirkt.

Von allen vier innerstädtischen Brücken bieten sich faszinierende Blicke auf das Panorama der Elbfront. Von der Carolabrücke oder auch vom Ufer vor dem Gesamtministerium (Abb. 13), der heutigen Staatskanzlei, gesehen – von Gotthardt Kuehl gemalt (Abb. 14) – ziehen sich Schiff und Turm der Hofkirche zusammen, bis man von einer Stelle aus den Turm ganz frontal sieht und das dahinter verborgene Kirchenschiff wie einen Sockel. Der Haus-

mannsturm steht hochragend mächtig daneben, den Turm des Landtagsgebäudes optisch verschluckend. Die von hier aus gesehen näher stehende Frauenkirche erscheint in majestätischer Größe, ihre Kuppel allerdings wird von der gläsernen »Zitronenpresse« bedrängt.

Der Blick von der Albertbrücke fasst alle Bauten enger zusammen. Auf älteren Fotografien sieht man immer wieder auch den Blick von flussaufwärts das Ufer entlang – wohl vom Eckturm der Jägerkaserne am Sachsenplatz aufgenommen – über die damals noch geschlossene Linie der Häuser am Terrassenufer bis zum Belvedere auf der Ecke der Brühlschen Terrasse. Die mächtige Kuppel der Frauenkirche schiebt sich von hier aus gesehen breit und majestätisch vor die Türme.

15 | CARL GUSTAV CARUS
Kahnfahrt auf der Elbe | Dresden, 1827
Öl auf Leinwand, 29 x 21 cm
Düsseldorf, Stiftung museum kunst palast (130)

Oft gezeichnet und fotografiert wurde auch die Sicht von der Bautzner Straße am Waldschlösschen über die sanft abfallenden, mit einzeln stehenden niedrigen Bäumen durchsetzten Wiesen: ein wunderbarer weiträumiger Anblick, der durch den geplanten Bau der neuen Brücke bald für immer verstellt sein wird. Über ihre sanfte Biegung hinweg erscheint die Elbe sehr breit. Die Silhouette der Innenstadt ist weit auseinander gezogen, die Kuppel der Frauenkirche erhebt sich hinter den Brücken direkt über dem Wasser. Von rechts schiebt sich rahmend die dunkle Masse des Gesamtministeriums am Neustädter Ufer mit ihrem spitzen, golden bekrönten Aufsatz ins Bild. In seinem kleinen Gemälde »Kahnfahrt auf der Elbe« (Abb. 15) hat Carl Gustav Carus diesen Blick über die weiten Wasser des Flusses wie eine jenseitige Vision dargestellt.

Eine der weniger bekannten Ansichten ist die vom Pieschner Hafen, wo die Leipziger Straße den Fluss berührt und die Silhouette den stadteinwärts Kommenden ganz eng zusammengerückt von ferne begrüßt.

Das Bild von Dresden, das der Welt vor Augen steht, ist das einer Stadt am Wasser. Der Blick auf und über eine Wasserfläche – das Meer, ein See, ein Fluss – übt auf uns einen besonderen ästhetischen Reiz aus, ruft emotionale Stimmungen hervor. Das wellenbewegte Meer packt uns als Bild von dramatischer, ehrfurchtgebietender Erhabenheit, das glatte Meer, die sanft sich bewegende Oberfläche eines Sees, die gleichmäßige Strömung eines Flusses dagegen strahlen Ruhe und Zeitlosigkeit aus. Die Spiegelung des Lichtes und der Wolken im Wasser fesselt uns als Bild des vom Menschen unbeeinflussten Wirkens der Natur. Und es faszinieren uns die Grenzen, an denen die unbetretbare Labilität des Wassers und das feste Land zusammenstoßen: die Ufer, in ihrer natürlichen oder vom Menschen gestalteten Form. Und dort, wo wir die Uferbebauung als Kunstwerk empfinden, sehen wir zwei Sphären des Erhabenen, eine natürliche und eine menschliche, die in einen Dialog treten.

So übt die Stadt am Wasser einen besonderen Reiz aus. Viele Städte sind uns vor allem durch den Blick über das Wasser vertraut: Flussstädte wie Köln, Regensburg, Passau oder St. Petersburg, Seestädte wie Genf oder Luzern und Küstenstädte wie Genua, Neapel oder Stockholm. Es gibt die klassisch gewordenen Ansichten über das Wasser auf großartige Bauten wie die auf die Parlamente in London und Budapest oder wie der Blick über den Bosporus auf die Kuppeln und Minarette von Istanbul oder den Blick über die Seine auf Notre-Dame in Paris. Zu einer klassischen Ansicht wurde auch der Blick über die Bucht auf die Skyline von Manhattan und inzwischen auch der auf die Hochhausstaffeln der Inselstadt von Hongkong sowie auf die Bankpaläste am »Bund« neben dem Huangpu-Fluss in Shanghai. Über das Wasser hinweg sehen wir auf die Inselstädte Lindau oder Stralsund. Und nicht zuletzt kennen wir den besonderen Zauber der Städte, die von Wasser durchzogen sind wie Amsterdam und vor allem Venedig.

Die Lage einer Stadt am Wasser hatte natürlich keine ästhetischen, sondern praktische Ursprünge. Handels- und verkehrstechnische sowie strategische Gründe ließen die Städte an Flussübergängen, den Furten, von denen viele ihre Namen bezogen, entstehen – oder auch am Ausgang eines Flusses aus einem See, wie Zürich, Genf oder Konstanz, sowie an der Meeresküste dort, wo sich eine günstige Hafensituation bot. Wie nahe die Stadt dem Wasser kam, das hing von topografischen Voraussetzungen ab. So flossen in den Zeiten der Stadtentstehung die Flüsse oft noch in vielen Armen durch ein breites, von wechselnden Wasserständen bestimmtes Bett, das Abstand gebot. Und deswegen liegt beispielsweise Wien eben nicht an der »schönen blauen Donau«.

Auch wenn sie am Wasser lag, war die mittelalterliche Stadt von Mauern umgeben, also nach außen abgeschlossen. Der Streifen zwischen Wasserkante und Stadtmauer war kein städtebaulicher Freiraum, sondern ein Raum der Arbeit. Hier fanden sich die Schifflländen, Hafeneinrichtungen und Stapellager. Wie dies aussah, kann man auf detaillierteren Stadtansichten, beispielsweise auf Matthäus Merians riesiger Vogelschauansicht von Frankfurt am Main, anschaulich nachvollziehen. Und so blieb es bei den meisten Städten bis ins 19. Jahrhundert. Nur Lagunenstädte wie Venedig bedurften keiner Mauern und konnten sich dem sie umgebenden Wasser öffnen.

Auch Dresden war bis Anfang des 19. Jahrhunderts ummauert, eine gegen das Wasser abgeschlossene Stadt. Von diesem Festungsgürtel ist die Brühlsche Terrasse der letzte Rest, und der Wechsel ihrer abweisenden Mauer zum ebenen Raum, der mit dem Schlossplatz beginnt und hinter der Hofkirche in die Tiefe des Theaterplatzes führt, macht einen besonderen Reiz der Elbfront aus.

Die Schönheiten des Dialogs von Architektur und Wasser in der Stadt haben zuerst die alt-niederländischen Maler seit dem 15. Jahrhundert entdeckt. Man erinnere sich an die Sicht auf den alten Pariser Louvre über die Seine hinweg auf einem der Kalenderblätter in den »Très Riches Heures« des Duc de Berry, das die Gebrüder Limburg um 1415 malten, oder an den

Blick hinunter auf die Stadt, deren turmbewehrte Brücke sich im Wasser des Flusses spiegelt, im Hintergrund der »Madonna des Kanzlers Rolin« von Jan van Eyck, um 1435. Auf einer Reise nach Venedig aquarellierte Albrecht Dürer 1494 den Blick auf Innsbruck über den Inn hinweg (Abb. 16). Dabei übertrieb er die Höhe der Türme, aber auch die Breite des Flusses und machte aus ihm einen gewaltigen, distanzheischenden Strom, in dem sich Mauern und Türme der Stadt spiegeln. Auch auf den Stadtansichten des 16. und 17. Jahrhunderts, wie denen von Braun und Hogenberg (Abb. 21, S. 30) oder von Matthäus Merian, wurde die Breite der Flüsse meist übertrieben.

Zwei Typen von topografischen Stadtansichten waren üblich: die Vogelschauansicht und die Profilansicht, die die Stadt vom Boden aus gesehen mit ihren die Mauern überragenden Dächern und Türmen zeigt. Liegt die Stadt an einem Fluss, bot es sich an, die Sicht über dessen Wasser hinweg zu nehmen. Eine der frühesten ist die große und detailreiche Holzschnitt-Ansicht von Köln von Anton Woensam, 1531 (Abb. 12). Aus der Tradition der topografischen Profilansichten entstand einer der Bildtypen der holländischen Malerei. Um 1658 malte Jan Vermeer (1628–91) den Blick auf seine Heimatstadt Delft über das Wasser des Rheindeltakanals – vielleicht die schönste Darstellung einer Stadt am Wasser überhaupt, ein Bild der atmosphärischen Stille in wechselndem Licht, gleichzeitig eine ganz nüchternrealistische Darstellung unprätentiöser Alltäglichkeit (Abb. 17).

Die barocke Sicht auf Architektur und Wasser aber bildete sich in der heroischen Landschaftsmalerei des Claude Lorrain (1600–82), in dessen Bildern sich stolze, monumentale Bauten im Wasser spiegeln. In den vielen Veduten von Venedig, die Antonio Canal, genannt Canaletto (1697–1768), gemalt hat, trat an die Stelle der kontrastreichen Farbigkeit Claude Lorrains eine strahlende, reine Helligkeit. Bei seinem Nachfolger Francesco Guardi (1712–93) lösten sich alle Linien von Wasser und Architektur in atmosphä-

rischer Luftigkeit auf. Dies hat der englische Romantiker William Turner (1755–1851) noch weiter getrieben. In seinen Gemälden, besonders aber in den Aquarellen, verwandeln sich durch farbig verwischende Spiegelungen das Flüssige des Wassers und die Festigkeit der Architektur in eine Symbiose konturenloser Immaterialität. Turner hat immer wieder Städte am Wasser gemalt, in Deutschland Köln, Koblenz und Heidelberg. Turner war auch in Dresden und hat sich hier winzige Bleistiftskizzen zur Erinnerung gemacht, unter anderem von der Frauenkirche; aber der »Canaletto-Blick« über die Elbe hat ihn weder zu einem Gemälde noch zu einem Aquarell inspiriert.

Die Stadt des Wassers ist Venedig. Hier ist das Wasser der ästhetische Raum der Stadt. Die meisten großen Bauten sind mit ihren Schauseiten darauf ausgerichtet. Die Piazzetta, mit der sich die Piazza San Marco zur Lagune wendet, ist das früheste Beispiel eines städtebaulichen Raums, der sich in die Weite des Wassers öffnet – im Blick von innen nach außen ebenso wie umgekehrt.

Der Platz am und über dem Wasser wurde zu einem städtebaulichen Thema des Barock. Die beiden größten und großartigsten Beispiele befinden sich in Bordeaux (Abb. 18) und Lissabon (Abb. 19). Die Esplanade des Quinconces in Bordeaux ist ein riesenhafter Platz mit einer symmetrischen Palastarchitektur, gebaut von den Architekten Jacques und Jacques-Ange Gabriel 1733–49. Die vierte Seite des Rechtecks grenzt an die Wasser der langsam fließenden Garonne und eröffnet über den ganzen Platz hinweg den Blick – gerahmt von zwei antikischen Rostrasäulen – auf den breiten Fluss hinaus. Soll hier der Blick eher vom Land aufs Wasser gehen, so ist es bei der Plaça do Comercio in Lissabon umgekehrt. Hier präsentiert sich der Platz als Empfang vom Wasser zum Eingang in die Stadt. Beim Wiederaufbau Lissabons nach dem verheerenden Erdbeben 1755 wurde am Ufer des breiten Flusses Tejo ein 200 auf 175 Meter großer, rechteckiger Platz ange-

legt. Zwei identische Kopfbauten rahmen die Fläche; die Palastfassade der Stadtseite aber öffnet sich in einem pompösen Triumphbogen, durch den die Hauptachse in die Stadt führt.

Wäre das neue Schloss zwischen Zwinger und Elbe, für das im 18. Jahrhundert immer wieder Pläne entworfen wurden, gebaut worden, dann hätte auch Dresden eine solche barocke Anlage am Wasser erhalten. So sah Gaetano Chiaveri (1689–1770) vor seinem geplanten Schloss eine Doppeltreppe mit je zwei gewundenen Läufen, dazwischen eine Fontäne mit einer Kaskade hinunter zum Wasser der Elbe vor. Gottfried Semper (1803–79) hat 1835 in den verschiedenen Versionen seines Forumsplans, einen großen, zur Elbe gerichteten und geöffneten Platz zwischen zwei den Zwinger fortsetzenden Bautrakten vorgeschlagen – er wäre eine der großartigsten städtebaulichen Anlagen geworden.

Das architektonische Gesamtkunstwerk der breiten Dresdner Elbfront ist nicht das Ergebnis eines Konzeptes, sondern über Jahrhunderte gewachsen und hat sich dabei immer wieder verändert. Trotz der gemalten Ansichten von Bellotto und anderer Künstler wurde das ganze Ensemble auch erst allmählich als städtebauliches Gesamtkunstwerk, das den Fluss einbezieht, begriffen und weitergestaltet. Das Wasser der Elbe wurde zwar als freier Raum genutzt, zum Beispiel unter August dem Starken (1670–1733) für festliche Spiele, aber als ästhetischen Gesamtraum im physischen Zusammenhang mit der Stadt begann man den Fluss und seine Uferzonen erst seit dem späten 19. Jahrhundert zu sehen. Bis um 1820 reichte das Wasser der Elbe bis an die Brühlsche Terrasse, dann wurde die Uferstraße angelegt, die seit 1879 Terrassenufer heißt. An den Ufern und im Fluss befanden sich noch lange Schiffsanlegestellen, Lagerplätze und Schwimmbäder. Die städtebauliche Gestaltung der Uferzonen begann erst mit dem Neubau der Augustusbrücke 1907–10. Die unattraktive Uferbebauung des Theaterplatzes wurde da-

mals abgerissen und 1911–13 durch den freistehenden, niedrigen Bau des »Italienischen Dörfchens« und großzügige Freitreppen ersetzt. Stadtbaurat Hans Erlwein (1872–1914), der Architekt des »Italienischen Dörfchens«, war es auch, der 1911 die Gestaltung des Neustädter Ufers durch die Niederuferstraße und die gärtnerische Anlage der breiten Uferzone plante. Ohne die Verkehrsstraße wurde dann die Gestaltung des »Königsufers« vom Japanischen Palais bis weit über die Albertbrücke hinaus 1933–36 im Rahmen der Arbeitsbeschaffungsmaßnahmen der Naziregierung nach den Plänen von Stadtbaurat Paul Wolf als weiträumiger, offener Park mit Uferpromenade verwirklicht.

Damit war die räumliche Symbiose von Architektur, Fluss und Ufern, die das Besondere von Dresdens Elbansicht ausmacht, gestalterisch vollendet. Sie überstand die Zerstörung und wurde auch zu DDR-Zeiten erhalten und gepflegt. Gegen die radikalen ersten Wiederaufbaupläne nach 1945 veröffentlichte der Dresdner Kunsthistoriker Eberhard Hempel 1949 seine kleine Schrift »Die Dresdner Elbfront«. Hempel lehnte allerdings den Wiederaufbau der zerstörten Bauten ab und meinte: »Wir werden lernen müssen, Ruinen einstiger Herrlichkeit zu lieben.« Für die Frauenkirche wollte er eine Ausnahme machen und schlug vor, ihren »Kuppelbau in moderner Konstruktion unter Verwendung des alten Steinmaterials wieder zu errichten«. Zu dem Bau des präpotenten Turmhauses im stalinistischen pseudobarocken Zuckerbäckerstil an der Stelle des späteren Kulturpalastes, das die gesamte Silhouette überragt hätte und gegen das man sich in Dresden heftig gesträubt hat, ist es nicht gekommen. Doch es bleibt eine interessante Frage, wie wir uns heute dazu verhielten, wenn es doch gebaut worden wäre. Jetzt betrachten wir die Gestalt der Elbfront und ihres Flussraumes als endgültig und unantastbar. In diesem Sinne ist beides nun als städtebauliches Denkmal von höchstem Rang Bestandteil des Weltkulturerbes der UNESCO.

Henri. Cluen. inuen.   Dresda.   Philipp. Gall. excud.

20 | Philipp Galle, nach Heinrich van Cleef | Dresden vom Neustädter Ufer | Antwerpen, um 1587
Kupferstich, 17,3 x 24,3 cm | Sächsische Landesbibliothek – Staats- und Universitätsbibliothek Dresden, Kartensammlung (B 1447)

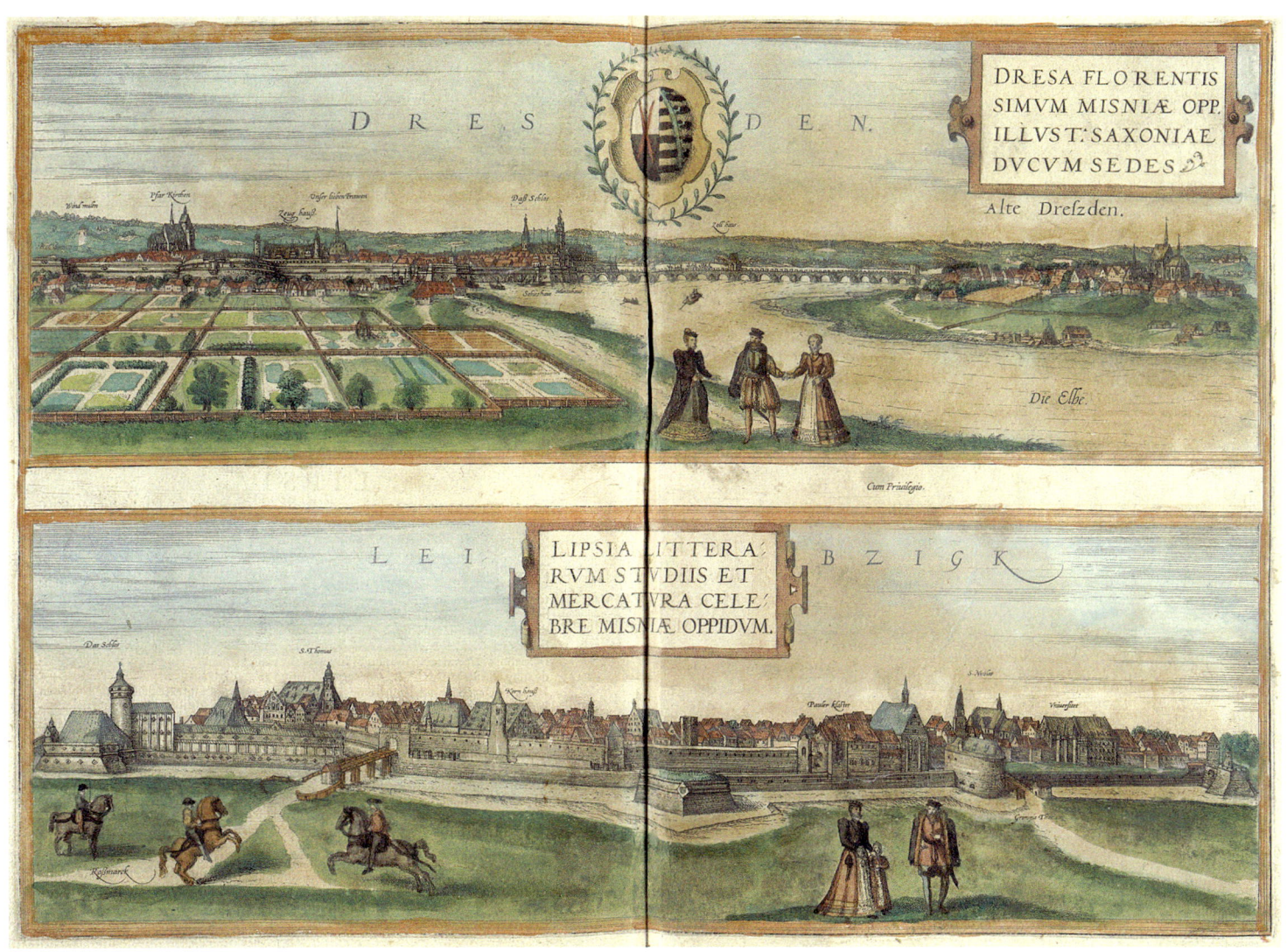

21 | Georg Braun / Franz Hogenberg | Dresden und Leipzig. Aus: Civitas orbis Terrarum, Bd. 1, Köln, 1572, S. 28
Kupferstich, 33,3 x 47,7 cm | Sächsische Landesbibliothek – Staats- und Universitätsbibliothek Dresden (Geogr. A 223-1)

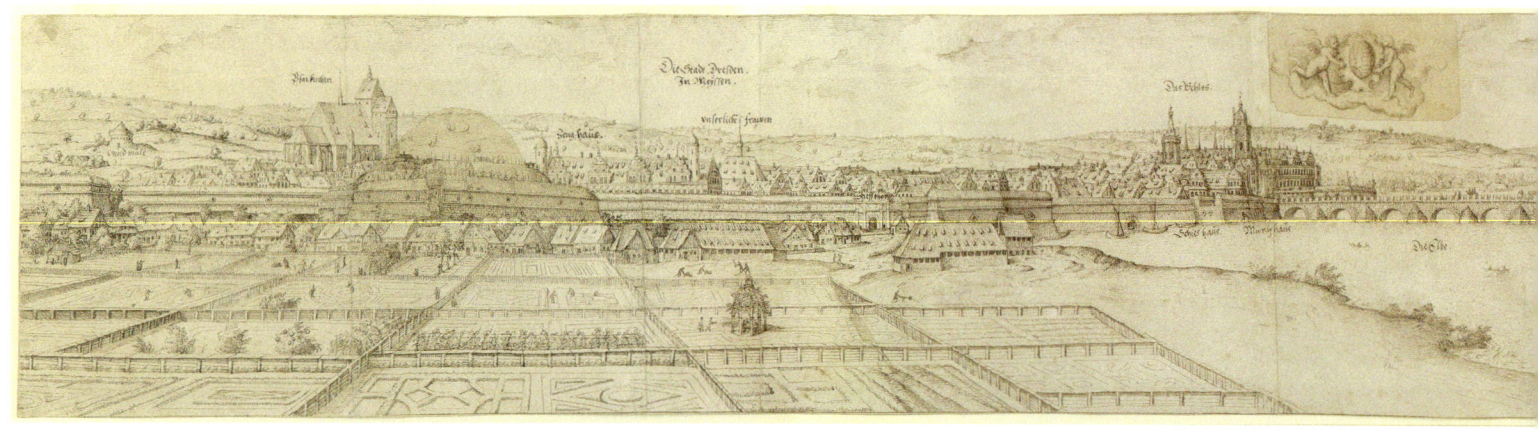

22 | Gabriel Tola (Gabriele Thola) | Neustadt und Altendresden von Osten | Dresden, um 1570
Federzeichnung in Sepia, 25 x 196,5 cm | Museen der Stadt Dresden, Städtische Galerie Dresden, Kunstsammlung (1977/k 196)

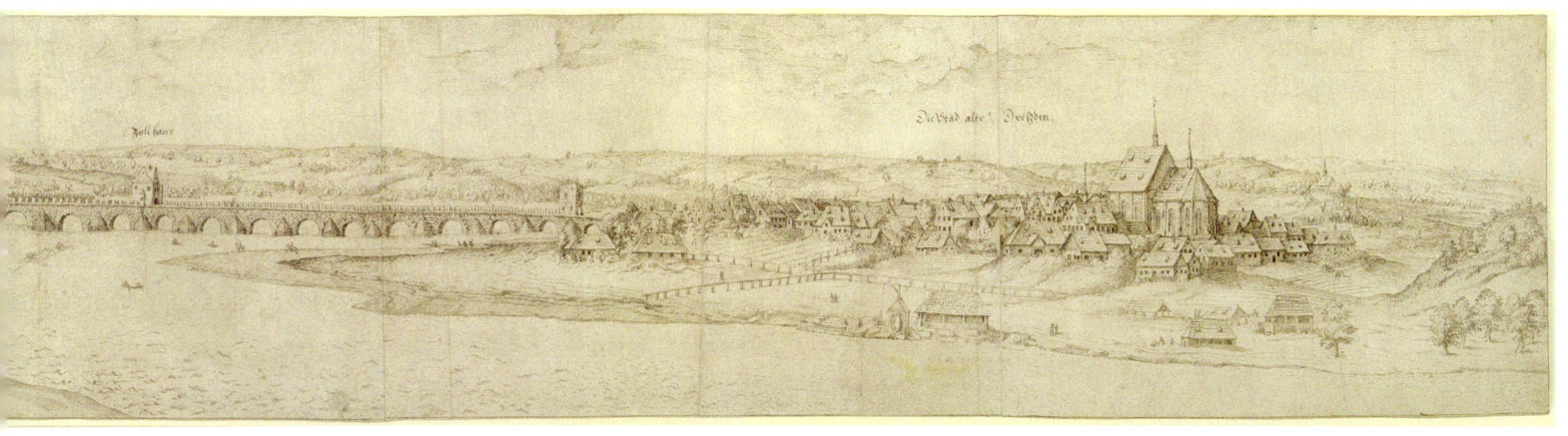

Zoll haus

Die Stad alte Dreßden.

Dresden in den Städtebüchern des 16. und 17. Jahrhunderts

»Wenn du es liest, wird es dich, wie ich dir versprechen darf, derart fesseln, daß du die Abfolge der Zeiten nicht zu lesen, sondern leibhaftig zu schauen glaubst. Sehen wirst du [...] auch die Lage der berühmtesten Städte und Gegenden ganz Europas ...«,[1] schrieb Anton Koberger, der Verleger des Buches, das heute als »Schedelsche Weltchronik« bekannt ist und um das Jahr 1500 die Epoche der Städtebücher einleitete.[2] Der Name bezeichnet einen Buchtypus, der hauptsächlich druckgrafische Darstellungen von Städten beinhaltet. Die Ansichtswerke waren sehr begehrt, und für manchen Reisenden wurden sie unverzichtbar.[3]

Fesselnde Lektüre bieten uns diese Bücher bisweilen, weil die Autoren bemüht waren, den greifbaren Zustand der Städte vorzustellen. Abbildungswürdig wurde eine Stadt durch ihre besondere Architektur oder ihre politische Bedeutung. Dresden konnte nach dem Ausbau zur fürstlichen Residenz einiges in die Waagschale werfen. Es konnte mit seinen Prachtbauten und mit seiner malerischen Lage an der Elbe glänzen.

Ab der Mitte des 16. Jahrhunderts begann sich das Bild der Dresdner Stadtsilhouette systematisch zu wandeln. Die neuen optischen Akzente (und damit auch Anziehungspunkte für die Künstler und Illustratoren der Städtebücher) waren vor allem das prächtig umgebaute Schloss, die stark erweiterten und verstärkten Befestigungsanlagen und die Lage der Stadt im Elbtal. Zwei frühe Ansichten sind uns erhalten geblieben. Der Kupferstich nach Heinrich van Cleef (Abb. 20) präsentiert Dresden aus der Perspektive, die später auch Bernardo Bellotto, genannt Canaletto, für seine berühmten Ansichten wählte.[4] Gezeigt wird ein Ausschnitt mit der heutigen Augustusbrücke, die zum Residenzschloss führt. Die davor liegende nordwestliche Ecke der Festungsmauer, mit dem Fluss abschließend, zeigt die Wehranlage in ihrem damaligen Zustand. Auf der linken Bildseite sind die Türme der alten Kreuzkirche und der alten Frauenkirche zu erkennen. Besonders dem Schloss hat Cleef durch genaue Linienführung Aufmerksamkeit gewidmet. Aus der Bildquelle ist der bauliche Zustand nach 1547 ablesbar, als der prächtige Hausmannsturm durch die Schlosserweiterung in die Mitte der Nordfront des Schlosses gerückt war. Die zweite Ansicht stammt von Gabriel Tola (Abb. 22) aus Brescia, der einige Zeit in Dresden zubrachte und um 1570 eine Federzeichnung von »Neustadt und Altendresden« angefertigt hat. Für seine Darstellung in dem beeindruckenden Querformat von 25 auf 196,5 Zentimeter wählte er, im Gegensatz zu Cleef, die östliche Perspektive, blickte elbabwärts. Eingebettet in die Landschaft des Elbtales, mit einer sanften Hügelkette im Hintergrund, erhebt sich hinter der Festungsmauer die alte Kreuzkirche, anschließend das neu errichtete Zeughaus, rechts daneben ein Dachreiter der alten Frauenkirche und schließlich der mächtige Bau des Schlosses. Die gerade aufgezählten Gebäude sind vom Künstler namentlich im Bild bezeichnet worden. In präzisen Linien fügte der Zeichner zu der Stadtansicht einen angeschnittenen Renaissancegartenanlage im Vordergrund hinzu. Während Cleef nur einen Teil der Elbbrücke in seiner Bildkomposition berücksichtigt, wird sie bei Tola in ihrer ganzen Länge sichtbar. Die Brücke verbindet den Ort Altendresden (die spätere Neustadt), rechts im Bild, mit der Residenz und der Altstadt. In einer Zeitspanne von ca. 25 Jahren werden durch diese beiden Künstler die verschiedenen Stationen der baulichen Entwicklung Dresdens in der zweiten Hälfte des 16. Jahrhunderts auf Papier festgehalten und zeugen von seiner rasanten Veränderung. Die beiden Bildmotive gaben die Vorlagen für zahlreiche weitere Darstellungen. Insbesondere die Zeichnung von Tola diente als Vorbild für zahlreiche Städtebilder in den Folgejahren.

Die Stadtansicht wurde zu einem beliebten Medium der Repräsentation. Die populärste Form dafür waren im 16. und 17. Jahrhundert die Städtebücher, denn mit dem Siegeszug des Buchdruckes wurden die Werke in relativ hohen Auflagen[5] produziert, in mehrere Sprachen übersetzt und teilweise europaweit exportiert. Es drängt sich nun die Frage auf, wie die Vorlagen beschafft worden sind. Anhand der Gegenüberstellung von verschieden umgesetzten Bildmotiven Dresdens in den bedeutendsten Druckwerken ihrer Zeit ergeben sich überraschende Folgerungen.

1572 taucht in Georg Brauns und Franz Hogenbergs »Civitates orbis Terrarum«[6] erstmals eine Abbildung von Dresden in einem Städtebuch auf (Abb. 21). Der Kupferstich verdeutlicht, dass dem Stecher die Zeichnung von Tola bekannt war und möglicherweise als Vorlage gedient hat. Es lässt sich eine Übereinstimmung im Einzelnen erkennen (vorausgesetzt die im Vordergrund stehende Figurengruppe wird außer Acht gelassen). Die Kontur der Stadt dehnt sich, wie bei Tola, mittig im Blatt aus und erfasst die Befestigung der Residenzstadt sowie eine reduzierte Ansicht von Altendresden. Beim genaueren Hinsehen ist zu erkennen, dass der Hausmannsturm des Schlosses zum Betrachter gedreht worden ist und die Kreuzkirche in über-

triebener Größe die umgebenden Häuser überragt.[7] Die im Kupferstich vervollständigte Version des Renaissancegartens befindet sich davor. Dessen örtliche Bestimmung ist schwierig, da Quellen fehlen. Die Flussrichtung der Elbe wird durch ein kleines Boot im Mittelpunkt des Blattes angezeigt. Architektur und Landschaft heben sich voneinander ab, indem die Akzentuierung der Linienführung verändert wurde. Beide Bereiche harmonieren aber miteinander und führen zu einer relativ realistischen Darstellung der Stadt und ihrer Landschaft. Die Lebendigkeit von Tolas Illustration wird allerdings bei Braun und Hogenberg nicht mehr erreicht.

Zwei Jahre später, 1574, erscheint dann erstmals ein Holzschnitt von Dresden in der deutschen Ausgabe der »Cosmographia« von Sebastian Münster (Abb. 23).[8] Auch hier hat der Künstler, der für das Anfertigen des Druckstockes verantwortlich war, vermutlich nach den Vorlagen des Gabriel Tola oder des Konkurrenzunternehmens, Braun und Hogenberg, gearbeitet. Die Münstersche »Cosmographia« war in der Mitte des 16. Jahrhunderts marktbeherrschend, weil sie bereits 1544 erstmals herausgegeben worden war und bis zum Erscheinen der neuen Städtechronik von Braun und Hogenberg im Jahr 1572 das einzige Sammelwerk in dieser Form darstellte. Das neue Städtebuch von Braun und Hogenberg erreichte jedoch mit seinen Kupferstichen eine höhere künstlerische Qualität gegenüber den Holzschnitten in Münsters »Cosmographia«, und es begann ein Wettlauf um die meisten Stadtansichten in den Büchern. Das Prinzip der Bildkomposition ist von der Künstlerwerkstatt Sebastian Münsters komplett übernommen worden. Die hervortretenden Veränderungen betreffen vor allem die Größe und die künstlerische Umsetzung des Bildes. Die Abbildung bei Münster ist kleiner und gegenüber den länglichen Formaten von Tola wie bei Braun und Hogenberg fast quadratisch. Das sächsische Wappen im oberen Bildteil und die Gartenanlage im Vordergrund (ohne Figurengruppe) bilden die dominierenden Elemente und schließen die in ihrer Linienführung zierlich dargestellte Stadtsilhouette Dresdens mittig ein. Die Elbe ist kaum erkennbar, weil Uferzonen und Wellen in ihrer Liniengestalt identisch sind. Nur ein kleines Boot und die Bezeichnung »Elbe flu« kennzeichnen das Wasser. Im Hintergrund schließt der Fluss mit der Brücke ab, welche beide Stadtteile verbindet. Nur anhand der Türme ist es dem Betrachter möglich, das Bild von Dresden zu identifizieren – vorausgesetzt, dass er ihr Aussehen kannte. Die Stadt wird dem Blick des Betrachters noch weiter entrückt, als es bereits bei Braun und Hogenberg der Fall ist. Hilfreich bei der Wiedererken-

nung sind der Titel »Von der Statt Dresden« und die hinzugefügten Großbuchstaben, wodurch in der beigefügten Legende die wichtigsten Gebäude bezeichnet werden. Die Linienführung ist grob und erreicht nicht die feine grafische Ausdifferenzierung der vorangegangenen Stadtillustrationen. Diese Arbeit lässt vielmehr den Eindruck entstehen, dass Dresden nur eine schnelle Hinzufügung in der Münsterschen »Cosmographia« war, um konkurrenzfähig zu bleiben. Obwohl Sebastian Münster seine »Cosmographia« wesentlich früher veröffentlichte, ist die Abbildung von Dresden in diesem Buch erst in späteren Ausgaben zu finden.

Der Erfolg dieser beiden Unternehmen ermutigte andere Autoren zur Herausgabe ähnlicher Sammelwerke. Abraham Saur[9] ließ 1610 ein Städtebuch publizieren, welches ebenfalls eine Ansicht der Residenz an der Elbe beinhaltet (Abb. 24). Abgesehen von dem hinzugefügten Rahmen ist dieser Holzschnitt eine direkte Kopie der Münsterschen Version des Dresden-Bildes. Das Buch erschien erstmals in Taschenbuchgröße,[10] da es als handlicher Wegbegleiter vorgesehen war und damit einen bedeutenden Vorteil gegenüber den großen Städtebüchern hatte.[11]

Das Bildthema von Braun und Hogenberg findet sich in der um 1650 erschienen Ausgabe des »Politischen Schatzkästlein« wieder, zusammengestellt von Eberhard Kieser[12] (Abb. 25). Was den von Daniel Meisner gestochenen Kupferstich betrifft, ist die Ausführung gröber. Aber das »Abkupfern« von anderen Städtebüchern war damals eine durchaus gängige Praxis, weil Druckplatten verkauft oder vererbt wurden oder Stecher die Werkstätten wechselten.[13]

Pieter H. Schut[14] nutzte für seine Kupferstiche das rechte Elbufer als Betrachterstandort (Abb. 26). Die Kontur der Stadtdarstellung wurde im Vergleich zu Tola nicht verändert. Durch die Aufnahme des neuen imposanten Westturmes der Kreuzkirche (ab 1579) wurde eine aktualisierte Version der

Dreſden. in Meißen.

TOTUS SUM TOTUS

Scribere verba placet tria: nunc tria perlege verba: TOTUS SUM TUUS: haud scribere plura queo.

| Dreÿ Wort zu ſchreiben fallen mir ein, | Jch bin dein: Vnd will gantz dein bleibn ____. |
| Beſchaw ſie recht, behalt ſie fein. | Jtzt kan Ich dir nichts beſſers ſchreibn ____. |

25 | EBERHARDT KIESER /
DANIEL MEISNER
Vera Amicitia. Dresden in Meißen
Aus: Sciagraphia cosmica,
Nürnberg, 1678, S. B 16
Kupferstich, 9 x 15 cm
Sächsische Landesbibliothek –
Staats- und Universitätsbibliothek
Dresden (Geogr. A 564-1)

damaligen Silhouette geschaffen. In der Komposition des Blattes navigiert die Elbe den Betrachter wiederum zur Residenz. Die arrangierte Personengruppe im Vordergrund scheint mit alltäglichen Dingen beschäftigt zu sein. Die für Schut typische Randverzierung (Lorbeerstab und Früchtekranz, in dem sich der Name der Stadt befindet) umrahmt das Blatt.

Trotz aller negativen Auswirkungen des Dreißigjährigen Krieges waren die Topografien von Matthäus Merian d.Ä. der letzte Höhepunkt in der Geschichte der Städtebücher. Die Wirren dieses Krieges erforderten einen flexiblen Umgang mit den Vorlagen, indem diese das Verlagshaus durch Kontakte mit den Landesherren erreichten oder veraltete Stiche routiniert umgearbeitet wurden. Die Entwürfe für Dresden stammen von Wilhelm Dilich[15] und führen zu den selbstständigen Kupfern in der Ausgabe Obersachsen. Das Werk, veröffentlicht im Jahr 1650,[16] gilt als letzter Band, an dem Matthäus Merian d.Ä. selbst mitgearbeitet hat. Er verstarb im selben Jahr.

Die Blätter »Prospect der Brücke zu Dresden« (Abb. 27), »Prospect der Elbstrom zu Dresden« und »Dresden« (Abb. 28) zeigen drei verschiedene Ansichten der Stadt. Das letztgenannte steht in der Tradition der bisher vorgestellten Dresden-Ansichten.[17] Die Landschaft weicht den wichtigen Bauwerken, und der Fluss führt an diesen vorbei. Die Legende weist nur noch auf Altendresden hin. Das »Prospect der Brücke« eröffnet einen neuen Blickwinkel, denn die Ansicht von Norden wurde bislang nicht verwendet. Der von Cleef gebrauchte enge nordwestliche Blickwinkel zeigte nur einen Ausschnitt der Residenz. Dagegen vermittelt »Prospect der Brücke« vielseitigere Einblicke. Die frontale Präsentation der heutigen Brühlschen Terrasse zeigt neben den bekannten Gebäuden auch das 1621 erbaute Lusthaus auf der Jungfernbastei. Die Darstellung der Schlossarchitektur hat sich gegenüber der Ansicht von Cleef nicht geändert. Allerdings fällt auch bei diesem Prospekt eine Drehung des Gebäudes zugunsten des Betrachterstandpunk-

26 | Pieter Hendricksz. Schut | Dressden | Amsterdam, um 1640
Kolorierte Radierung, 26 x 28,2 cm | Kupferstich-Kabinett, Staatliche Kunstsammlungen Dresden (Sax.top I, 3, 12 A 131378)

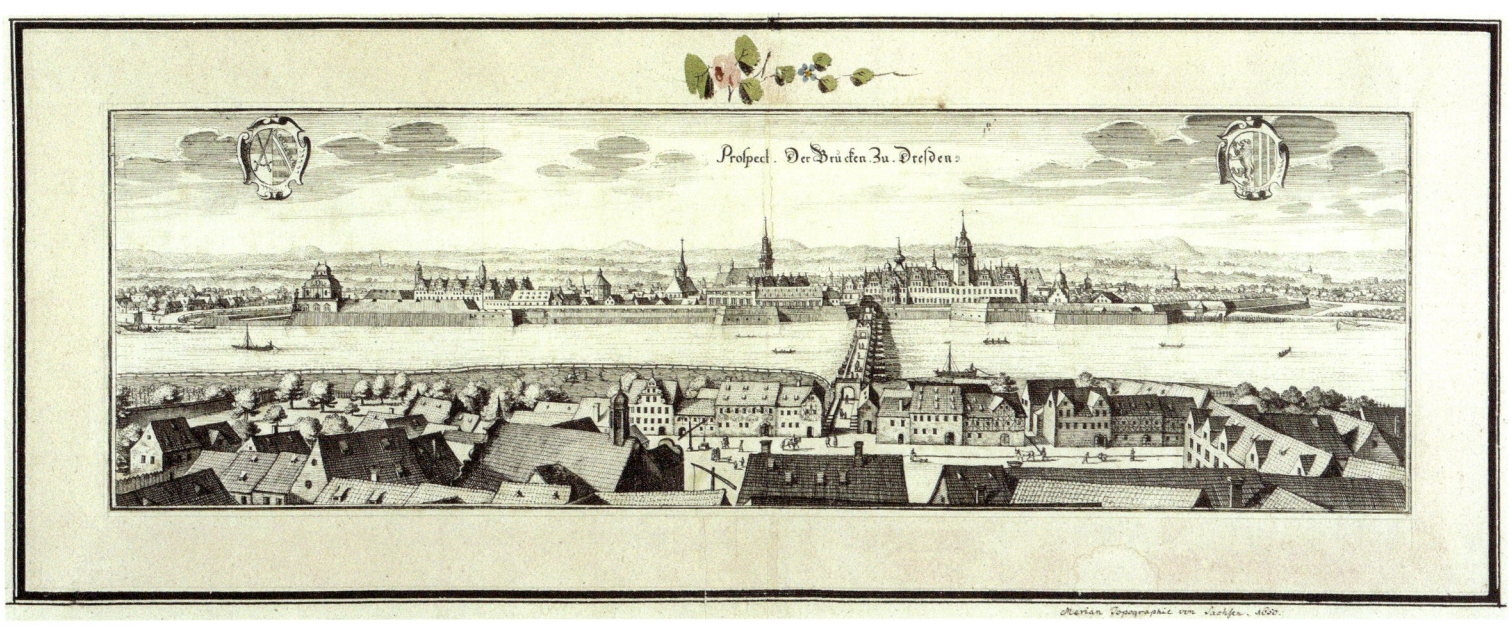

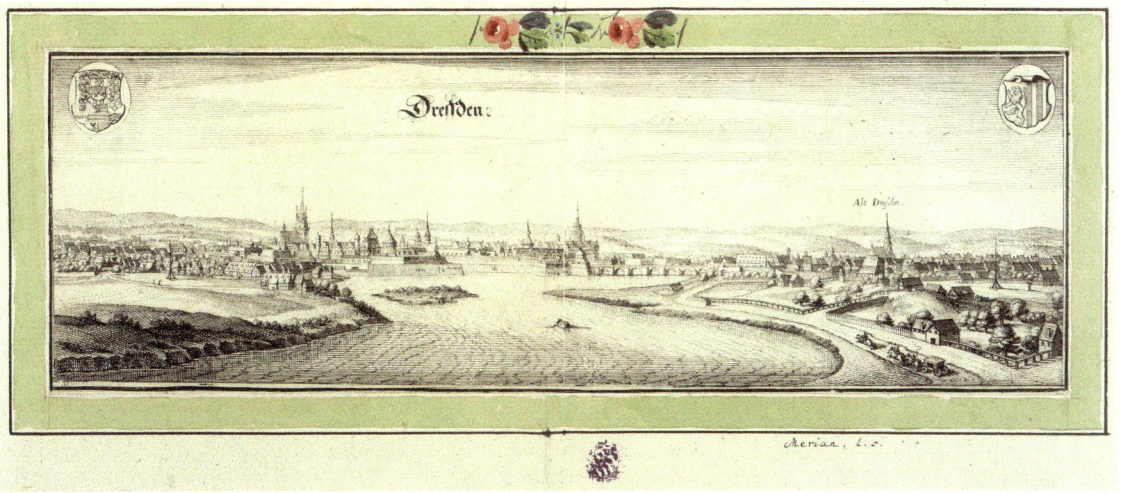

27 | MATTHÄUS MERIAN D.Ä.
Prospect der Brücken zu Dresden
Einzelblatt
Aus: Topographia Superioris Saxoniae,
Thüringiae, Misniae et Lusatiae,
Frankfurt am Main, 1650, zwischen
S. 50 und 51 | Kupferstich, 28,5 x 77,5 cm
Sächsische Landesbibliothek –
Staats- und Universitätsbibliothek
Dresden, Kartensammlung (B 1440)

28 | MATTHÄUS MERIAN D.Ä.
Dresden | Einzelblatt
Aus: Topographia Superioris Saxoniae,
Thüringiae, Misniae et Lusatiae,
Frankfurt am Main, 1650, S. 46
Kupferstich, 12 x 37,2 cm
Sächsische Landesbibliothek –
Staats- und Universitätsbibliothek
Dresden, Kartensammlung (B 1439)

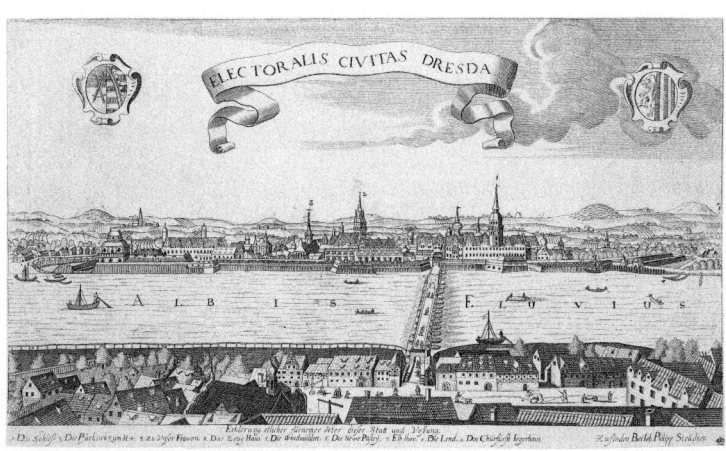

29 | MONOGRAMMIST SL, VERLEGT BEI PAUL FÜRST
Electoralis Civitas Dresda | Abbildung der weltberühmten Stadt Dresden
Nürnberg, 1650 | Radierung, 23 x 37,6 cm
Kupferstich-Kabinett, Staatliche Kunstsammlungen Dresden
(Sax.top I, 5, 1 A 131452)

30 | JOHANN ALEXANDER BOENER
Titelkupfer zu Anton Weck,
Der Chur-Fürstlichen Sächsischen
weitberuffenen Residentz- und
Haupt-Vestung Dresden
Nürnberg, 1680
Kupferstich, 31 x 20 cm
Kupferstich-Kabinett,
Staatliche Kunstsammlungen Dresden
(Sax.top I 3, 7 A 131373)

tes auf. Die lebhafte Szenerie auf der Brücke sowie in Altendresden verbildlicht das Aufblühen der Stadt auch während des Krieges. Art und Weise der Präsentation belegen die guten Vorarbeiten und den raffinierten Umgang mit der Technik des Kupferstiches. Der Monogrammist SL benutzte ebenfalls dieses Motiv für seine Abbildung von Dresden im Jahre 1680 mit dem Titel »Electoralis Civitates Dresda. Abbildung der weltberühmten Stadt Dresden« (Abb. 29). Paul Fürst verlegte den Kupferstich in seinem Nürnberger Kunstverlag.

Merians Blatt »Elbstrom zu Dresden« ist einer der schönsten Drucke zur Topografie Obersachsens. Der Stich wurde von Casper Merian, dem ältesten Sohn von Matthäus Merian d.Ä., ausgeführt und zeigt das Elbtal von Loschwitz aus. Landschaft und Fluss dominieren, die Stadt befindet sich rechts im Blatt eher am Rand. Sie hebt sich kaum von der Umgebung ab, sondern bleibt Bestandteil der Landschaft. Ortschaften, wie zum Beispiel Blasewitz und Pieschen die heute Stadtteile von Dresden sind, werden na-

mentlich genannt. Geprägt ist das Blatt durch liebevolle Detaildarstellung der Natur. Die Figurengruppe (zwei zeichnende Männer und ein Spaziergänger) ist ein dezenter Hinweis auf die Darstellungswürdigkeit des Elbtals.

Die Sachsenchronik von Anton Weck[18] leitete eine neue Generation von Ansichtswerken ein. Am Ende des 17. Jahrhunderts richtete sich das Interesse wieder auf Stadtchroniken, die sich ausgiebig mit der Geschichte einer Stadt, ihres Fürstenhauses sowie deren Gebäude beschäftigen. Während die Chronik von Weck eine ausführliche Stadtbeschreibung von Dresden beinhaltet, ist eine Ansicht der mittlerweile berühmten Stadtsilhouette von Dresden nur auf dem Titelkupfer zu finden (Abb. 30). Allerdings ist die Stadt im Vergleich zu den früheren Darstellungen dem Blick des Betrachters weit mehr entrückt. Eingerahmt von einem großzügig gestalteten Titel erscheint Dresden im Hintergrund des Bildes. Der Fluss mit den Booten sowie Brücke und Türme im Hintergrund avancierten einmal mehr zu Symbolen der aufblühenden Residenzstadt im 17. Jahrhundert.

Anmerkungen

1 Zit. n. Wolfgang Behringer, Die großen Städtebücher und ihre Voraussetzungen, in: Das Bild der Stadt in der Neuzeit 1400–1800, hrsg. von Wolfgang Behringer und Bernd Roeck, München 1999, S. 82.

2 Unter der Regie von Hartmann Schedel wurde eine Weltchronik verfasst, die 1493 in Nürnberg von Anton Koberger herausgegeben wurde.

3 Otto Flake (Hrsg.), Michel de Montaigne. Tagebuch einer Reise durch Italien, die Schweiz und Deutschland in den Jahren 1580–81, Frankfurt/Main 1988, S. 49f.: »Der Herr von Montaigne bedauerte dreierlei auf seiner Reise: einmal, daß er keinen Koch mitgenommen hatte, [...] und drittens, daß er vor Antritt der Reise kein Buch zur Hand gehabt hatte, das ihn auf die seltenen und beachtenswerten Dinge jedes Ortes aufmerksam machte, daß er keinen Münster oder etwas ähnliches in seinem Gepäck hatte.«

4 Es wird angenommen, dass die Ansicht von Cleef um 1555 entstanden ist. In Kupfer gestochen erschien diese Abbildung 1587 in Antwerpen bei dem Verleger Philipp Galle in dem Sammelwerk »Ruinarum ruriumque aliquot delineationes«.

5 Vgl. Alois Fauser, Repertorium älterer Topographie. Druckgraphik 1486–1750, Bd. 1, Wiesbaden 1978.

6 Georg Braun und Franz Hogenberg, Civitates orbis Terrarum. Bd. 1, Köln 1572. S. 28.

7 Vgl. dazu den Kupferstich nach Cleef. Rechts neben der alten Frauenkirche sind zwei weitere schmale Türme im Hintergrund abgebildet. Der Umbau des Westturmes der Kreuzkirche erfolgte erst im Jahr 1579, wodurch einer der Türme der alten Kreuzkirche zugeschrieben werden kann. Im Gegensatz zu dem Blatt von Tola setzte Cleef die Turmfassaden in ein anderes Größenverhältnis zueinander.

8 Die erste Ausgabe von Sebastian Münsters »Cosmographia« erschien 1544 in Basel. Mit großem Erfolg wurde das Städtebuch, mit Holzschnitten illustriert, in zahlreichen Auflagen bis 1628 veröffentlicht.

9 Abraham Saur, Theatrum vrbivm, Frankfurt/ Main 1610.

10 Vgl. Behringer (wie Anm. 1), S. 85.

11 Saur (wie Anm. 9), S. 3: »Allen Studenten, Malern, Kauf- und Wandersleuten [...] soll dieses Büchlein nützlich und dienstlich sein«.

12 Eberhard Kieser, Sciagraphia cosmica, Nürnberg 1678, B 16.

13 Vgl. Behringer (wie Anm. 1), S. 88.

14 Pieter Hendricksz Schut, Dressden, Amsterdam (verm. um 1640).

15 Behringer (wie Anm. 1), S. 87: »Für die ›Topographia Hassiae‹ griff Merian wie bereits Kieser auf die 126 Städtebilder in Wilhelm Dilichs ›Hessischer Chronica‹ zurück, und es traf sich gut, daß derselbe talentierte Künstler mittlerweile im kursächsischen Dienst stand und aus dem deutschen Osten frisches Bildmaterial lieferte.«

16 Matthäus Merian, Topographia Superioris Saxonia, Frankfurt/Main 1650.

17 Die Darstellung der Stadt ist vergleichbar mit den Versionen von Braun und Münster. Das Fehlen des Renaissancegartens und der optische Einbezug der Landschaft vermitteln aber einen neuen und realistischen Blick auf Dresden.

18 Anton Weck, Der Chur-Fürstlichen Sächsischen weitberuffenen Residentz- und Haupt-Vestung Dresden, Nürnberg 1680.

31 | Anonym | Humpen mit der Ansicht von Dresden
Sachsen, 1688
Hellhornfarbenes Glas, Emailmalerei,
Reste von Vergoldung, H. 36,5 cm
Kunstgewerbemuseum,
Staatliche Kunstsammlungen Dresden (37082)

32 | JOHANN BENSHEIMER | Cimelium geographicum | Deutschland, 1687
Kupferstich, 18 x 14,8 cm
Kupferstich-Kabinett, Staatliche Kunstsammlungen Dresden (Sax.top VI 1, 1 A 132706)

33 | JOHANN CHRISTIAN CRELL | Titelkupfer
Das fast auf dem höchsten Gipfel seiner Vollkommenheit und
Glückseligkeit prangende Köngliche Dreßden in Meissen, oder
JCCANDERS kurze, Beschreibung, derer in dieser Welt-bekannten
Wittekindischen Residentz berühmten Gebäude,
Merckwürdigkeiten und Gewohnheiten, Leipzig, 1726
Kupferstich, 13,2 x 7,5 cm
Sächsische Landesbibliothek – Staats- und Universitätsbibliothek
Dresden (H.Sax. G 607)

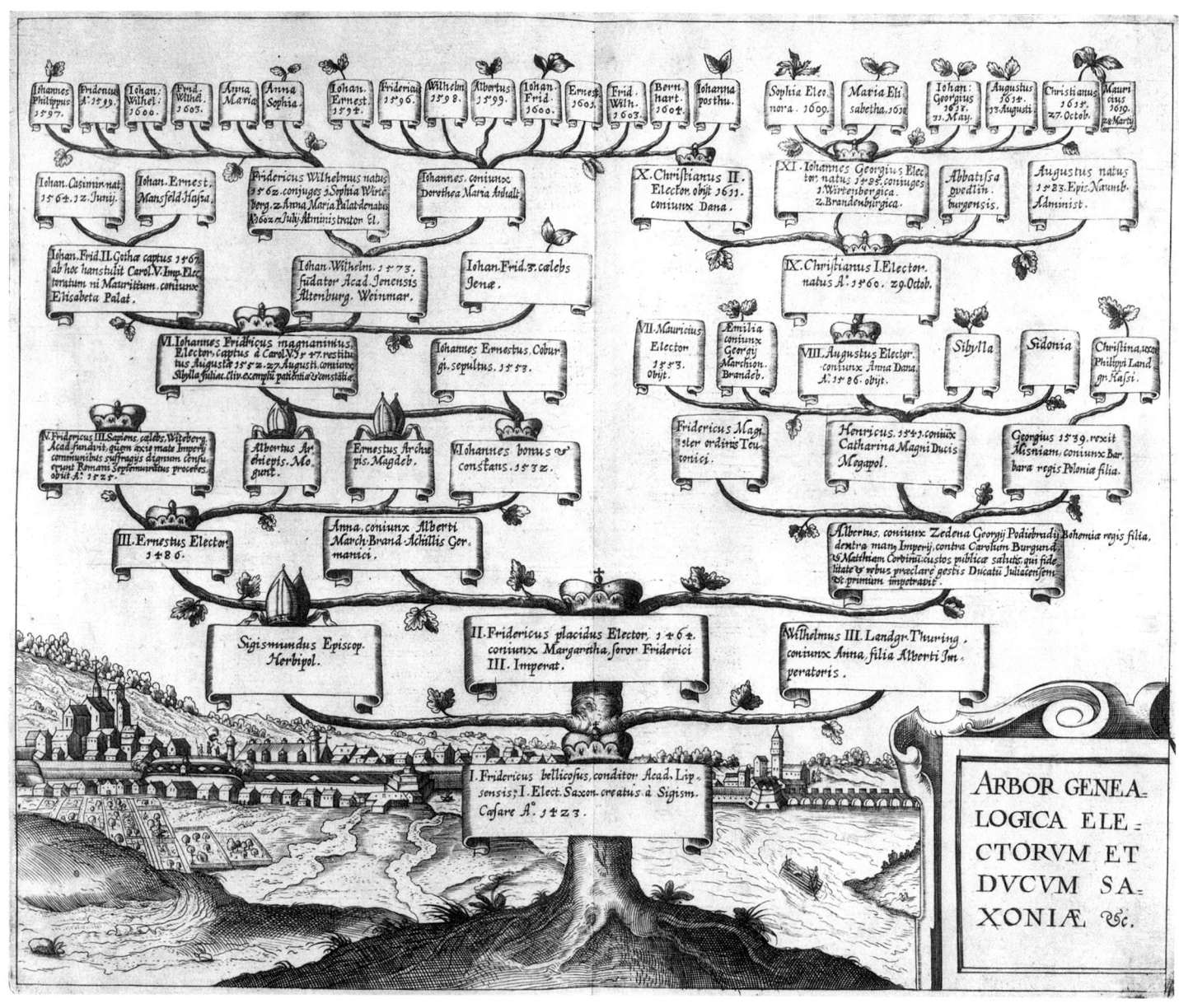

34 | WOLFGANG KILIAN | Arbor Genealogica Electorvm et Dvcvm Saxoniae | Rückeinband Arbor Genealogica, Augsburg 1625
Kupferstich, 26,5 x 32 cm | Sächsische Landesbibliothek – Staats- und Universitätsbibliothek Dresden (H. Sax. C 17)

Der Kupferstich von Kilian zeigt den Stammbaum der sächsischen Herrscher vor der Kulisse Dresdens und folgt damit einer Komposition, die der Künstler auch für den Stammbaum anderer Adelshäuser nutzte.

35 | Detail aus Abb. 36

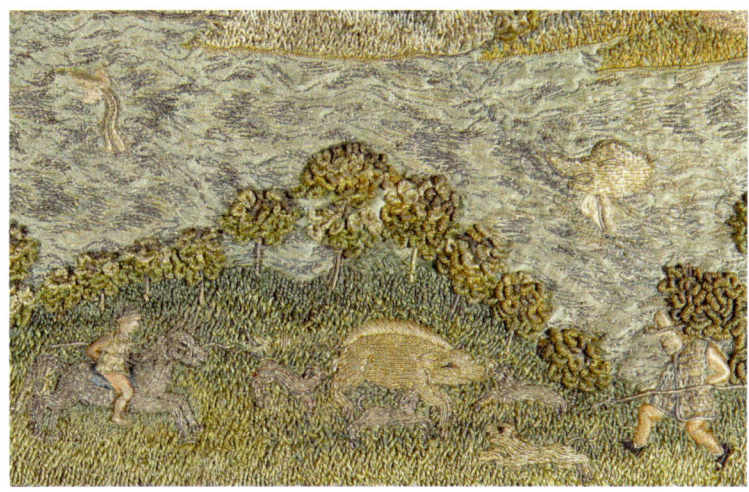

37 | Detail aus Abb. 36

Elbflorenz in Gold und Seide –
Die Darstellung Dresdens und des Elbtals
auf dem Prunkkleid des
Kurfürsten Johann Georg I. von Sachsen
vom Jahre 1611

In der Sammlung der kurfürstlichen Kleider[1] in der Dresdner Rüstkammer ist ein besonderes Bildzeugnis für die Geschichte Dresdens verborgen: das so genannte »Landschaftskleid« des Kurfürsten Johann Georg I. von Sachsen vom Jahre 1611, das mit einer prachtvollen Ansicht Dresdens aufwartet (Abb. 36).[2]

Zu dem Prunkkleid spanisch-italienischer Mode gehören ein weiter, kreisrund geschnittener Mantel, ein kurzes Wams mit kleinen trapezförmigen Schößen, schmalem Stehkragen und Schulterflügeln, eine gebauschte Kniehose, ein hoher steifer Hut mit breiter Krempe, ein Gürtel und ein Degengehänge. Nicht mehr vorhanden, doch in den alten Inventaren ebenfalls erwähnt, sind passende Seidenstrümpfe, ein Hutband, Kniebänder, Knierosen, Schuhrosen und Stiefel. Die Teile sind in der »meergrünen« Farbe und der polychromen Gold-, Silber- und Seidenstickerei als Teile eines Ensembles aufeinander abgestimmt. Die Qualität der verarbeiteten Seidenstoffe spricht für deren Erwerb aus Italien. Der Oberstoff von Wams und Hose sowie der Fond der Stickerei am Mantel bestehen aus grünem, die Binnenfläche des Mantels aus türkisblauem Seidenatlas. Für das Mantelfutter wurde ein weiß-silbern gestreifter Seidenstoff gewählt, der so kostbar ist, dass er beim Drapieren des Mantels repräsentativ auch nach außen gekehrt werden konnte.

Der Eigner und die Herkunft des Prunkkleides treten aus dem Zugangsverzeichnis der Kurfürstlichen Schneiderei für das Jahr 1611 hervor:

»Ferner ao. 1611 vorfertigett [...] Ein mantel von meergrün adlaß, mitt goldt, silber, vndt allerlei farben seiden, landschafften, wildtnüßen, seefarten, ackerbaw, menschen vnd thieren darauf gestickt, mit meergrün tobin [gewässerter Doppeltaft] so mit goldt vnd allerley farben seiden gestreift gefüttert, hat mein Gnedigster Churfürst vnd Herr, von S. vielgeliebten Fraw Mutter zum Heiligen Christ bekommen [...] Ein wammes vnd ein bhar hosen, von meergrün adlas vber vnd vber mit goldt, silber vnd aller farbe seiden

36 | HANS ERICH FRIESE | Radmantel von Johann Georg I. | Dresden, 1611
Seidenatlas, farbige Seide, Gold- und Silberstickerei, Dm. 197 cm
Rüstkammer, Staatliche Kunstsammlungen Dresden (I 8)

38 | Daniel Brettschneider
Porträt Johann Georgs I. mit der Ansicht von Dresden | Dresden, um 1650
Tempera auf Holz, 15,2 x 9,8 cm
Rüstkammer, Staatliche Kunstsammlungen Dresden (H 207)

landschafften, wildtnüßen, seefarten, ackerbaw, menschen vnd thieren gestickt. Ein bhar meergrün seidenstrümpffe, Ein bhar knie bender, vnd schurosen von meergrün seiden flor, mit breiten gülden un silbern zancken vnd mit flintern behefft sowohl ein hut von meergrün adlaß gefüttertt, hatt M. G. H. von S. vielgeliebten Frawue Mutter zum Heyligen Christ bekommen, [...] Ein klein rundte hudtschnürlein von meergrün doppl taffet, mit goldt und allerlei farben seiden gestickt, [...]. Ein bar weis cordowan [lederne] stifeln oben mit meergrün adlas und mit gulden borte gebremett, [...]«.[3]

Dass es sich bei dem angesprochenen Kurfürsten bereits um Johann Georg I. (1585–1656) handeln muss, geht aus dem Hinweis auf Weihnachten hervor, denn Christian II. starb bereits am 23. Juni 1611. Bei der erwähnten Mutter handelt es sich um die mit dem frühen Tod Christians I. von Sachsen 1591 verwitwete Kurfürstin Sophie (1568–1622), geborene Markgräfin von Brandenburg, Gemahlin Christians I. von Sachsen.

Der Personen- und Ereignisbezug und die damit verbundene Datierung haben sich in den kurfürstlichen Kleiderinventaren nach dem Tod Johann Georgs I. völlig verloren.[4] Bemerkenswerterweise wurde die am Mantel dargestellte Elblandschaft mit den Stadtprospekten von Dresden und Meißen in keiner der überlieferten Inventarbeschreibungen des Kleides konkret angesprochen. Es heißt dort lediglich wiederholt: »worauff [...] unterschiedliche landschafften gestickt [...]«. War das Merkbild von Dresden, die Alltagserfahrung der Stadt, bereits so ausgeprägt, dass das Motiv mit Selbstverständlichkeit betrachtet und daher vernachlässigt werden konnte? Vom Leibschneider, der an dem Prunkkleid mitgewirkt hat, kann dies erwartet werden, von ferneren Personen und niederen Hofchargen schon nicht mehr. In den präzisen Materialbeschreibungen der Inventare können wir zuvorderst den gegenüber der kurfürstlichen Kämmerei rechenschaftspflichtigen Sachverwalter von materiellen Werten, von Gold, Silber und Seide erkennen. Die Idee von der dynastischen Geschichtsschreibung in persönlichen Ausstattungen ging von den Herrscherpersönlichkeiten selbst aus. Sie realisierte sich aktuell in Aufträgen, im eigenen Kleidungsverhalten sowie in der gezielten Auswahl von Kleidungen und Waffen für eine dauerhafte Bewahrung. Der autoritären Verwaltung am kursächsischen Hof verdanken wir letztlich auch die Überlieferung des Landschaftskleides.

Als die Rüstkammer 1834 als öffentliches Museum, damals Königliches Historisches Museum genannt, im Zwinger eingerichtet wurde, war die Bedeutung des Prunkkleides insgesamt nicht mehr gegenwärtig. Das letzte Inventar beschreibt den Mantel als einen »Mantel von meergrünem Atlas um dessen Rand größere an einem Fluß gelegene Städte, Jagden und andere Gegenstände [...] gestickt sind«.[5] Der Museumsführer von 1873 spricht die Landschaft sogar der Rheingegend zu.[6] Im neuen Museumsführer von 1889 (1877 eröffnete das Museum am angestammten Ort im Stallgebäude, nun Johanneum) benennt Albert Erbstein erstmals explizit die Elblandschaft sowie Dresden und Meißen. Aufgrund der Mode und der Motive weist er das Kleid Christian II. zu, der es bei der Schifffahrtsmaskerade (Wasser-Invention) zur Hochzeit Johann Georgs (I.) 1604 in Dresden getragen haben soll.[7] Dieser Auffassung schlossen sich die meisten nachfolgenden Autoren an.[8] Erich Haenel, der 1911 in einem Aufsatz die Kostüme Johann Georgs I. zusammengefasst hat, schreibt das Landschaftskleid diesem zwar nicht zu, relativiert aber auch die Zuweisung an Christian II.: »Da sich indessen in keinem der Inventare bis 1711 ein Hinweis auf diesen Besitzer oder eine derartige Lustbarkeit findet, [...], so tut man gut, in dem Kostüm nicht mehr zu sehen als ein besonders kostbares Beispiel des Kleiderluxus zu Beginn des 17. Jahrhunderts«[9]. Den historisch-topografischen Wert des Mantels erkennend und aus konservatorischen Gründen wurde dieser bei der Neuaufstellung der Kostümsammlung des Historischen Museums (Rüstkammer) im Johanneum 1928 auf ein Rad montiert und in einer Wandvitrine zur Gesamtansicht gebracht.[10]

Letztlich waren wir doch auf das Wiederauffinden des oben zitierten ersten und zugleich einzigen tatsächlich Aufschluss gebenden Zeugnisses angewiesen, um dem Prunkkleid seinen historischen Stellenwert wieder adäquat einräumen zu können.[11]

Seine Symbolkraft und sein einzigartiges Gepräge erhält das Ensemble durch die Landschaftsdarstellungen in Reliefstickerei am Mantel: Entlang der Kanten des Mantels zeigt ein breiter Fries das Elbtal mit den Stadtprospekten der neuen, 1547 von Kurfürst Moritz begründeten kurfürstlichen Residenz Dresden und der alten markgräflichen und sächsisch-albertinischen Residenz Meißen. Die Idee zu diesem Prunkkleid geht auf die Schenkende, die Kurfürstin-Witwe Sophie selbst, zurück. Sie verehrte es ihrem zweitgeborenen Sohn Johann Georg I. zu Weihnachten 1611, also gerade in jenem Jahr, in dem dieser in der Nachfolge seines jung verstorbenen Bruders Christian II. die Regierung im Kurfürstentum Sachsen angetreten hatte. In seiner Anknüpfung an die Regierungsübernahme erweist sich das Geschenk schlichtweg als der sinnfällig formulierte Herrscherauftrag, das reiche und stolze Erbe zu schützen und zu mehren. Den Mantel angelegt, erhebt sich das Landeshaupt symbolisch über sein Reich – so wie der Turm des kurfürstlichen Schlosses die Residenz überragt. Mit der besonderen Hervorhebung Dresdens wohnt dem Festkleid gleichsam die politische Idee der Formierung der Residenz als Dekorum des Landesherrn inne. Diese Idee hat Johann Georg I. bis in das Ende seiner Regierungszeit hinein kultiviert. In Ereignisbildern, Porträts (Abb. 38) und zeitpolitischen Drucken, auch Waffenstücken (Abb. 39), erscheint der Kurfürst vor dem Hintergrund seiner Residenz.[12] Wie sehr Sophie auch im Witwenstand auf die Herrscherbefähigung Ihrer Söhne Einfluss genommen hat, beweisen andere Geschenke. Christian II. schenkte sie unter anderem die Ausstattung für ein ganzes Fähnlein Landsknechte. Johann Georg (I.) schickte sie auf eine Kavalierstour nach Italien, die er aus religionspolitischen Gründen in völligem Inkognito, viele Städte aufsuchend – darunter Venedig, Padua, Rom, Neapel, Siena, Florenz und Mailand –, doch kaum fremde Höfe berührend, von 1601 bis 1602 binnen 13 Monaten bestritten hat.[13] Die erfahrene Horizonterweiterung, der Brückenschlag nach Italien, nach Florenz vor allem, sind auch dem Landschaftskleid eingeschrieben, das die sächsische Residenz wie kein anderes Medium zuvor als das andere Florenz – altra florentia – oder als Elbflorenz, wie wir es heute noch nennen, feiert.[14] Johann Georg (I.) war aus Italien nicht mit leeren Händen wieder gekommen. In seinem Gepäck führte der junge Fürst auch prächtige Kleidung, Reitzeuge und Waffen mit nach Hause, die ihn bereits in seiner eigenen herzoglichen Hofhaltung zu einem außergewöhnlichen Kleideraufwand und der Einrichtung einer persönlichen Leibrüstkammer ermuntert haben.[15] So kam nicht unvermittelt neben der Mutter auch die junge Gemahlin, Magdalena Sibylla (1587–1659), gleichfalls eine geborene Markgräfin zu Brandenburg, auf den Gedanken, dem neuen Kurfürsten zu Weihnachten 1611 ein repräsentatives Prunkkleid zu schenken. Johann Georg I. hat sich in jenem grell grüngelben, »sittichgrünen«, mit Blüten und Früchten bestickten Kleid (Rüstkammer, Inv. Nr. I 20) wie auch in seinem Hochzeitsgewand (Rüstkammer, Inv. Nr. I 14) im Bildnis festhalten lassen.[16] Ein Bildnis des Kurfürsten im Landschaftskleid ist dagegen bislang nicht gefunden worden, wie auch der Anlass, zu dem er es getragen hat, nicht bekannt ist. Der außerordentlich hohe Repräsentationswert von Bildstickereien an Kleidungen und Textilausstattungen verdankt sich nicht zuletzt der englischen Königin Elizabeth I. (1533–1603), deren Auf-

39 | Anonym
Pulverflasche
Leipzig, 1623
Körper: Elfenbein,
Beschläge: Silber, graviert,
Fessel: grüne Seide und
Goldgespinst, 7 x 5 cm
Rüstkammer,
Staatliche Kunstsammlungen Dresden (X 759)

wänder, deren Stickerei von derselben Hand oder Werkstatt stammen, im Inventar nicht genannt. Die Stickarbeit lässt sich aber im technischen und ästhetischen Vergleich mit anderen Textilien aus kurfürstlichem Besitz in der Rüstkammer dem für Leipzig und Dresden erwähnten Seidensticker Hans Erich Friese zuschreiben. Zahlungsbelegen nach hat Friese umfassend über mehr als zwei Jahrzehnte für die kurfürstliche Familie gearbeitet.[19] Im Sattelinventar der Rüstkammer wird er namentlich als Schöpfer eines Prunksattels mit Bildstickerei vom Jahre 1618 (Rüstkammer, Inv. Nr. L 21), ein Geschenk des Rates von Leipzig an Johann Georg I. und damit gleichfalls ein repräsentatives Auftragswerk, genannt.[20] Friese ist in der Rüstkammer bis 1634 nachweisbar.[21] Sein außerordentliches Können verlieh ihm einen künstlerischen Status, der ihn ebenbürtig in den Künstlerkreis der für den Kurfürstenhof tätigen Malerfamilie Bretschneider, des Goldschmiedes Gabriel Gipfel, des Messerschmiedes Israel Schuch und anderer Meister, von denen er offensichtlich profitiert und mit denen er wohl auch zusammen gewirkt hat, stellte. Besonders in den fantastischen Motiven lebt das überragende Wirken des italienischen Universalkünstlers am Dresdner Hof, Giovanni Maria Nosseni, auf, der hier die antikischen und exotischen Festausstattungen zu den Ritterspielen eingeführt und künstlerisch weiter entwickelt hat.[22] Eine unmittelbare gegenseitig befruchtende Zusammenarbeit darf besonders mit Andreas Bretschneider in Leipzig angenommen werden. Auf ihn geht ein in mehreren Auflagen erschienenes Modelbuch mit Motivvorlagen, wie sie auch Friese adaptierte, zurück.[23] Es ist das großartigste deutsche Stickmusterbuch der Renaissance und des Manierismus. Das Landschaftskleid bezeichnet zweifellos den Höhepunkt des Schaffens von Hans Erich Friese, seines Zeichens Seidensticker und Perlenhefter (»berlenheffter«). Es zieht mehr denn je alle Bewunderung auf sich.

An Wams und Hose geben zahlreiche, versetzt angeordnete ovale Medaillons Einblicke in ferne Erdteile. Die zehn sich regelhaft wiederholenden, dabei aber in sich stets variabel gestalteten Grundmotive zeigen Inselwelten, Schiffe und Schiffbrüche auf hoher See, urgewaltige Wettererscheinungen, Baumhäuser und wilde Tiere oder Riesenfische. Die zierlichen Pflanzenmotive auf dem Stickfond zwischen den Medaillons bezeugen die Kenntnis und Pflege heimischer sowie fremder Kulturpflanzen vor Ort. Sachsen und seine Residenz sind an diesem Gewand in einen Weltzusammenhang, in ein größeres Universum gestellt. Die Darstellungen am Mantel beziehen sich auf die eigene Region.

träge die Stickkunst auf eine neue Maßstäbe setzende künstlerische Höhe getragen haben. Ihrer Vorliebe für Stickereien folgten auch andere europäische Herrscher, wie König Gustav II. Adolf von Schweden.[17] Die fantastische Bildstickerei des Landschaftskleides mit »wildtnüßen, seefarten, ackerbaw, menschen vnd thieren« schließt würdig an die großen englischen Vorbilder an.[18]

Die Fertigung der kurfürstlichen Kleider erfolgte damals unter der Aufsicht des Leibschneiders Ernst Köhler in der kurfürstlichen Schneiderei, in deren Nachbarschaft sich auch das Tuchgewölbe mit den Stoffvorräten befand. Die Stickerei wurde auf den vorgearbeiteten Gewandteilen von einem Seidensticker ausgeführt. Dessen Name ist für die beiden genannten Ge-

Die Stadtansichten von Dresden mit dem gegenüber gelegenen Altendresden sowie Meißen sind von Norden aus der Vogelperspektive aufgenommen. Sie bilden den Blickfang. Das Elbtal fungiert als ihr natürliches Bindeglied. Die sich schematisch wiederholenden Stickrapporte sind achsensymmetrisch angeordnet, sodass die Prospekte und Landschaftsabschnitte jeweils an der Gegenseite spiegelverkehrt erscheinen. Die azurblaue Binnenfläche des Mantels kann als Himmel oder auch als diesen spiegelndes Weltmeer aufgefasst werden. Die Darstellung Dresdens und des Elbtals knüpft mit der markanten Hervorhebung der steinernen Elbbrücke, der Festungsumrisse und der Türme der Residenz an vorangegangene Schwarz-Weiß-Darstellungen seit der Mitte des 16. Jahrhunderts, also an ein bereits tradiertes Merkbild an (siehe den Beitrag von Gemser/Link). Mit der polychromen Reliefstickerei wurde es dem Seidensticker aber möglich, ein plastischeres, lebendigeres Bild vom Aufblühen der Stadt und der Region zu vermitteln. Das Stickgarn und die Gold- und Silbergespinste sind in verschiedenen Stärken und Bildungen gewählt. Kantillen (Spiralröhrchen) und andere kleine Metallgebilde sowie Pailletten von vergoldetem Silber erweitern den Gestaltungsspielraum.[24] Die Vielzahl der verwandten Sticktechniken setzt verschiedenartige Flächen voneinander ab, wodurch sich die räumliche Wirkung des perspektivisch gefassten Ganzen weiter verstärkt. Ein Blick auf die Details eröffnet eine Wunderwelt von gestalterischen Lösungen, die alles Dargestellte ins Fantastische überhöhen. Sachsen und seine Residenz werden in den schönsten Farben geschildert. Der verschwenderische Einsatz von Gold lenkt gezielt auf das, was vom Betrachter besonders aufgemerkt sein soll: Das Schloss, der große Schlossturm, der ballonartige Schösserturm, die aus großen Steinquadern gebaute Festung mit den mächtigen Bastionen, der Kanonenhof, das Kanzleihaus, das neue Stallgebäude, das Landeszeughaus, der Pulverturm, die Türme der Pfarrkirche (Kreuzkirche) und der Frauenkirche, die gepflasterte Brücke mit Zinnen, Zollhaus und Toren, die seinerzeit zu den ältesten und berühmtesten Steinbrücken gehörte, das kurfürstliche Leibschiff, ein Fünfmaster mit vollen Segeln, »der Löwe« genannt, das kapitale Wild – alles das, was dem Landesherren im Besonderen zugehört, erstrahlt im goldenen und silbernen Glanz. Die Szenerie ist in ihrer Orientierung auf den Adressaten, den Kurfürsten und eine repräsentative Öffentlichkeit, konsequent hoheitlich aufgefasst: Schaut dieses klug regierte, reiche Land, seine natürlichen Ressourcen – den Elbstrom, das alles Leben an sich ziehende liebliche Flusstal, die lichten Höhen, das angenehme Klima, den Sandstein, der sich in bizarren Formationen auftürmt und der Residenz den wichtigsten Baustoff liefert, die Wälder, das fruchtbare Land –, schaut das friedliche tätige Wirken, die blühende Wirtschaft – die Wasserräder, die Fleisch und Wolle liefernden Schafsherden, die Kühe mit ihren von Milch prallen Eutern, die an den Hängen gestaffelten Leinenbänke, die üppigen Bäume, den reichen Fischfang, die gute Jagdbeute –, schaut die Schiffe, Bote und Flöße auf dem Fluss, das Straßen- und Wegenetz, die Postreiter, die uns miteinander und mit der weiten Welt verbinden, und schaut die stark bewehrte Residenz, die moderne neue Festung, auf der die Zeugwarte und die blitzenden Geschütze in Bereitschaft stehen und die jedem Feinde zu trotzen vermag! Hinter dieser großen Aussage durften und mussten manche topografische Gegebenheiten vernachlässigt, verdichtet oder verkürzt werden.

Eine gedruckte Beschreibung Dresdens in der Kosmografie »Synopsis Geographica, Oder Kurtze vnd Eigentliche Beschreibung des gantzen Erdkreis« von Johann Frenzel aus dem Jahre 1592 erklärt den gezeigten Zustand von Schloss und Festung: »Das Schloß vber dem finstern Thore bey der Cantzley, hat Hertzog George der Bärtige [1471–1539] genant, Anno 1519 erbawet, So wohl er vmb die Stadt zu ringes einen Graben vnd Wahl mit einer Mawern, Anno 1520. füren lassen, welcher Baw 1529. vollzogen worden, Wiewohl Churfürst Moritz [1521–53] diesen Baw viel anders vnd fester angefangen, vnd von nawen die Stadt beneben dem Schloß befestiget. Auch hat Churfürst Augustus [1526–86] ein stadtlich Werck, gegen dem Schloße der Elbe zu, mit eitel Quadrat steinen vorfertiget, zu welchenm der Graff von Linar [Rocco di Linar, 1525–96] Bawmeister verordnet gewesen. Entlichen so ist von Churfürst Christian mercklichen diese Festung, an Wählen, Schantzen, Katzen, Rundelen, Brustwehren vnd Pasteien, durch den zeugmeister Paul Buchnern [1531–1607], gebessert worden, Sonderlich aber an der Elbe, do man von Pirn[a] runder anfehrt, an welchem ende es vor der zeit für den anlauff gantz vbel verwahret, vnd das Zeugkhaus fast blos gestanden [...].« Frenzel nimmt auch die im Landschaftskleid vorgeführte Lobpreisung des Ortes buchstäblich vorweg: »Vor der Stadt Dreßden fleusset die Elbe, desgleichen hart darunter sich die Weißeritz darein ergeust, welche beyde Wasser dann an Barmen, Gründeln, Carpen, Fohren, Hechten, Berschken, Bratfischen, vnd dergleichen, sehr fischreich sein. Lieget demnach ermelte Stadt in einer rechten schönen Flur vnd Anger, auch in gantz fruchttrechtiger Landart, die viel Dörfer, Weinberge, lustige Brunnen, Heiden, Wildt Jagten, Gehöltze, Refieren, Gärten, Berge, vnd Wasser, in sich begreiffet, das sie also zu einem Fürstlichen Hoflager [d.h. einer fürstlichen Residenz] nicht vngeschickt.«

Der Stadtprospekt, das Landschaftsbild und die Genreszenen auf dem Mantel finden ihre Bestätigung im Gemälde von Daniel Bretschneider d. J., das ein kurfürstliches Jagen auf den Elbwiesen vor der Residenz im Jahre 1614 wiedergibt.

Das in der ersten Hälfte des 17. Jahrhunderts in Latein verbreitete, sich an gehobene Schichten wendende Reisehandbuch »Itinerarium Germaniae, Galliae, Angliae, Italiae« von Paul Hetzner, der Dresden im Juni 1600 besuchte, fasst das dem Landschaftskleid eingeschriebene Merkbild der Residenz bündig in Worte: »Dresden, eine Stadt in Obersachsen, ragt unter allen Ortschaften Meißens durch Schönheit der Lage und des Anblicks, durch starke Mauern, breite Gräben und feste Bollwerke gegen den Angriff der Feinde, durch zierliche Ausführung der öffentlichen und privaten Gebäude hervor. Es wird vom Elbstrom durchflossen, dessen Ufer eine wegen ihrer Länge bewundernswerthe Brücke aus härtestem Gestein verbindet. Sie führt nach dem stark bevölkerten Altendresden hinüber. Ihre Berühmtheit verdankt die Stadt nicht nur ihrer reinen und gesunden Luft, der Fruchtbarkeit Ihrer Umgebung und der milden Witterung, sondern auch den Herzögen und Kurfürsten von Sachsen, welche sie vielen anderen Ortschaften vorgezogen und zu ihrem dauernden Wohnsitz erhoben haben.«[25]

Anmerkungen

1   Der Begriff »Kleid« meinte in der Frühen Neuzeit ein repräsentatives Kleidungsensemble und wurde für Herren- und Damenkleidung verwendet.

2   Im Zweiten Weltkrieg wurde das Landschaftskleid zusammen mit den anderen Fürstenkostümen nach der Festung Königstein ausgelagert und 1945 durch die sowjetische Trophäenkommission nach Russland abtransportiert. Nach der Rückkehr im Jahre 1959 wurde es sogleich in der Sonderausstellung »Der Menschheit bewahrt«, im weiteren 1980 in Wroclaw, dann aber nicht mehr ausgestellt. Vgl. Der Menschheit bewahrt, Schätze der Weltkultur vom Altertum bis zur Gegenwart – von der Sowjetunion vor Kriegsschäden bewahrt, vor Verderb und Zerstörung gerettet und der Deutschen Demokratischen Republik übergeben, Staatliche Kunstsammlungen Dresden 1959, S. 137, Kat. Nr. 3; Zabytkowe stroje oraz akcesoria z XVI–XVIII w. ze zbiorów Muzeum Historycznego w Dreznie, Wystawa, Wroclaw 1980, S. 12, Nr. 2; Ohne Mantel ausgestellt in: De Mode in Ruben's Tijd, Her Sterckshof, Deurne-Antwerpen 1977, S. 118–119, Kat. Nr. 102, Abb. 42 und 43; Die fortgesetzte Deponierung in den Auslagerungskisten von 1943, die enge Unterbringung auf einem Boden mit defektem Dach und das Fehlen einer eigenen Textilrestaurierungswerkstatt machten Forschungs- und Ausstellungsvorhaben auf verantwortlichem Niveau vorerst kaum möglich. Ein arbeitsfähiges Kostümdepot existiert seit 1992. Die im Mai 2005 aufgenommene Restaurierung wird beginnend mit dem Mantel durch Geertje Gerhold und Isa Hesse in der Textilrestaurierungswerkstatt beim Domstift Brandenburg ausgeführt. Die Übernahme der Kosten für die Restaurierung des Mantels verdanken wir der großzügigen Spende des Freundeskreises der Kulturstiftung der Länder. Die Sonderausstellung aus Anlass der Weihe der wieder erstandenen Frauenkirche 2005 bildete den geeigneten außerordentlichen Anlass, das Prunkkleid einer Restaurierung zuzuführen und endlich wieder der Öffentlichkeit vorzustellen.

3   Dresden, Sächsisches Hauptstaatsarchiv, Loc. 32 448, Nr. 57 b, Inventarien über die Curf. Tapezereien und Kleider ec. 1488–1609 [ff.], ohne Blattzählung.

4   Dresden, Sächsisches Hauptstaatsarchiv, Loc. 8688, Inventarium über die Sr. Churfürstl. Durchl. zu Sachßen Hoffschneidery befindlichen alten chur- und fürstlichen kleider, welche den 14 January 1660 [...] übergeben worden, Bl. 6, Nr. 67: »Ein paar meergrün atlas hosen, sambt dergleichen wambs und mantel, worauff mit gold, silber und bundter seiden unterschiedliche landschafften gesticket, und ein dergleich hutt.«; Inventarium über die bey der Churfürstl. Sächs. Hoffschneiderey in einem gewölbe befindliche alte chur- und fürstl. auch anderer kleidung und

sachen [...] 1682, Bl. 8, Nr. 67, gleiche Datierung; Haupt-staatsarchiv Dresden (HStA), Staatliche Kunstsammlungen Dresden (SKD), Rüstkammer, Inventar Kleiderkammer, 1711, Inv. Nr. 256, S. 13, Nr. 67; HStA, SKD, Rüstkammer, Inventar Kleiderkammer, Inv. Nr. 257, S. 13, Nr. 37: »Ein Rheingrafen Kleid, nämlich, Ein Paar meergrüne atlas hosen, Ein dergleichen Wambst und Mantel, worauf mit gold silber und bunter Seide unterschiedliche Landschafften gestickt, auch ein gestickter [Ergänzt: defecter] Hut«; HStA, SKD, Rüstkammer, Inventar Kleiderkammer 1800, Inv. Nr. 258, S. 14, Nr. 19; HStA, SKD, Rüstkammer, Inventar Kleiderkammer, Inv. Nr. 259, S. 40, Nr. 47, S. 48, Nr. 67 b erwähnt auch eine passende Leibbinde: S. 48, Nr. 67b: »Ein meergrünes Feldzeichen, an beiden Enden mit einer schmalen silbernen Spitze besetzt; defect.«; HStA, SKD, Königliches Historisches Museum Dresden (Rüstkammer), Inventar Kleiderkammer, Inv. Nr. 89, Bl. 7-8, Nr. 34: »Ein Wamms von meergrünen Atlas, worauf in verschiedenen Ovaltheilen Landschaften mit Silber, Gold und bunter Seide, gestickt [Gestrichen: gestickt] so wie verschiedenes Blumenwerk gestickt sind. Ein Paar dergl. kurze Beinkleider. Ein dergl. Hut und Ein Mantel von meergrünen Atlas um dessen Rand größere an einen Fluß gelegene Städte, Jagden und andere Gegenstände mit Silber, Gold und bunter Seide meistens erhaben gestickt sind«.; HStA, SKD, Inventar Kleiderkammer, Inv. Nr. 87, S. 231, Nr. 56.

5   HStA, SKD, Rüstkammer, Inventar Kleiderkammer, Inv. Nr. 89, Bl. 7b-8a, Nr. 34.

6   Das beruhte unter anderem auf der Fehldeutung des im Inventar von 1785 aufgegriffenen Modebegriffs Rheingrafenkleid, der die Mode am Hof Ludwigs XIV. in den 1660er Jahren beschreibt. Im Museumsführer Dresden 1873, Historisches Museum, Zwingergebäude. Vgl. Führer durch das Königliche Historische Museum, Dresden 1873, S. 60: »Ein Wamms, ein Paar Beinkleider und ein Mantel von meergrünem Atlas, worauf mit Gold und Silber Ansichten aus der Rheingegend gestickt. Unten im Schrank der dazu gehörige Hut.«

7   Vgl. Albert Erbstein, Beschreibung des Königlichen Historischen Museums und der Königlichen Gewehrgalerie zu Dresden, Dresden 1889, S. 89: »ein prächtiger Anzug von meergrünem Atlas, auf welchem ausgedehnte Landschaften und Jagd-, sowie ländliche Szenen erhaben und farbig gestickt sind. Es gehört zu diesem Anzug ein Wams, Beinkleid, Mantel und hoher Hut. Auf dem weiten Mantel sind ringsum sich wiederholende, aber ein zusammenhängendes Bild ergebende Ansichten von Dresden, der mit Schiffen belebten Elbe und von Meissen gestickt, ein kostbares hochinteressantes Stück aus der Zeit des Kurfürsten Christian II. und von diesem vielleicht bei der ›Schiffahrts-Invention‹ getragen, welche zur Hochzeit seines Bruders Johann

Georg 1604 aufgeführt wurde.«

8   Vgl. Guide to the Royal Collections of Dresden, Dresden 1897, S. 183: »Costume of Sea-green satin worked in coloured silk, worn 1604 by the Elector Christian II. at the so-called ›Sailing diversion‹ on the occasion of his brothe's marriage.«; Max von Ehrenthal, Führer durch das Königliche Historische Museum zu Dresden, Dresden 1899, S. 204, gleiche Datierung; O. E. Schmidt, Bilder-Atlas zur Sächsischen Geschichte, Dresden 1909, Reprint Frankfurt/Main 1977, S. 46, Abb. 5: gleiche Datierung; Jutta Nicht, Historische Prunkkleidung, Staatliche Kunstsammlungen Dresden 1963, Kat. Nr. 2 und 3. Nicht hält den Personenspielraum zwischen Christian II. und Johann Georg I. offen und greift die Ansicht von Meißen nicht auf; Heide-Maria Roeder, Zur Mode am sächsischen Fürstenhof, dargelegt anhand der noch vorhandenen höfischen Prunkkleidung des Historischen Museums Dresden von 1550 bis 1730, Diplomarbeit, Karl-Marx-Universität Leipzig, Typoskript, 1979, Kat. Nr. 8, um 1604, Mode wie bei anderen Kostümen von Christian II. und Johann Georg I.

9   Erich Haenel, Hofkleider Johann Georgs I. im Historischen Museum zu Dresden, in: Mitteilungen aus den sächsischen Kunstsammlungen, Jg. II, Leipzig 1911, S. 41-53, dort S. 50.

10 Vgl. Konservierungs-Buch Historisches Museum 1902-1944, S. 132. In dieser Form wurde dem Mantel auch eine kolorierte Fotografie hergestellt. Die Tafel hatte die Mitarbeiterin Erna von Watzdorf, Autorin der denkwürdigen Dinglinger-Monografie, für ein »Kostümwerk«, das die Kostüme der Rüstkammer zusammenfassend vorstellen sollte, vorgesehen. Aufgrund des Zweiten Weltkrieges und der Behinderungen in sozialistischer Zeit konnte sie dieses Werk und auch ihre Studien zu dem Landschaftsdekor nicht mehr vollenden. Vgl. Rüstkammer, Archiv Watzdorf, übergeben durch Joachim Menzhausen, Direktor des Grünen Gewölbes.

11 1988 gefunden von Jutta Bäumel [jetzt von Bloh, Anm. der Red.] und mit der neuen Zuordnung nachmals publiziert in: Eva Papke, Festung Dresden, Aus der Geschichte der Dresdner Stadtbefestigung, Dresden 1997, S. 83, Abb. 88; Leonie von Wilckens, Geschichte der deutschen Textilkunst, Vom späten Mittelalter bis in die Gegenwart, München 1997, S. 118-120, Abb. 125-127; Jutta Bäumel, Das »Landschaftskleid« des Kurfürsten Johann Georg I. von Sachsen (1585-1656), Dresden Atlas, Text und Tafel, Braunschweig 2002.

12 Vgl. Jutta Bäumel, Das Prunkkleid des Kurfürsten Johann Georg I. von dessen Bildnis in der Jagdchronik aus dem Jahre 1647, Kunstwerk des Monats in der Rüstkammer, in: Dresdener Kunstblätter 4 (1999), S. 131-140; Jutta Bäumel, Feste und Jagd am Dresdner Hof, in: In Fürstlichem Glanz. Der Dresdner Hof um 1600, hrsg. von Dirk Syndram und Antje Scherner, Mailand 2004, S. 46-53.

13 Vgl. Anton Weck, Der Chur-Fürstlichen Sächsischen weitberuffenen Residentz- und Haupt-Vestung Dresden, Nürnberg 1680, S. 141-147; Barbara Marx, Die Italienreise Johann Georgs von Sachsen (1601-1602) und der Besuch von Cosimo III. de Medici (1668) in Dresden. Zur Kausalität von Grand Tour und Kulturtransfer, in: Beihefte der Francia, Bd. 60: Grand Tour, hrsg. von Rainer Babel und Werner Paravicini, 2005, S. 373-427.

14 Der Topos Dresden; Florenz ist umfassend belegt und ausgeführt in: Barbara Marx, Künstleremigration und Kulturkonsum, Die Florentiner Kulturpolitik im 16. Jahrhundert und die Formierung Dresdens als Elbflorenz, in: Deutschland und Italien in ihren wechselseitigen Beziehungen während der Renaissance, hrsg. von Bodo Guthmüller, Wiesbaden 2000, S. 211-297, dort S. 239f. und S. 256f.; Barbara Marx (Hrsg.), Elbflorenz, Italienische Präsenz in Dresden 16.-19. Jahrhundert, Dresden 2000.

15 Zum Kleideraufwand Johann Georgs I. vgl. Karl August Müller, Kurfürst Johann Georg der Erste (Forschungen auf dem Gebiete der neueren Geschichte, Erste Lieferung), Dresden und Leipzig 1838, S. 115-119.

16 Das Bildnis mit dem sittichgrünen Kleid befindet sich in der Waldschänke Moritzburg. Der Firnis ist extrem nachgedunkelt. Zum Bräutigamskleid vgl. Jutta Bäumel, Kleidung und Ausstattung zu den Hochzeiten des Herzogs Johann Georg (I.) von Sachsen 1604 in Dresden und 1607 in Torgau, in: Jahrbuch der Staatlichen Kunstsammlungen Dresden 1993, S. 25-32, dort S. 28, Abb. 5.

17 Vgl. hierzu die erhaltenen Kleider in den Livrustkammaren Stockholm.

18 Vgl. Janet Arnold, Queen Elizabeth Wardrobe Unlock'd, Leeds 1988, u. a. das Bildnis von 1599, S. 76, Abb. 129; Embroidery in Britain from 1200 to 1750, The Victoria & Albert Museum Textile Collection, London 1993, hier vor allem die Landschaftsdarstellungen mit Genreszenen auf: The Bradford Table Carpet, early 17th century, Abb. 29-30; George Wingfield Digby, Elizabethan Embroidery, London 1963.

19 Vgl. Jutta Bäumel, Eine Jagdtasche mit Bild- und Perlenstickerei der Spätrenaissance, Kunstwerk des Monats in der Rüstkammer, in: Dresdener Kunstblätter, Jg. 44, 4 (2000), S. 125-133.

20 HStA, SKD, Rüstkammer, Inventar Kleiderkammer, Bl. 28, Nr. 77.

21 HStA, SKD, Rüstkammer, Inventar Kleiderkammer, Inv. Nr. 73, S. 465.

22 Vgl. u. a. Jutta Bäumel, Feste und Jagd (wie Anm. 12), S. 46-53.

23 Andreas Bretschneider, New Modelbüch, Leipzig 1615, im Metropolitan Museum New York. Das Exemplar im Grassimuseum Leipzig ist Verlust. Eine Auflage von 1619 befindet sich in der Lipperheid'schen Kostümbibliothek in der

Kunstbibliothek Berlin, Stiftung Preußischer Kulturbesitz.
Eine schlichte Vorfassung soll bereits 1606 existiert haben.
Vgl. Margaret Abegg, Apropos Patterns for Embroidery,
Lace and woven Textiles, Riggisberg 1978, Neuauflage 1998,
S. 110f., Abb. 162; Vgl. Arthur Lotz, Bibliographie der Model-
bücher, Stuttgart und London 1963, Nr. 55; Georg Garde,
Danske silkebroderede laerredsduge fra 16. og 17. arhun-
drede. Med saerligt henblik pa de grafiske forbilleder, Kö-
benhavn 1961, u. a. S. 293; Adolph S. Cavallo, Needlework:
The Smithonian Ilustrated Library of Antiques, Cooper-
Hewitt Museum, 1979, S. 8 f. und S. 15.

24 Anlegetechnik mit farbigen Überfangstichen; offener
Knopflochstich als Fixierstich von gelegten Metallfäden
(überwiegend innerhalb der Architektur); Flachstich,
Sprengarbeit über gelegten Fadenbündeln, versenkte Me-
tallstickerei über gelegten Fadenbündeln, Kantillen und
Metallfäden zu Röhrchen gewickelt und in Schlaufen gelegt, Pailletten einzeln oder in Reihen übereinandergescho-
ben aufgenäht, Kordelstickerei. Technikanalyse von Geertje
Gerhold, Domstift Brandenburg.

25 Vgl. Viktor Hantzsch, Zwei Reisebeschreibungen Dresdens
vom Ende des 16. Jahrhunderts, in: Dresdner Geschichtsblätter, Jg. VI, 2 (1897), S. 34–37. Zum Festungswerk Buch-
ners vgl. Cornelius Gurlitt, Paul Buchner, ein Dresdner Bau-
meister der Renaissance, in: Dresdner Geschichtsblätter,
Jg. IX, 3 (1900), S. 249–260. Zum Festungswerk Linars vgl.
Markus A. Castor, Rosso di Linar und die Mathematica
Militaris der Dresdner Fortifikation in italienischer Manier.
Städteplanung von der Bild- zur Raumordnung, in: Marx,
Elbflorenz (wie Anm. 14), S. 101–125. Zur historischen Ein-
ordnung der Bauwerke vgl. Fritz Löffler, Das Alte Dresden,
Leipzig 1981, Register.

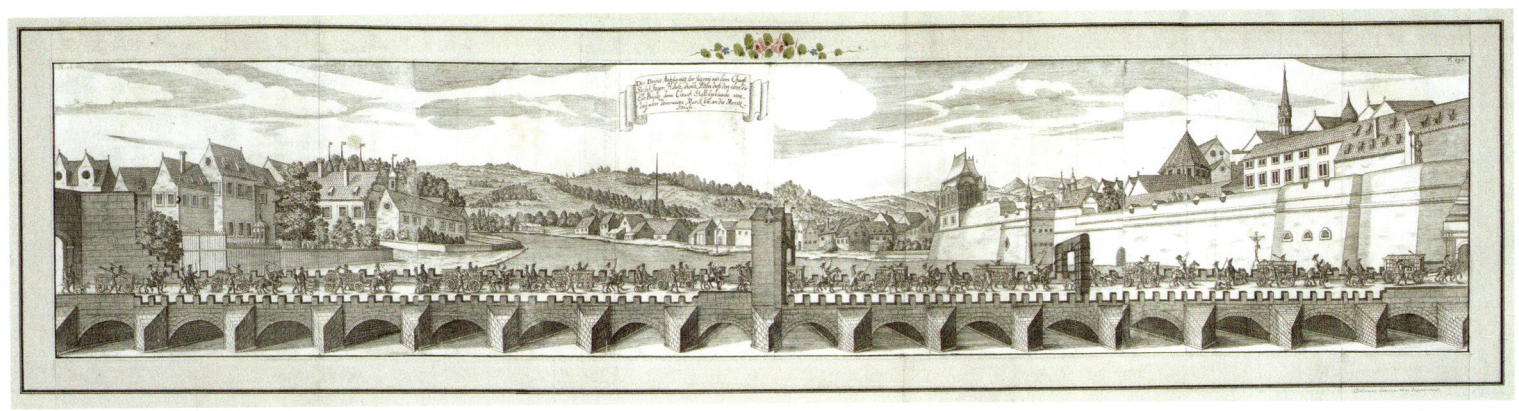

40 | ANONYM | Der Diana Aufzug mit der Jägerey aus dem Churf: Sächs: Jäger=Haus, durch Altdendreßden über die Elb: Brücke dem Churf: Stall-Gebäude vorbey uber dem Marck bis an die Moritz-Strasse | Einzelblatt | Aus: Gabriel Tzschirmer, Die Durchlauchtigste Zusammenkunft, Nürnberg 1680, S. 316

Kupferstich, 50,5 x 173,8 cm

Sächsische Landesbibliothek – Staats- und Universitätsbibliothek Dresden, Kartensammlung (B 1617)

41 | Christoph Schissler d.Ä.
Quadratum Geometricum
(Messquadrat) | Augsburg, 1587
Messing, graviert, gepunzt,
ursprünglich vergoldet
Kriegsbeschädigung 1945
37,5 x 37,5 cm
Mathematisch-Physikalischer Salon,
Staatliche Kunstsammlungen Dresden
(C I 1)

42 | Johann Gottfried Zimmer | Schrittzähler | Schloss Reinharz, 1741
Messing, vergoldet, Silber, Birnbaumgehäuse, Dm. 6,7 cm, T. 1,5 cm
Mathematisch-Physikalischer Salon, Staatliche Kunstsammlungen Dresden (C III a 5)

Vom Strecken- und Winkelmessen – Historische Vermessungsinstrumente und deren Anwendung

Reduziert man die Methoden der Vermessungskunde auf das Wesentliche, so beruhen sie auf dem Messen von Strecken und Winkeln. Für diese grundlegenden Zweckbestimmungen wurden entsprechende Messinstrumente entwickelt.

Die erste umfassende, planmäßige Vermessung des Kurfürstentums Sachsen erfolgte von 1586 bis 1634 durch die Freiberger Markscheider[1] Matthias Öder (tätig 1575–1614) und Balthasar Zimmermann (tätig 1588–1634). Da es sich in erster Linie um eine Erfassung aller kurfürstlichen Besitzungen handelte, wurden vor allem die landesherrlichen Grenzen exakt gemessen. Zur Ermittlung der Strecken wurden Messschnur und Messkette verwendet und für die Bestimmung der Winkel ein Kompass. Zu diesem Zweck war die Kompassrose nicht nur in die vier Himmelsrichtungen unterteilt worden, sondern trug auch eine Winkelteilung von 24 Stunden. Dies entsprach der Kompassteilung, die im Bergbau des Erzgebirges benutzt wurde. Parallel dazu gab es bereits die 360-Grad-Teilung, die auch Kompasse aus dem Besitz von Kurfürst August von Sachsen (regierte 1553–86) aufweisen. Im 16. Jahrhundert erschienen erste Veröffentlichungen zur Feldmessung. Zu diesen gehört das Werk »Methodus Geometrica« vom Nürnberger Ratsmitglied Paul Pfinzing (1554–99) aus dem Jahre 1598. Als einfaches praktisches Verfahren der Streckenmessung bevorzugte Pfinzing die Schrittzählung, da ihm die Vermessung mit Schnur oder Kette zu zeitraubend war. Auch hielt er mechanische Schrittzähler und Wegmesser für sehr nützliche Instrumente (Abb. 42). Kurfürst August ließ sich bereits in den 1570er Jahren solche Instrumente in hoher Qualität von Feinmechanikern aus Augsburg und Dresden herstellen. Alle bisher genannten Geräte – mit Ausnahme des Kompasses – dienten der direkten Streckenmessung und setzten die Begehbarkeit des Geländes voraus. Will man jedoch unzugängliches Gelände vermessen, sei es die Bestimmung einer Entfernung über einen Fluss oder das Messen der Höhe einer feindlichen Festungsmauer bzw. eines Turmes, so konnte man diese Strecken nur indirekt mit Hilfe von Winkelmessungen ermitteln. Für diesen Zweck wurden das Astrolabium,[2] der Quadrant,[3] das Geometrische Quadrat,[4] der Jakobstab[5] und später der Theodolit[6] eingesetzt. Eine plausible Darstellung der Messmethoden mit den genannten Geräten findet man auf dem Fries des Geometrischen Quadrats aus dem Bestand des Mathematisch-Physikalischen Salons von Christoph Schissler, der es »Quadratum Geometricum« nannte und 1569 in Augsburg herstellte (Abb. 41). Als Vorlage für den Reliefguss benutzte Schissler das Werk »Protomathesis« von Oronce Finé, das 1532 in Paris erschienen war. Exemplarisch für die Verwendung des Geometrischen Quadrats wird gezeigt, wie man die Entfernung vom Standort bis zu einem Gebäude, die Höhe eines Turmes und die Tiefe eines Tales bestimmt (Abb. 43). Bei den genannten Messungen wurde die Vorderseite des Quadrates benutzt. Das dort vor der Kriegsbeschädigung vorhandene Ziellineal schneidet in der betreffenden Zielstellung vom Geometrischen Quadrat ein rechtwinkliges Dreieck ab, das dem auszumessenden Naturdreieck ähnlich ist. Da vom auszumessenden Naturdreieck eine Seite (Kathete) bekannt ist und man vom ähnlichen Dreieck auf dem Messquadrat die gesuchten Kathetenwerte ablesen kann, lässt sich die gesuchte Strecke leicht berechnen. Im Falle der Turmhöhenbestimmung muss die Entfernung vom Standort bis zum Fußpunkt des Turmes bekannt sein. Zur Berechnung der gesuchten Höhen benutzt man die aufgetragenen Rechentafeln.

Alle Versuche, ein möglichst universelles Winkelmessinstrument zu konstruieren, mündeten in der Erfindung des Theodoliten. Durch die Kombination des Horizontalkreises mit einem Vertikal- bzw. Höhenkreis ist das gleichzeitige Messen von Lage- und Höhenwinkel in einem Standort möglich. Der Mathematisch-Physikalische Salon besitzt zwei besonders frühe Exemplare. Eines davon wurde um das Jahr 1700 angefertigt (Abb. 44).

Zwar sind in den vergangenen Jahren viele Veröffentlichungen über die Landesvermessungen Sachsens erschienen, aber leider weiß man nur sehr wenig über die Methoden der Aufnahme von Gebäuden und früher Stadtpläne von Dresden. Betrachtet man den Grundriss nach einem verschollenen Holzmodell von Dresden Anfang des 16. Jahrhunderts und den Stadtplan von 1529 aus Antonius Wecks 1680 publizierter Chronik, so ist erkennbar, dass bereits zu jener Zeit eine Vermessung stattgefunden haben muss.[7] Besser sind wir über die Vermessungsarbeiten von Samuel Nienborg und seinem Sohn Oberlandfeldmesser Hans August Nienborg informiert. Ersterer schuf 1651 genaue Pläne zu den Befestigungen Dresdens. Während in Dresden eine vollständige genauere Stadtvermessung erst 1827 erfolgte, entstand bereits in den Jahren 1710 bis 1713 der so genannte Nienborgsche

43 | Bestimmung einer Turmhöhe mit dem Geometrischen Quadrat Aus: Walther Hermann Ryff, Der fürnembstem … Architectur angehörigen mathematischen und mechanischen Kunst …, Nürnberg 1547 | Blatt 259v Sächsische Landesbibliothek – Staats- und Universitätsbibliothek Dresden (Optica 31) Nicht in der Ausstellung

Atlas von Leipzig von Hans August Nienborg. Der Atlas enthält sämtliche Grundstücke der Innenstadt und der Vorstädte mit Angaben zu den Besitzern. Für die Winkelbestimmungen verwendete Nienborg zunächst ein Vollkreisscheibeninstrument mit einem halben Höhenkreis. Die Horizontalwinkel wurden auf Papierscheiben markiert und nach erfolgter Messung zur Kartierung benutzt. Die Strecken wurden mit Messketten und Messstangen bestimmt.

Um das Jahr 1720 entwickelten Hans August und sein Bruder Hans Samuel Nienborg ein neues Winkelmessinstrument. Es hatte einen in Winkelgrade geteilten Horizontalkreis und ähnelt dem genannten um 1700 hergestellten Theodoliten aus der Sammlung des Mathematisch-Physikalischen Salons.

Erste Vermessungsarbeiten zur Anlage der Frauenkirche fanden am 12. August 1723 statt. Der Umring wurde mittels Stangen kenntlich gemacht. Zur endgültigen Bauabsteckung kam es erst nach Genehmigung des dritten Entwurfs durch Gouverneur Wackerbarth am 26. Juni 1726. Zum Zeitpunkt der Grundsteinlegung hatte die Baugrube eine Tiefe von 12,5 Ellen (7 Meter) und einen Umfang von 100 Ellen (56,6 Meter) (Abb. 45).[8] Die Vermessungsarbeiten konzentrierten sich während des Aufbaus auf die Kontrolle der Lotrechten und auf die Einhaltung der horizontalen Lage der Werksteine. Für die Kontrolluntersuchungen der Lotrechten mit dem Schnurlot waren

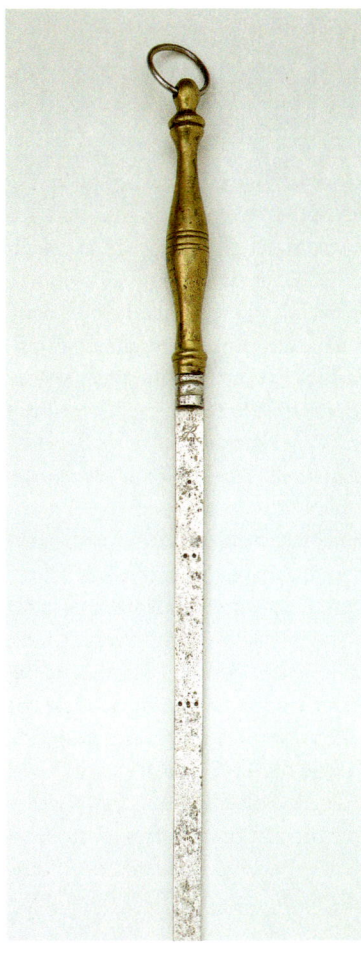

44 | ANONYM | Theodolit
Deutschland, um 1700
Messing, graviert
24 x 25 cm, Dm. 24 cm
Mathematisch-Physikalischer Salon,
Staatliche Kunstsammlungen Dresden
(C III c 19)

45 | SIGNIERT: AR [MIT KRONE] VII
Handelle | Sachsen, um 1730
Messing und Eisen, L. 57,2 cm
(entspricht der alten Dresdner Elle
aus dem Dreißigjährigen Krieg)
Mathematisch-Physikalischer Salon,
Staatliche Kunstsammlungen Dresden
(B I 153)

Öffnungen im Mittelpunkt des Kellergeschosses bis zur Dachhaube der Laterne vorhanden. Bei der archäologischen Enttrümmerung der Ruine der Frauenkirche wurden auch historische Vermessungszeichen wiedergefunden. Die Entdeckung der historischen Mittelpunktvermarkungen der Chorapsis und im Bereich der ehemaligen Sargabsenkung im Zentrum der Kirche ist für die Geschichte der Vermessung der Frauenkirche von großer Bedeutung. Ursprünglich waren dort Holzpfähle aufgestellt. Zwar sind die Pfähle nicht mehr erhalten, aber die sie umgebenden schützenden Sandsteinblöcke markieren exakt die Messpunkte. Weitere Markierungen fand man unter anderem an den Innenseiten der Kelleraußenwände zur Kenn-

zeichnung der Nord-Süd- sowie der Ost-West-Achse. Die Anrisslinien wurden mit Rötel, der einen roten Farbton besitzt, markiert.[9] Zur Absteckung der Hauptachsen könnte durchaus ein Theodolit verwendet worden sein.[10] Zumindest ist die Verwendung des Kompasses für die Festlegung der Nord-Süd-Linie unumstritten. Für die Bestimmung der horizontalen Flächen und Werksteinschichten kommen die Setzwaage[11] oder die Kanalwaage[12] in Betracht. Das einfachste Hilfsmittel bei einer Bauabsteckung ist das Seil bzw. die Schnur. Seit dem Altertum kam die Messschnur zum Einsatz und wurde vielfach beim Bau mittelalterlicher Kirchen verwendet. So können z. B. mit einer zwölfteiligen Knotenschnur der rechte Winkel und eine große Anzahl geometrischer Figuren im Grundriss abgesteckt werden. Dazu gehören der Kreis, die Ellipse, das gleichseitige Dreieck, das Rechteck und Vielecke bis hin zum Achteck. Es liegt somit nahe, dass auch bei der Absteckung der Frauenkirche die einfache Messschnur das Hauptmessinstrument war.

Auf Grund der Bedenken, ob die steinerne Kuppel zu schwer für die zum Teil gerissenen Pfeiler sei und ob sie die Last einer Laterne aus Stein tragen könne, fertigte Landbaumeister David Schatz aus Leipzig 1738 ein Gutachten an. Darin schlägt er anstatt einer abschließenden Laterne eine nach oben offene Plattform mit Balustrade vor. Die Plattform sollte als Observatorium genutzt werden.[13] Zur Bewertung, ob die Plattform zur astronomischen Beobachtung geeignet sei, sollte eine Besichtigung durch Personen erfolgen, die etwas von Astronomie verstehen. Letztere sollten auch beurteilen, ob Instrumente über die Treppen nach oben gelangen könnten.[14] Zwar kam der Vorschlag von Schatz nicht zur Ausführung, doch erlangte die Frauenkirche als markanter Punkt bei der Orientierung der Triangulation[15] zur Katastervermessung Sachsens in den Jahren 1826 bis 1828 durch Wilhelm Gotthelf Lohrmann geografisch-astronomische Bedeutung. Für das vorgesehene Dreiecksnetz wurden die Koordinaten der Kirche zu 31 Grad 24 Minuten 27,5 Sekunden östlicher Länge (von der Kanareninsel Ferro)[16] und 51 Grad 3 Minuten 11,8 Sekunden nördlicher Breite bestimmt.[17] Auch bei der europäischen Gradmessung im Königreich Sachsen durch August Nagel (1821–93) gehörte die Spitze der Frauenkirche neben den Türmen der Kreuzkirche, des Schlosses und der Dreikönigskirche zu den vier Zielpunkten Dresdens.[18]

Anmerkungen

1 Als Markscheider werden Vermessungsfachleute bezeichnet, die im Bergbau die Lage der Stollen und Schächte vermessen und über bergrechtliche Kenntnisse verfügen.

2 Universelles Messinstrument. Die Vorderseite stellt ein Erde-Himmel-Modell dar, vergleichbar mit heutigen Sternkarten. Die Rückseite wurde am Außenring in vier mal 90 Grad geteilt und trug auf der Innenfläche meist ein geometrisches Quadrat. Beide Teilungen konnten zur indirekten Streckenmessung genutzt werden.

3 Der Name Quadrant beinhaltet die Teilung des Kreises in vier Teile zu je 90 Grad. Nach erfolgter Zielung konnte der Winkel mittels Fadenpendel über der Skala des Viertelkreisbogens abgelesen werden. Mit diesem Gerät wurden vor allem Vertikalstrecken, wie z. B. Turmhöhen, bestimmt.

4 Im Unterschied zum Quadrant besitzt das Geometrische Quadrat keinen Viertelkreisbogen, sondern auf den zwei senkrecht aufeinander stehenden Quadratseiten befindet sich je eine linear geteilte Skala von zwölf, 60 oder 100 Teilen. Zum Anzielen eines Geländepunktes dient ein drehbares Lineal, das die Skalen auf dem Rahmen überstreicht. Das Messprinzip beruht auf der Ähnlichkeit eines rechtwinkligen Geländedreiecks und eines Vergleichsdreiecks, das mit Hilfe des Lineals auf dem Quadrat nachgebildet wird.

5 Auch mit dem Jakobstab werden rechtwinklige Vergleichsdreiecke erzeugt. Auf einem Längsstab wird ein kürzerer Querstab solange verschoben, bis die Sehstrahlen vom Auge über die Enden des Querstabes zu den Enden der gesuchten Strecke verlaufen. Als Erfinder gilt Levi ben Gerson (1288–1344).

6 Der Theodolit ist ein Winkelmessinstrument zur Bestimmung von sowohl Horizontal- als auch Vertikalwinkeln.

7 Anton Weck, Der Chur-Fürstlichen Sächsischen weitberuffenen Residentz- und Haupt-Vestung Dresden, Nürnberg 1680.

8 Jean Louis Sponsel, Die Frauenkirche zu Dresden, Dresden 1893.

9 Torsten Remus, Technologische Betrachtung beim Bau der Frauenkirche zu Dresden, in: Die Dresdner Frauenkirche, Jahrbuch 1996, S. 203–212.

10 Ruben Hausmann und Falk Helbig, Die Vermessung der Dresdner Frauenkirche in Vergangenheit und Gegenwart, in: Aspekte der Entwicklung des Vermessungswesens Sachsens ab der zweiten Hälfte des 16. Jahrhunderts, hrsg. von C. Krautz und M. Buschmann, Dresden 2000, S. 35–60.

11 Die Setzwaage hat die Form eines gleichschenkligen Dreiecks. Die beiden Schenkel des Dreiecks sind durch ein Querholz miteinander verbunden, worauf sich die Mittelmarkierung befindet. Am oberen Scheitelpunkt ist ein Lot ein-

gehangen. Die unteren Enden der Schenkel werden auf die zu nivellierende Unterlage gesetzt. Befindet sich der Lotfaden über der Mittelmarkierung des Querstabes, so ist die Fläche horizontal.

12 Zwei senkrechte Glasröhren sind über ein Querrohr miteinander verbunden. Wird das Instrument mit Wasser gefüllt, so ist nach dem Prinzip der kommunizierenden Röhren der Wasserstand in beiden Glasröhren gleich hoch, wenn das Verbindungsrohr waagerecht liegt.

13 Diesen Hinweis verdanke ich Herrn Oberlandeskirchenrat Dr. Christoph Münchow.

14 Sponsel (wie Anm. 8).

15 Ein Verfahren zur Bestimmung der Lage von Punkten der Erdoberfläche durch Dreiecksmessung. Die ermittelten Punkte werden zur Herstellung genauer Karten benötigt.

16 Entspricht 13 Grad 44 Minuten 41,5 Sekunden östlicher Länge von Greenwich.

17 Arthur Weichold, Wilhelm Gotthelf Lohrmann 1796–1840, Leipzig 1985.

18 August Nagel, Astronomisch-geodätische Arbeiten für die Europäische Gradmessung im Königreich Sachsen. II. Abtheilung. Das Trigonometrische Netz I. Ordnung, Berlin 1890.

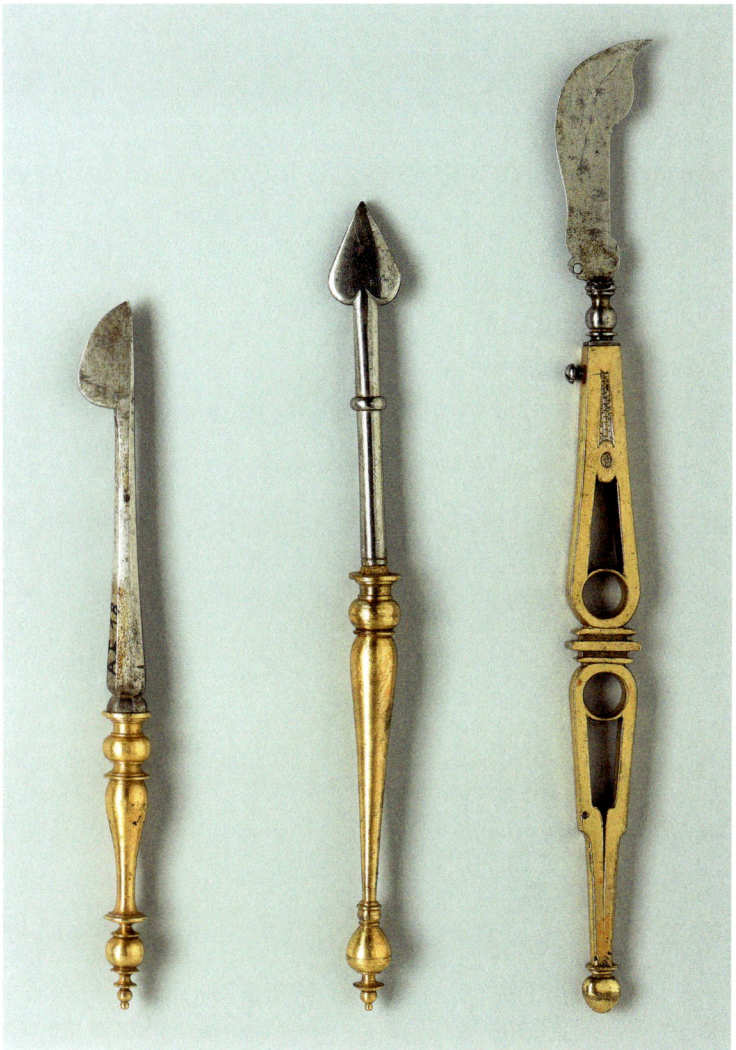

46 | Anonym | Reißzeug | Deutschland, um 1580
Bestehend aus:
Korrektur- oder Radiermesser, Messing, vergoldet, Stahl, L. 16 cm (A I 27)
Reißfeder, Messing, vergoldet, Stahl, L. 13,2 cm (A I 20)
Reißfeder, Messing, vergoldet, Stahl, L. 12,7 cm (A I 18)
Mathematisch-Physikalischer Salon, Staatliche Kunstsammlungen Dresden

Zeichenfeder und Radiermesser waren die Gegenstände, mit denen im 16. und 17. Jahrhundert Vorzeichnungen und Pläne erstellt wurden. Bevor es Bleistifte und Radiergummis gab, ritzte man Linien ins Papier und zog sie anschließend mit Tinte aus.

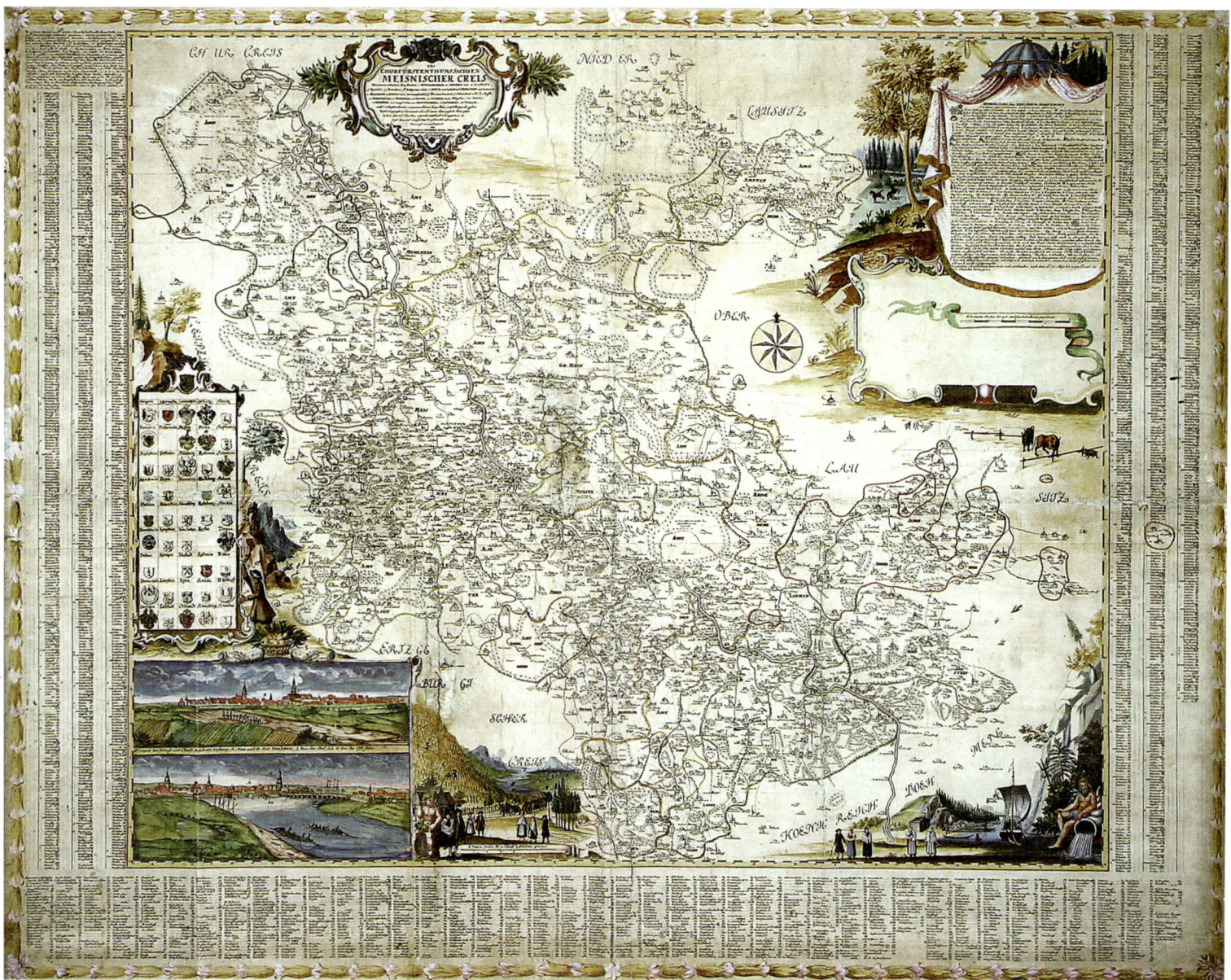

Die Brühlsche Terrasse

Die Brühlsche Terrasse ist Teil der Befestigung Dresdens aus der Mitte des 16. Jahrhunderts. Nach niederländischen und italienischen Vorbildern ließ Herzog, später Kurfürst Moritz (regierte 1541–53) seine Residenzstadt Dresden seit 1545 durch den aus Österreich stammenden Caspar Voigt von Wierandt, der sich auf seinen Reisen durch Europa mit den damals modernsten Fortifikationen bekannt gemacht hatte, befestigen.[1] Den nach der Reformation zu erwartenden kriegerischen Auseinandersetzungen, die durch die Entwicklung der Artillerie eine neue Dimension erhalten hatten, sollte vor allem defensiv begegnet werden. Wichtig waren nun gegen Kanonenbeschuss sichere Wälle mit an den Ecken vorspringenden Bastionen. Begonnen hatte man die neue Befestigungsanlage im Nordwesten in der Nähe des Schlosses, hatte dann den Bau im Westen, Süden und teilweise im Osten der Stadt vorangetrieben. Soweit war man gekommen, als Kurfürst Moritz 1553 in der Schlacht von Sievershausen fiel. Das jetzt am südöstlichen Ende der Brühlschen Terrasse angebrachte »Moritzmonument«, auf dem die Übergabe des Kurschwerts von Moritz an seinen Bruder August dargestellt ist, bezeichnete einst die Stelle, von wo an die Festungsmauern unter Kurfürst August 1553–55 nach Norden und schließlich nach Nordwesten hin weiter- und zuende geführt wurden.[2]

Zu diesen Abschlussarbeiten an der Befestigung gehört die Brühlsche Terrasse, ein mit Sandstein-»Grundstücken« – das sind nur grob bearbeitete Sandsteinquader – beiderseits befestigter Erdwall. Der untere Mauerteil ist schräg ausgebildet und vom oberen senkrechten durch eine kräftige Wulst abgesetzt. Die Ecken sind durch große, als Bossenquader gearbeitete Werksteine betont. Wo die neue Befestigungsanlage unmittelbar am Elbfluss entlanglief, hatte Wierandt auf weit vorspringende Eckbastionen verzichtet und nur einen leicht vortretenden Mittelabschnitt ausgeführt. An der Nordostecke der Festung wurde 1559–63 der vierflüglige Bau des Zeughauses von Caspar Voigt von Wierandt und Melchior Trost errichtet. Von dem einst durch Renaissancegiebel und Ecktürme im Stadtbild hervorgehobenen Bau sind die zweischiffigen Erdgeschossräume im heutigen Albertinum erhalten geblieben. Unmittelbar daneben lag das so genannte Ziegeltor, vor dem Georgentor des Schlosses an der Brücke, ein antikisch gestaltetes Elbtor.

47 | ADAM FRIEDRICH ZÜRNER | Karte des Meißnischen Kreises | Dresden, um 1730 Aquarellierte Zeichnung, 93 x 112 cm | Sächsisches Hauptstaatsarchiv Dresden (12884 Karten und Risse Schr. II F 36 Nr 18 i Schr. XVIII)

Für August den Starken zeichnete Zürner einen Atlas von Sachsen. Dieser beinhaltete eine Karte des Meißnischen Kreises. In der linken unteren Ecke sind die Silhouetten Dresdens von Norden und Osten aus zu sehen. Rechts ist eine Allegorie der Elbquelle erkennbar.

Im Verlauf der nächsten Jahrzehnte wurde deutlich, dass die Befestigung der Stadt an der Elbfront vor allem an den äußeren Ecken nicht ausreichend war. Kurfürst August gewann 1569 für den weiteren Ausbau den weitgereisten italienischen Festungsbaumeister Rocco di Linar – hier Rochus von Lynar genannt – für die Erweiterung und Verstärkung der Festung nordwestlich und westlich vom Schloss nach der Manier spitzwinklig vortretender Eckbastionen.[3] Obwohl erst seit 1589 während der Regentschaft Kurfürst Christians I. von Paul Buchner errichtet, entspricht eine neue Ziegeltorbastei im Nordosten der von Lynar im Nordwesten so sehr, dass es wahrscheinlich ist, dass auch ihre Planung auf den Italiener zurückgeht. An die bereits vorhandene »Kleine Bastei« Wierandts wurde die lange Strecke der spitzwinklig vortretenden »Jungfernbastei« angeschlossen. Unmittelbar über dem Elbstrom und dem einst um die Bastion herum geführten Wasserspiegel des »Gondelhafens« gelegen, bot sich diese Stelle für eine architektonische Auszeichnung durch ein Lusthaus geradezu an. Der Plan des mehrgeschossigen und mit einem »welschen« geschweiften Dach versehenen Baus geht auf Giovanni Maria Nosseni aus Lugano zurück, der seit 1575 am Dresdner Hof tätig war.[4] Über einem Untergeschoss erhob sich ein gewölbtes Erdgeschoss, darüber der eigentliche, von einem Umgang umgebene und kostbar ausgestattete Festsaal mit einer Öffnung in der mit Vouten versehenen Decke. Ein zurückgesetztes Obergeschoss erlaubte die Anlage eines weiteren äußeren Umgangs mit Blick hinaus in die Elblandschaft. Zum ersten Mal war hier ein Bau der umgebenden Landschaft zugewandt und bildete gleichzeitig die architektonische Bekrönung der Ecke der Festung, gewissermaßen als architektonisches Gegenstück zum kurfürstlichen Schloss an der anderen Ecke der Elbfront der Stadt. Der als Zeuge fürstlicher Lebenskultur und italienischer Kunst des 16. Jahrhunderts gleichermaßen bedeutsame Bau fiel 1747 einer Pulverexplosion in den darunter liegenden Kasematten zum Opfer.

Um 1740 war Premierminister Graf Heinrich von Brühl (1700–63) in den Besitz der alten Festungsanlage an der Elbe gekommen. Sie grenzte unmittelbar an sein seit 1737 in mehreren Etappen von Johann Christoph Knöffel (1686–1752) an der Augustusstraße errichtetes Palais. Brühl hatte als Page am Hofe Augusts des Starken (regierte 1694–1733) seine Karriere begonnen und war unter dessen Nachfolger König August III. zum in politischen, finanziellen, aber auch kulturellen Entscheidungen wichtigsten Mann in Kursachsen aufgestiegen. Seinem Sinn für Eleganz und verfeinerten Geschmack

kam der Stil des Oberlandbaumeisters Johann Christoph Knöffel nahe, dem Brühl den Bau seines Palais, und anderer Bauten auf dem ihm vom Kurfürst-König geschenkten Festungswerk an der Elbe anvertraute.[5] War das Palais selbst mit mehreren Höfen seitlich von anderen Häusern eingeengt, bot sich auf der Festung nicht nur die Möglichkeit, Gärten großzügig anzulegen, sondern auch unterschiedliche Bauten zu errichten, die in der Summe einer fürstlichen, barocken Residenz gleichkamen. Das um mehrere Höfe gruppierte Palais Brühls besaß nach der Elbe hin einen Kopfbau, in dem sich ein Gartensaal befand, von dem aus man über eine Brücke und eine vornehme Treppenanlage in die Gärten gelangen konnte. Den leichten Vorsprung der Festungsmauer nutzte Knöffel zur Anlage eines Gartenpavillons mit ovalem Mittelsaal und schräg angesetzten Seitenflügeln. Dahinter lag an der Rückseite des nunmehrigen Gartens das langgestreckte Bibliotheksgebäude Brühls, noch heute im Bau der so genannten Sekundogenitur erhalten. Es folgten nach Osten hin die Bildergalerie Brühls, ein bis dicht an die Vorderkante der Terrasse vorgerückter Bau Knöffels, der im Stadtbild als maßstabbildender Sockel zur Kuppel der Frauenkirche wirkte. Eine lange Reihe von hohen Bogenfenstern gab der Bildergalerie das erwünschte Nordlicht. An der Rückseite dieses Gebäudes lagen am Fuß der Festungsmauer die Stallgebäude des Premierministers, die »Klepperställe«. Auf der Jungfernbastei am nordöstlichen Ende der Terrasse war Platz für eine kunstvoll angelegte Gartenanlage mit Brunnen, einem Theater, einer Orangerie und einem doppelgeschossigen Neubau eines Belvederes an der Spitze. Dieser aus zwei ovalen Sälen zusammengesetzte Bau Knöffels war mit seiner kostbaren Innenausstattung ein Spitzenwerk des sächsischen Rokoko. Es wurde 1759 auf Geheiß König Friedrich II. von Preußen (regierte 1740–86), einem Intimfeind Brühls, zerstört.

An die Glanzzeit der Terrasse erinnert heute nur noch wenig: die Frauen tragenden Sphingen – Skulpturen von Gottfried Knöffler –, eine Brunnenanlage von Pierre Coudray am Eingang zum Brühlschen Garten, das so genannte Hofgärtnerhaus und das Brunnenbecken vor dem ehemaligen Gartensaal des Palais. Nicht vergangen aber ist die Inspiration des Grafen Brühl, in Umkehrung des Sinns einer Festungsanlage das Plateau als »Balkon« zum Lustwandeln mit dem Blick auf Fluss, Brücke und Landschaft zu benutzen. Gleichzeitig wurde für das Stadtbild des alten Dresdens ein Sockel geschaffen, denn wie die Stadtveduten Bernardo Bellottos zeigen (Abb. 58, S. 75), drängten sich die Bauten Brühls nicht in den Vordergrund, sondern hoben die Monumentalbauten des Hofs und der Stadt – Brücke, Katholische Hofkirche und Frauenkirche – ausdrücklich hervor. Mit dieser städtebaulich »dienenden« Haltung der Brühlschen Bauten war den Nachgeborenen ein Erbe hinterlassen, mit dem im späten 19. und Anfang des 20. Jahrhunderts schwerlich angemessen umzugehen war.

Auch der wettinische Hof hatte in »augusteischer« Zeit die Elbfront Dresdens maßgeblich verändert: Die Verbreiterung und Veränderung der Brücke 1727–29 war nicht nur eine außerordentliche verkehrstechnische Leistung, sondern verlieh dem Stadtbild fortan auch Maßstab und Ordnung. Mit dem Abbruch des Elbtores und der Verschüttung von zwei Pfeilern der Brücke schuf man seit 1730 Platz für den sich flussabwärts wie flussaufwärts im Elberaum darstellenden Prachtbau Gaetano Chiaveris, der Hofkirche.[6] Gleichzeitig war vor dem nun wieder zugänglichen Georgentor ein Platzraum, ein »Schlossplatz« entstanden, der fortan zu architektonischer Gestaltung herausforderte. Für den Um- und Ausbau des alten Zeughauses hegte August der Starke weitreichende Pläne. Was bei dem Umbau 1740–47 verwirklicht wurde, wirkte sich aber städtebaulich kaum aus.

Die Zerstörung weiter Teile der Stadt durch das preußische Bombardement 1760 regte Planungen zur Entfestigung der Stadt an. Neue städtebauliche Gedanken enthielt insbesondere der Plan von François de Cuvilliés d. Ä., der vorsah, die Bastionen im Nordwesten der Stadt zu beseitigen und hier eine riesige neue Schlossanlage zu schaffen, deren Gartenanlagen sich parallel zur Elbe flussabwärts auf das Schloss Übigau hin ausrichten sollten. Zwar ist davon nichts außer einigen Alleen verwirklicht worden, die Planung zur Erweiterung einer Promenade längs der Elbe aber hat die Architekten bis zur Gegenwart herausgefordert.[7]

Nach dem verlorenen Siebenjährigen Krieg 1763 bestanden für Sachsen nur noch bescheidene Möglichkeiten. Dazu gehörte die »Verstaatlichung« des Brühlschen Palais und seine neue Nutzung teils als Kunstakademie, teils als Porzellanniederlage, später auch als Wohnsitz fürstlicher Persönlichkeiten, mehr und mehr aber auch für Verwaltungen.[8]

Nach der nochmaligen Niederlage Sachsens an der Seite Napoleons 1813 bezog der russische Fürst Nikolaus von Repnin-Wolkonski als Gouverneur von Sachsen das Brühlsche Palais. Ihm ist die Erschließung der Brühlschen Terrasse durch eine breite Freitreppe vom Schlossplatz aus und damit die »Demokratisierung« des Brühlschen Privatgartens zu verdanken. Der Plan dazu geht auf Gottlieb Friedrich Thormeyer zurück. Gleichzeitig entstand anstelle der Ruine des Belvederes ein neuer Bau in streng klassizistischen Formen nach Plänen von Christian Friedrich Schuricht. Die Stadt Dresden, bereits im 19. Jahrhundert Anziehungspunkt für Touristen vor allem aus dem Norden Europas, erhielt damit ihren »Balkon«, von dem aus die Gäste die südlich wirkende Lieblichkeit der Elblandschaft wahrnehmen konnten. Die Gebäude an der Terrasse dienten nun verschiedenen Bildungseinrichtungen, die Bibliothek Brühls als Kunstakademie, sein Gartenpavillon zeitweise als »Königlich technische Bildungsanstalt«, einer Vorgängereinrichtung der heutigen Technischen Universität. Seit 1832 nutzte der Bildhauer Ernst Rietschel den Pavillon als Atelier.[9] Das Galeriegebäude Brühls wurde für Ausstellungen des Kunstvereins genutzt. Daneben eröffnete der Italiener Giovanni Ercole Samuel Torniamenti 1843 sein beliebtes Café Reale, einen von Otto von Wolframsdorf entworfenen Bau mit einer vorgelegten grazilen ionischen Tempelfront. Selbstständiger zeigte sich derselbe Architekt mit dem Neubau eines Belvederes 1842, mit dem er sich das Halbrund von Sempers erstem Hoftheater für ein vornehmes Gartenlokal geschickt zunutze machte.

Mit der Verschüttung des Gondelhafens (Abb. 48) und der Anlage einer Uferstraße, des »Terrassenufers«, seit den 1850er Jahren war eine Entwertung der monumentalen Wirkung der alten Festungsmauer verbunden. Hier richtete man nun den Anlegeplatz der Elbdampfer ein, der seither das Stadtbild belebt. Zwei Durchbrüche vom Terrassenufer in die Altstadt waren erforderlich. Schon 1848 hatte Woldemar Hermann die Terrasse von der Münzgasse her durch eine fantasievolle Treppenanlage zugänglich gemacht. Der Vorschlag von Cornelius Gurlitt, an der Rückseite der Terrasse eine »Avenue« anzulegen, unterblieb glücklicherweise.

Der inzwischen erlangte Ruf der Brühlschen Terrasse verhinderte zur Zeit des rasanten Aufschwungs Dresdens zur Großstadt im letzten Drittel des 19. Jahrhunderts zwar ihren Verlust, führte aber zu tiefgreifenden Veränderungen ihres Charakters. Hatte die Terrasse bis dahin noch immer den Charme des Privatgartens gehabt, trat hier nun mehr und mehr Denkmalkultus und Staatsrepräsentation auf den Plan. An der Freitreppe wurden 1868–71 die allegorischen Figuren der »Vier Tageszeiten« von Johannes Schilling aufgestellt, es folgten 1872 das Rietschel-Denkmal an der Stelle seines Ateliers, 1891 das Semper-Denkmal an der neuen Treppe zwischen Kunstakademie und Albertinum und 1898 ein Ludwig-Richter-Denkmal.[10]

48 | Anonym | Ufer unter dem italienischen Dörfchen | Dresden, um 1870
Kolorierte Lithografie, 16,4 x 26,5 cm | Kupferstich-Kabinett, Staatliche Kunstsammlungen Dresden (Sax.top I 4, 25 A 131428)

Den Auftakt für historische Um- und Neubauten bildete die Umgestaltung des Zeughauses zum »Albertinum« (1884–87) durch Karl Adolf Canzler. Hier waren das Staatsarchiv und die Antikensammlung untergebracht. Wichtig war bei diesem Umbau die architektonische Bezugnahme auf den Brühlschen Garten durch ein vorgeschobenes und von einer Figurengruppe bekröntes Risalit.

Weitaus anspruchsvoller trat Constantin Lipsius mit seinen Gebäuden für die Kunstakademie und für Kunstausstellungen (errichtet 1887–95), auf.[11] Seine Absicht, damit den »Bildenden Künsten« auf der Terrasse ein dem Zweiten Hoftheater Sempers am Theaterplatz (1871–78) ebenbürtiges Bau-Denkmal zu setzen, hat zu einem theatralisch wirkenden Ensemble geführt. Wie schon die Zeitgenossen kritisierten, degradiert die gewaltige Baumasse mit ihrer reich gegliederten Silhouette die Brühlsche Terrasse zum Sockel. Die Glaskuppel des Ausstellungsgebäudes, »Zitronenpresse« genannt, tritt in Konkurrenz zur Kuppel der Frauenkirche. Nichtsdestoweniger ist aber der Grundriss des Bauensembles dem städtebaulichen Raum geschickt eingefügt. Der Akademiebau ist auch seines außerordentlich reichen Figurenschmucks und dessen Ikonografie wegen bemerkenswert.

Der in den 1890er Jahren fortschreitenden Rückbesinnung auf städtebauliche Werte trug Gustav Fröhlich mit dem Umbau des Brühlschen Bibliotheksgebäudes zur Sekundogenitur (1896–97) Rechnung. Hier waren wettinische Kunstsammlungen untergebracht. Das als Rokoko-Schlösschen auftretende Gebäude zeugt von der damaligen Tendenz zu einer »schöpferischen Denkmalpflege«.

Denkmalpflegerische Überlegungen standen auch zur Debatte, als es um Erhaltung oder Ersatz des Brühlschen Palais durch ein Gebäude für den Sächsischen Landtag, also um ein neues »Ständehaus« ging. Mit dem Neubau von Paul Wallot 1900–06 entschied man sich für ein monumentales Gebäude und gegen die zunächst vorgesehene Kürzung des Terrassenkörpers.[12] Insbesondere Cornelius Gurlitt ist die Übertragung des Festsaals aus dem Brühlschen Palais in die Kunstgewerbeschule an der Güntzstraße zu danken.[13] Er regte auch das Herausrücken des Turms des Ständehauses aus der Mittelachse an. So ergibt sich in der Übereckansicht von Schlossplatz und Brücke eine »malerische« Akzentuierung der Terrassentreppe. Auch am Ständehaus ist die Bändigung des aufwändigen und vielgliedrigen Bauprogramms in einem einzigen gewaltigen Baukörper hervorragend gelungen. Bewusst verzichtete Wallot auf einen die Silhouette mitbestimmenden Schmuck und ließ im Unterschied zur grazilen Hofkirche nur seine Baumasse sprechen, die von einem Turm vertikal unterbrochen wird.

Gleichzeitig entstand 1899–1901 das neue Georgentor von Gustav Dunger und Gustav Fröhlich, gestaltet als Torturm im Stil der deutschen Neurenaissance. Auf diesen Bau hin ist die 1906–10 von Wilhelm Kreis neu errichtete Friedrich-August-Brücke (Augustusbrücke) orientiert. Lebten hier noch einmal monarchistische Ideen auf, war der Streit um einen angemessenen Abschluss des Theaterplatzes zur Elbe hin um 1910 im Wesentlichen städtebaulich-denkmalpfegerischer Art. Statt des damals abgebrochenen »Helbigschen Etablissements« wollten die einen nur Bäume pflanzen, die anderen den Platz architektonisch abschließen. Schließlich setzte sich Hans Erlwein mit seinem 1911–13 errichteten Bau des »Italienischen Dörfchens« durch.[14] Mit seinem hohen Walmdach und den neoklassizistischen Einzelformen verleiht der Bau dem städtebaulichen Zusammenhang einen neuen, eigenwilligen Akzent, dem Karl Hirschmann sein »Basteischlösschen« von 1912 glücklich zuordnete.

Bis zur Zerstörung von Dresden durch die Bombenangriffe vom 13. und 14. Februar 1945 war damit die Bautätigkeit an der Elbfront von Dresden im Bereich der Brühlschen Terrasse abgeschlossen. Sämtliche Gebäude an der Terrasse waren 1945 zerstört. Zu keinem Zeitpunkt nach dem Krieg war aber ihr Wiederaufbau infrage gestellt. Nur das Belvedere harrt noch eines Nachfolgers. Wie ein erratischer Block wirkte die Brühlsche Terrasse auch in der langen, zumeist kulturfeindlichen Nachkriegszeit auf die städtebauliche Entwicklung konservierend. Nicht zuletzt ihrem Ruf ist es zu verdanken, dass die Silhouette Dresdens vor Entstellungen bewahrt blieb.

Anmerkungen

1   Manfred Zumpe, Die Brühlsche Terrasse in Dresden, Berlin 1991; Eva Papke, Aus der Geschichte der Dresdner Stadtbefestigung, Dresden 1997; Eva Papke, Die befestigte Stadt und ihre Tore, in: Dresdner Geschichtsbuch 1 (1995), S. 23–44.

2   Heinrich Magirius, Die Monumente für Kurfürst Moritz an der Festung in Dresden und im Freiberger Dom. Der Aufsatz erscheint 2005 in einer Publikation der Sächsischen Akademie der Wissenschaften zu Leipzig.

3   Markus A. Castor, Rocco di Linar und die Mathematica Militaris der Dresdner Fortifikation in italienischer Manier, in: Elbflorenz. Italienische Präsenz in Dresden 16. – 19. Jahrhundert, hrsg. v. Barbara Marx, Dresden 2000, S. 101–134.

4   Walter Bachmann, Nossenis Lusthaus auf der Jungfernbastei in Dresden, in: Neues Archiv für sächsische Geschichte 57 (1936), S. 1–29; Monika Meine-Schawe, Giovanni Maria Nosseni. Ein Hofkünstler in Sachsen, in: Jahrbuch des Zentralinstituts für Kunstgeschichte 5/6 (1989/90), S. 283–325.

5   Walter Hentschel und Walter May, Johann Christoph Knöffel, Der Architekt des sächsischen Rokokos (Abhandlungen der Sächsischen Akademie der Wissenschaften zu Leipzig. Phil.-hist. Klasse Bd. 64, Heft 1), Berlin 1973.

6   Ernst Götz, Fassadenbild und Raumbild, Beobachtungen zu Gaetano Chiaveris Gestaltungsweise an der Katholischen Hofkirche zu Dresden, in: Denkmalkunde und Denkmalpflege. Festschrift Heinrich Magirius, Dresden 1995, S. 370–386.

7   Fritz Löffler, Das Alte Dresden. Geschichte seiner Bauten, 6. Aufl., Leipzig 1982, S. 320–321.

8   Dresden – Von der Königlichen Kunstakademie zur Hochschule für Bildende Künste (1764–1989), hrsg. von der Hochschule der Bildenden Künste Dresden, Dresden 1979.

9   Ernst Rietschel, Zum 200. Geburtstag des Bildhauers, hrsg. von Bärbel Stephan, München und Berlin 2004, S. 143–152.

10 Bärbel Stephan, Sächsische Bildhauerkunst, Johannes Schilling 1828–1910, Berlin 1996.

11 Dresden – Von der Königlichen Kunstakademie… (wie Anm. 8).

12 Ständehaus, Präsident des Sächsischen Landtages, Oberlandesgericht, Landesamt für Denkmalpflege, hrsg. vom Staatlichen Vermögens- und Hochbauamt, Dresden 2001; Marius Winzeler, Das Ständehaus in Dresden von Paul Wallot, Die Baugeschichte eines deutschen Parlamentsgebäudes, in: Denkmalpflege in Sachsen. Mitteilungen des Landesamtes für Denkmalpflege Sachsen (2001), S. 5–24.

13 Heinrich Magirius, Geschichte der Denkmalpflege Sachsen, Berlin 1989, S. 114–116.

14 Günter Kloss, Hans Erlwein (1872–1914), Stadtbaurat in Bamberg und Dresden, Petersberg 2004.

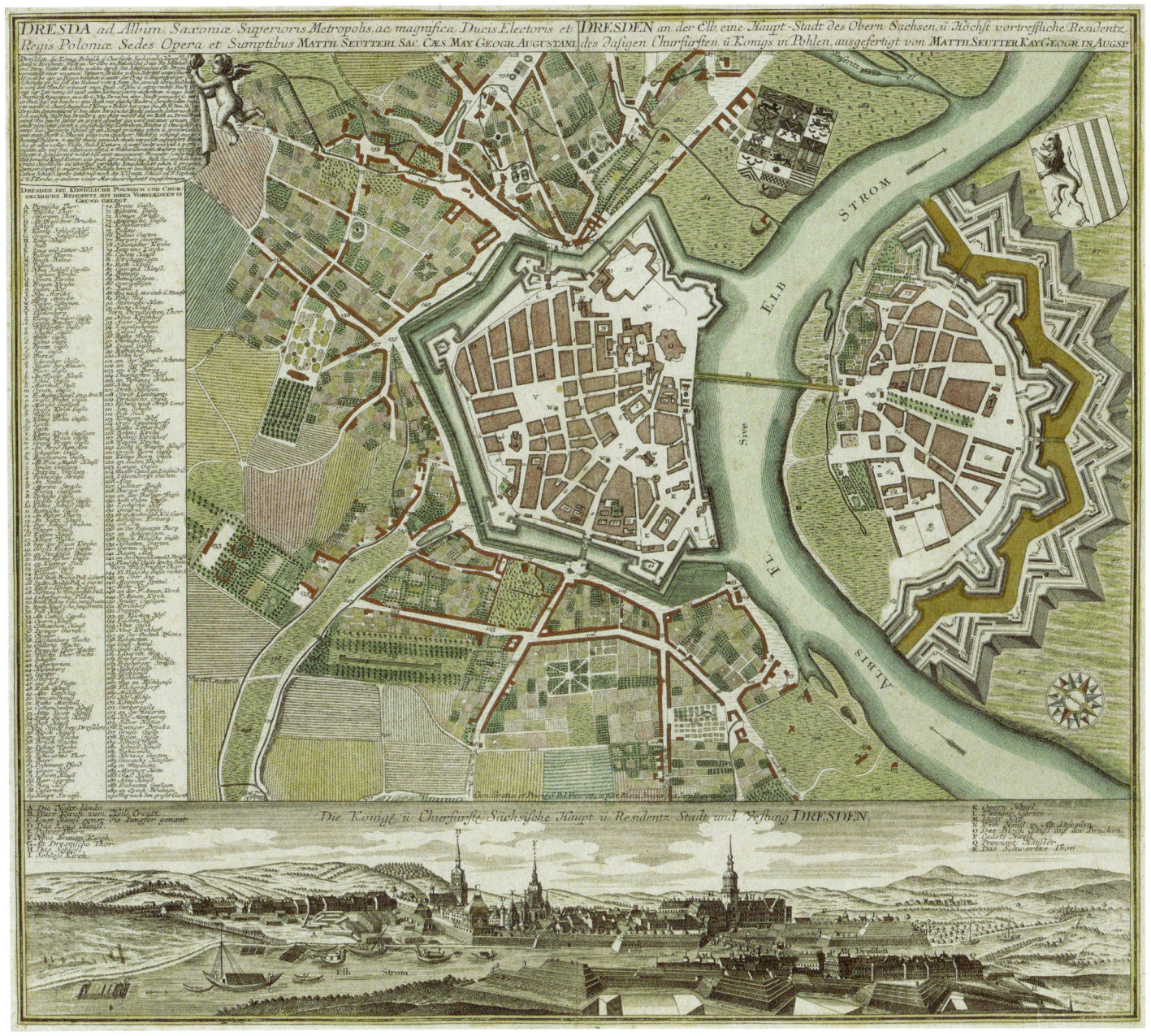

49 | Matthias Seutter | Dresda ad Albim | Dresden, um 1755
Kolorierter Kupferstich, 48 x 55 cm | Sächsische Landesbibliothek – Staats- und Universitätsbibliothek Dresden, Kartensammlung (A 16743)

50 | JOHANN ALEXANDER THIELE | Prospect von Dresden vom Wege nach Bautzen aufgenommen | Dresden, vor 1740
Öl auf Leinwand, 105 x 150 cm | Staatliches Museum Schwerin (Gal. Nr. 737)

51 | JOHANN ALEXANDER THIELE | Brühlsche Terrasse | Dresden, 1742
Lavierte Federzeichnung, 31,2 x 55,8 cm
Sächsisches Hauptstaatsarchiv Dresden (13410 Bilder, Fach 193 Nr. 3)

»Eine wunderbare Atlantis«. Ansichten der Stadt Dresden

Am 15. Dezember 1999 wurde bei Christie's South Kensington eine vorgebliche, höchst merkwürdige Ansicht der Stadt Prag angeboten, die alle Kenner der Moldau-Stadt irritierte (Abb. 52).[1] Der Prager Schule des 17. Jahrhunderts zugeschrieben, blieb dieses Bild rätselhaft: Weder Hradschin und Kleinseite noch die Altstadt waren zu erkennen, und auch die Karlsbrücke wirkte mehr als befremdlich. Es war eben nicht Prag, wie der Katalog versprach. Bei der malerisch zu beiden Seiten eines Flusses gelegenen Stadt, deren gemalte Darstellung zum Verkauf stand, handelte es sich um Dresden, und zwar im Zustand von 1655.

Also fehlen auf diesem Bild die Frauenkirche und die Hofkirche, die beide erst knapp 100 Jahre später entstanden sind. Vor allem ohne Frauenkirche jedoch kann man das historische Dresden heute kaum denken – und zumindest außerhalb Sachsens auch nur schwer erkennen. Diese Kuppel gehört zur Identität der Stadt.

Die eben angesprochene Stadtansicht folgt bis in Details einem Kupferstich des Amsterdamer Zeichners und Stechers Pieter Hendricksz. Schut (1618 oder 1619 – nach 1660) aus dem Jahre 1640 (Abb. 26, S. 36). Auf welche Vorlage Schut für seinen Stich zurückgegriffen hat, das wurde bisher nicht ermittelt.

Doch es gab noch weit ältere Ansichten der Stadt (siehe den Beitrag von Gemser/Link). Der Flame Hendrick van Cleef (um 1525 – nach 1590) zeichnete vermutlich 1555 eine Ansicht Dresdens vom Neustädter Elbufer unterhalb der Brücke und gab diesen Blick 1587 als Radierung heraus. Vor 1572 zeichnete Gabriel Tola (geboren 1523) aus Brescia eine fast zwei Meter breite, aber nur 25 Zentimeter hohe, panoramaartige Ansicht von Neudresden und Altendresden, von Osten gesehen.[2] Diese beeindruckende Zeichnung diente Franz Hogenberg (vor 1540 – angeblich 1590) als Vorlage für seinen Stich in Georg Brauns großem, sechsbändigen Städtebuch »Civitatis orbis Terrarum« von 1572.

1591 veröffentlichte Daniel Wintzenberger unter dem Titel »Lobspruch der Löblichen und Weitberühmbten Churfürstlichen Stadt Dresden« seine topografische Beschreibung der Stadt, in die ein 1587 entstandener Holzschnitt (Abb. 61) von Gimel Bergen (1538 – etwa 1598)[3] aufgenommen wurde, der »den später so oft wiederholten Blick entlang der alten Elbbrücke auf

52 | Anonym
Ansicht von Dresden
von der Altstädter Seite
Vor 1700
Öl auf Leinwand, 68 x 106,5 cm
Schlösser und Gärten in Dresden,
Schloss und Park Pillnitz (SGD 169)

die über dem Strom emporsteigende Stadt mit Schloß, Pulverturm, Kreuz- und [ehemaliger] Frauenkirche« zeigt.[4]

Häufig war die Stadtansicht nur Beiwerk und Hintergrund zur Darstellung von herausragenden Ereignissen. So entstand am Anfang des 17. Jahrhunderts eine Serie von vier großen Gemälden, die Feste und festliche Jagden darstellen, die Kurfürst Johann Georg I. (geboren 1585, Kurfürst 1611–56) zu Ehren des Besuches von Kaiser Matthias (geboren 1557, gekrönt 1612, gestorben 1619) inszeniert hatte: Eine Jagd vor der Festung Königstein, eine Wasserjagd am Grahlwäldchen bei Pirna, die Ankunft in Dresden, eine Tierhatz auf dem Dresdner Altmarkt.[5] Ereignisbild, Prospekt und Vedute sind bei solchen Gemälden miteinander verschmolzen.

Gehen wir auf das Bild des Empfangs in Dresden etwas genauer ein. Die Ankunft des Kaisers zu Schiff am 25. Juli 1617, das Erscheinen von Neptun mit »Meerwundern« auf der Elbe, der festliche Zug über die »Mönchswiese«, am Jägerhof vorbei, der in den Jahren zuvor gründlich umgebaut worden war, über die Brücke in die Altstadt, das Feuerwerk und selbst der Fahnenschwenker auf dem Knopf des Kreuzturmes sind minutiös geschildert. Die

Festmusiken zu diesem politisch hoch bedeutsamen Staatsbesuch hatte übrigens Heinrich Schütz (1585–1672) komponiert, der auch die Aufführungen leitete.[6]

Ungeklärt bleibt weiterhin die Frage nach dem Künstler. Für ein stilistisch vergleichbares Bild aus dem Jahre 1614, in dem der Blick in ähnlicher Weise vom Jägerhof und der Mönchswiese über den Fluss auf die Stadt geführt wird, brachte Otto Richter im Jahre 1898 Daniel Bretschneider (um 1550–1623) oder Andreas Vogel als Maler in Vorschlag: Das Gemälde gehört zu den Verlusten des Zweiten Weltkrieges und ist uns lediglich noch als Foto überliefert.[7]

Nur eine begrenzte Vorstellung haben wir von den Werken des Andreas Vogel.[8] Der um 1588 geborene Zeichner und Architekturmaler, der nach 1638 gestorben ist, hatte wahrscheinlich bei Heinrich Göding (1531–1606) gelernt. Auf Kosten Kurfürst Christians II. (geboren 1591, Kurfürst 1601–06) ging er 1604 über Prag (er soll bei Hans von Aachen gearbeitet haben) nach Italien, wo er vor allem Architekturstudien trieb. Spätestens 1617 kam er zurück, 1621 wurde er als Hofmaler bestallt. Seine »perspektivisch gezeichnete An-

53 | ANONYM | Altendresden im Feuer gestanden | Deutschland, nach 1685
Öl auf Leinwand | 64 x 72 cm
Museen der Stadt Dresden, Städtische Galerie Dresden, Kunstsammlung (1979/k 5)

Dilich arbeitete als Kriegsingenieur und Kartograf, als Architekt, aber immer wieder auch als Zeichner. Noch 1625 erhielt er den Auftrag zur Wölbung und zum gestalterisch völlig neuen Ausbau des Riesensaales im Dresdner Schloss. Sein Vorschlag sah unter anderem 40 sächsische Städtebilder in den Gewölbefeldern vor, an deren Ausführung unter seiner Leitung 1627 bis 1631 Kilian Fabritius (um 1585–33), nach dessen Tod bis 1650 Christian Schiebling (1603–63) beteiligt waren.[11]

Nur aus alten Gesamtansichten, zwei Deckfarbenblättern, einem Stich des 1701 durch Brand zerstörten Saales und aus Dilichs Vorzeichnungen können wir uns heute einen Begriff von diesen Werken machen, die Landschaft als Abbild in Dresden früh auf einem Höhepunkt und an hervorragender Stelle monumental zur Wirkung brachten. Zeichnungen von Dilich haben allem Anschein nach auch den topografischen Kupferstichen zugrunde gelegen, die Matthäus Merian d.Ä. (1593–1650) herausgegeben hat.[12] Dilichs etwa 140 Zeichnungen sächsischer Städte sind 1907 von Paul Emil Richter und Christian Krollmann in einer dreibändigen kommentierten Faksimile-Ausgabe publiziert worden.[13]

Auch später noch im 17. Jahrhundert haben sich Maler mit topografisch genauen Darstellungen beschäftigt, ohne allerdings die Wirkung der Arbeiten Dilichs zu erreichen. Am 5. Juni 1661 verzeichnete die Dresdner Kunstkammer folgenden Zugang: »Die Festung Neudresden [das war die heutige Altstadt!] zweimal auf Brettern mit bunten Farben, jedoch keins noch ganz ausgemalt, das eine Brettlein 5/8 Ellen lang und 3/4 breit, das andere 7/8 lang und 1/2 breit;« und am 1. Februar 1671 erfolgte ein weiterer Zugang, »Ein Abriss der Stadt Dresden mit der Feder auf Papier gerissen von Johann Balthasar Eichler (gestorben 1672).«[14]

Der Maler Johann Gabriel Schiebling (gestorben 1687), seit 1664 Hofmaler, 1672 verheiratet mit der Tochter des Dresdner Malers Joachim Friedrich Schreyvogel (1624–88), malte im Auftrag des Rates das 1685 abgebrannte »Altendresden«, die spätere Neustadt. Handelt es sich dabei vielleicht um das kleine Gemälde, das in der Kunstsammlung der Städtischen Galerie Dresden aufbewahrt wird (Abb. 53)?[15]

Das Dresdner Kunstkammer-Inventar »nach 1732« verzeichnet im »5. Zimmer« (Seite 158) ein Bild, das als Darstellung eines Brand-Ereignisses ähnlich motiviert war: »Am 10. Juni [1677] ein Gemälde des allhiesigen Kreuz Thurmes, wie derselbe Anno 1669 nach eingeschlagenem Donnerwetter in

sicht von Neudresden« überreichte er 1620 dem Kurfürsten Johann Georg I.; später malte er ein quadratisches Bild nach dieser Zeichnung, einen Quadratmeter groß, das bis zum Zweiten Weltkrieg im Vorrat des Grünen Gewölbes war. Zwei Gebäudeansichten, Residenzschloss und Stall, in »miniaturhafter Feinheit mit Ölfarben auf Holz gemalt«, gehörten früher ebenfalls dem Grünen Gewölbe. Die Ansicht des kurfürstlichen Stallgebäudes hat sich in der Rüstkammer in Dresden erhalten.[9] Ein Zeichenbuch Vogels besitzt das Dresdner Kupferstich-Kabinett.

Neue Impulse gewann die topografische Darstellung sächsischer Gegenden durch das Auftreten des aus Hessen stammenden Wilhelm Dilich (1571 oder 1572 – 1650) in Dresden seit 1625.[10] Seine gezeichneten Prospekte und Veduten sächsischer Städte, und darunter war auch die Residenzstadt Dresden, bezeugen das Interesse an solchen Darstellungen für die erste Hälfte des 17. Jahrhunderts; die späteren berühmten Darstellungen von Johann Alexander Thiele (1685–1752) und Bernardo Bellotto, genannt Canaletto (1721–80), erweisen sich damit als Ausdruck einer auch in Sachsen seit langem verfolgten Tradition.

54 | Johann Alexander Thiele | Ansicht von Dresden mit der Augustusbrücke | Dresden, 1746
Öl auf Leinwand, 104 x 153 cm | Gemäldegalerie Alte Meister, Staatliche Kunstsammlungen Dresden (Gal. Nr. 3660)

55 | Christian Wilhelm Ernst Dietrich | Blick auf Dresden | Dresden, 1735
Öl auf Leinwand, 63 x 80 cm | Nationalmuseum Stockholm (M 263)

Brand geraten und zur Nacht abgebrannt, ist damals also abgezeichnet und gemalt worden von Chr. Bottschild, jetzo Hofmaler.«[16]

Eine neue Qualität gewannen Stadtbild und landschaftlicher Prospekt, also die Abbildung erkennbarer Gegenden, in Dresden im 18. Jahrhundert mit dem Auftreten solcher Künstler wie Johann Alexander Thiele, Bernardo Bellotto und Adrian Zingg (1734–1816). Doch das alte Dresden und die sächsische Landschaft leben nicht nur in Bildern fort: Auch zu Beschreibungen im Wort forderte die Stadt heraus, zu enthusiastischen Schilderungen, die uns die einstige Pracht, aber auch die Stimmung nachempfinden lassen, die Einheimische wie Fremde hier bisweilen erfasste: »Als ich nach der Augustusbrücke kam, die ich schon so gut aus Kupferstichen und Gemälden kannte, kam es mir vor, als ob ich früher schon einmal im Traum hier gewesen wäre«, schrieb der dänische Märchendichter Hans Christian Andersen.[17]

Es war die besondere Atmosphäre des Elbtales, die – manchmal klar und kontrastreich die Formen steigernd, manchmal dunstig verhangen die Konturen verwischend – dazu beitrug, das Erlebnis zu vertiefen. Es war aber auch der »innere Gehalt« der Stadt, der faszinierende Wert ihrer Sammlungen und die Ausstrahlung ihres geistigen und künstlerischen Lebens, was selbst das Landschaftserlebnis beeinflusste. So notierte der österreichische Dichter Franz Grillparzer am 2. September 1826 in seinem Reisetagebuch: »Ich weiß nicht, war es die Gewohnheit der letzten Tage, in Galerien heimisch zu sein, oder liegt es im Eigentümlichen der hiesigen Natur, daß jede einzelne Ansicht sich mir so sehr als ein Gemälde darstellte. Ich habe das wohl nie in so hohem Grade erfahren.«[18]

Ganz ähnliche Eindrücke beschrieb wiederum Hans Christian Andersen: »Ich war in der Bildergalerie, sah noch einmal die Werke der großen Meister und prägte mir die herrlichen Bilder in die Seele ein [...] und bestieg noch zum Abschied die Berge im Plauenschen Grunde, einer romantischen Gegend dicht bei Dresden [...] Der Weg lief zwischen steilen Felsen durch, da war ein Bach, der einen Wasserfall bildete, und dicht daran lag eine Mühle, Kohlenwagen fuhren in den Wald und oben auf einem Felsvorsprung saß ein kleiner Junge und hütete Ziegen; es war nicht ein einziges Gemälde in der ganzen Dresdner Galerie, auf dem die Figuren besser angebracht sein konnten, als hier [...] die ganze Landschaft war ein Bild von kindlichem Frieden, von romantischen Träumen eines unschuldigen Herzens [...].«[19]

Was hier angesprochen wird, das ist die Verbindung von Kunsterlebnis und Naturerlebnis, das ist aber auch der Zusammenhang zwischen »Landschaft«

und »Prospekt«. Denn die Landschaftsgemälde der Galerie wurden für Grillparzer und für Andersen als Erinnerung lebendig vor den realen Ansichten der »hiesigen« Natur, deren erkennbare gemalte Abbilder im 18. Jahrhundert als »Prospekte« eine besondere Gruppe landschaftlicher Darstellungen ausmachten.

Einer der bedeutendsten deutschen Landschafts- und Prospektmaler war der 1685 in Erfurt in Thüringen geborene Johann Alexander Thiele, der von etwa 1715/17 bis 1728, dann von 1738 bis zu seinem Tode 1752 in Dresden tätig war (Abb. 50, 51, 54). Er malte Ansichten bestimmter Gegenden, die trotz aller seitherigen Veränderungen mit Deutlichkeit zu erkennen sind. Einerseits den Traditionen und Kompositionsmustern großer Vorbilder vor allem aus dem 17. Jahrhundert verpflichtet, sind diese Bilder auch durch genaue Naturbeobachtung gekennzeichnet.

Das Elbtal zwischen Meißen, Dresden und Pirna bis zur Festung Königstein hat er gemalt, manchmal mit Lichtstimmungen, die als Vorgriff auf die Romantik erscheinen; und 1726 hat er eine Serie von sechs großen Radierungen nach seinen eindrucksvollsten sächsischen Landschaften geschaffen (Abb. 59), darin Bellotto um 20 Jahre voraus. In seinem Schüler Christian Wilhelm Ernst Dietrich (1712–74) hat Thiele einen Künstler von seinerzeit europäischem Ruhm geformt und miterlebt, wie dieser sich auf eigenen Wegen entwickelt hat (Abb. 55). Man bewunderte Dietrichs virtuosen Eklektizismus, und in diesem Sinne schrieb Johann Georg Meusel 1780 in seinen »Miscellaneen artistischen Inhalts«, der Künstler habe »in dem Geschmack beinahe aller Meister gearbeitet; aber größtenteils, ohne sich ihrer Fehler schuldig zu machen«. Meusel fährt dann fort: »Ja, beinahe möchte ich sagen, daß man in einer Dietrichschen Landschaft die Vorzüge aller großen Landschafter vereinigt sehen könne.«[20]

Doch in der von den damaligen Theoretikern gepriesenen »verbessernden« Nachahmung erschöpfte sich Dietrichs Kunst nicht. Immer mischte sich bei ihm Naturbeobachtung mit der virtuosen Anwendung von Seh-Schablonen. Als Sohn des Weimarer Hofmalers Johann Georg Dietrich (1684–1752) hatte der 1712 geborene Christian Wilhelm Ernst Dietrich den ersten Unterricht bei seinem Vater erhalten, ehe er 1724 Thieles Schüler in Dresden wurde. »Schon in seinem 18. Jahre mußte er in Gegenwart Augusts II. zwei Bilder, eins im Geschmack des Ostade und eins in Poelenburghs Manier malen. Eins war ein Dianenbad [...] Er malte 4 Stunden darüber, und der Monarch bewunderte seine Geschwindigkeit.«[21] Tatsächlich stammen

56 | Christian Wilhelm Ernst Dietrich (zugeschrieben)
Sänfte mit der Ansicht von Dresden | Dresden (?), um 1740 (?)
Bemalte Holztür, 171 x 85,5 x 96 cm
Staatliche Schlösser, Burgen und Gärten Sachsen, Schloss Moritzburg
und Fasanenschlösschen (899/86)

die frühesten erhaltenen Gemälde Dietrichs etwa aus dieser Zeit. Die »Anbetung der Könige«[22] ist 1731 datiert und nicht ohne holländische Vorbilder zu denken. Zu den besonderen Förderern des Künstlers gehörte Heinrich Graf von Brühl. In dessen Auftrag malte Dietrich viele Bilder in der Art Watteaus, und solche Dekorationen schuf er auch für Brühls Vertrauten und Sekretär Carl Heinrich von Heineken, der auch Direktor des Dresdner Kupferstich-Kabinetts war.[23]

Fasst man zusammen, was die erhaltenen Werke zeigen und was die Zeitgenossen über den Künstler gesagt haben, so wird deutlich, dass Dietrichs Landschaften einen unverwechselbaren Charakter haben, obwohl er unterschiedlichen Vorbildern folgte. In der gekonnten Behandlung, im Wechsel von Naturbeobachtungen und Kunstnachahmungen liegt ein eigener Reiz dieser Werke, deren Ruhm heute zwar verblasst ist, deren begeisterte Aufnahme zur Entstehungszeit aber auch etwas aussagt über die Kunstanschauungen im mittleren 18. Jahrhundert.

Dietrichs Eklektizismus war auch Klassizisten wie Anton Raphael Mengs (1728–79) und Johann Joachim Winckelmann (1717–68) verständlich; seine Bravourmalerei fand sowohl die Anerkennung von Carl Heinrich von Heineken (1707–91) als auch die von Christian Ludwig von Hagedorn (1712–80). Selbst im Paris der Aufklärung hatte er Fürsprecher und Sammler, und so gehörte er zu den wenigen Künstlern der »augusteischen« Epoche in Dresden, die nach dem Siebenjährigen Krieg, während des »Retablissement«, Ansehen und Einfluss behielten, der Stadt trotz Zerstörung treu blieben und nicht an fremden Höfen eine neue Chance suchten.

Die von Thiele in Sachsen zur Blüte gebrachte Darstellung erkennbarer Gegenden war im Schaffen von Dietrich nur die Ausnahme. Bei der Bemalung einer Sänfte für den Dresdner Hof verband er den ungewöhnlichen Blick auf die berühmte Dresdner Elbbrücke und das Residenzschloss dahinter mit der Figur des Flussgottes »Albis«, der Personifikation der Elbe (Abb. 56). Er wollte mehr sein als nur ein Schilderer des Sichtbaren, wollte erfinden und komponieren, schöpferisch verwandeln, was vor Augen lag.

Beschäftigt man sich mit Thieles Schaffen als Prospektmaler und Radierer, dann wird überraschend deutlich, dass er auf Gebieten erfolgreich war, die später auch Bellotto beschäftigt haben (Abb. 57 und 58). Durch die überragenden Leistungen dieses Venezianers ist er in der historischen Erinnerung verdrängt worden. Zwar sind die Unterschiede zwischen beiden groß, doch sollte man sie nicht gegeneinander ausspielen, sondern nebeneinan-

57 | Bernardo Bellotto, gen. Canaletto | Dresden vom rechten Elbufer oberhalb der Augustusbrücke | Dresden, 1747
Öl auf Leinwand, 132 x 236 cm | Gemäldegalerie Alte Meister, Staatliche Kunstsammlungen Dresden (Gal. Nr. 602)

der gelten lassen: Thiele hat einige seiner schönsten Gemälde geschaffen, als Bellotto schon in Dresden war. Im Bewusstsein einer ganz anderen künstlerischen Herkunft und Ausdrucksweise scheint er sich bis zuletzt entwickelt und verwirklicht zu haben, heiter und gelöst, nicht etwa niedergedrückt von der jungen italienischen Konkurrenz.

Andererseits ist Bellotto derart berühmt und wirklich überragend in seiner Art, dass man berechtigte Scheu hat, auf Dresdner Vorläufer hinzuweisen, auf die schon erwähnten Stadtdarstellungen des 16., 17. und frühen 18. Jahrhunderts. Zu sehr stellt Bellotto alles Vorherige in den Schatten, zu sehr kommt er – trotz seiner Jugend – als ein gereifter Künstler nach Sachsen,

der nicht lernen, sondern etwas leisten wollte. Dresden verdankt dem Venezianer großartige Werke, die das »Bild« der Stadt bekannt und berühmt gemacht haben und die nach der Zerstörung am 13. Februar 1945 als kostbare Erinnerung bleiben.[24]

In der Dresdner Malerei nimmt Bellotto eine Sonderstellung ein. Er blieb ohne direkten Nachfolger, hinterließ keine »Schule«, und doch kann man über die Jahrzehnte und Jahrhunderte hinweg Verbindungen ziehen zu anderen wirklich großen Künstlern in Dresden, zu Johan Christian Clausen Dahl (1788–1857) und zu Gotthard Kuehl (1850–1915) beispielsweise. Seine Veduten scheinen – oberflächlich beobachtet – kunstlos-realistische Abbil-

58 | Bernardo Bellotto, gen. Canaletto | Dresden vom rechten Elbufer unterhalb der Augustusbrücke | Dresden, 1748
Öl auf Leinwand, 133 x 237 cm | Gemäldegalerie Alte Meister, Staatliche Kunstsammlungen Dresden (Gal. Nr. 606)

der der Stadt zu sein – und sind doch von höchstem künstlerischen Rang. Der 1721 geborene Bernardo Bellotto hatte bei seinem Onkel Antonio Canal (1697–1768) gelernt, der gleichfalls den Künstlernamen Canaletto führte, war also in der Tradition venezianischer Vedutenmalerei aufgewachsen, die im 18. Jahrhundert einen Höhepunkt erreichte und zu deren hervorragendsten Vertretern sowohl Canal als auch später Bellotto gehörten.

Nach Dresden kam Bellotto 1747 und begann sofort mit der Reihe seiner großformatigen und großartigen Ansichten der sächsischen Residenz, die nach und nach auf insgesamt 14 Gemälde anwuchs und zu der weitere Veduten kamen, Ansichten der Stadt Pirna, der Festung Sonnenstein (oberhalb

von Pirna) sowie der Festung Königstein. Er begann mit panoramaartigen Blicken über den Fluss hinweg auf die Stadt, schuf dann aber auch Darstellungen einzelner Straßen und Plätze. Von allen Bildern entstanden Wiederholungen, so eine Serie für den Grafen Brühl, von der einige Stücke 1768 mit anderen Brühlschen Bildern an Zarin Katharina II. nach St. Petersburg gekommen sind.

Bellotto schuf in Dresden neben den gemalten Ansichten auch großformatige Radierungen, die wohl einzig in Piranesis römischen Veduten eine gleichzeitige Parallele haben. Andererseits hatte Thiele schon mehr als 20 Jahre früher von seinen gemalten Prospekten auch Radierungen herausge-

59 | Johann Alexander Thiele
Vue de la Ville Royale et Electorale de Dresde | Dresden, 1726
Radierung, 36,5 x 54,8 cm
Kupferstich-Kabinett,
Staatliche Kunstsammlungen Dresden
(Sax.top I, 4, 2a A 131407)

geben: Wenige Städte sind künstlerisch so hochrangig und dicht dokumentiert wie Dresden im 18. Jahrhundert. So konnte man 1812 in der »Beschreibung einer kleinen Gemälde- und Kunst-Sammlung zu Dresden« lesen: »Er malte unter anderem die schönsten Prospekte von Dresden und der umliegenden Gegenden – die er auch in kräftiger Manier und großer Wirkung, 20 an der Zahl, in Kupfer stach. Im siebenjährigen Kriege von 1756–63 aber sind die Platten verloren gegangen, daher die Abdrücke davon selten geworden sind.«[25]

Will man den Unterschied zwischen den Prospekten von Thiele und den Veduten von Bellotto benennen, so kann man sehr vereinfacht sagen, dass die Bilder des Venezianers aus der Struktur der Bauten heraus selbst architektonisch und klar strukturiert sind, gleichsam gebaut, während bei Thiele der Rhythmus der Landschaft bestimmend bleibt, in den sich die Bauten einschmiegen.

Bellotto bringt das Motiv unverfälscht zur Anschauung. Gleichzeitig entbehren seine Darstellungen nicht der »Komposition«, sind in Licht- und Schattenführung wohlbedacht im Hinblick auf räumliche Tiefenwirkung, der Bildausschnitt ist als kompositionelles Mittel bewusst zur Wirkung ge-

bracht, und die Staffage der Figurengruppen bietet ein belebendes Element zwischen Beobachtung und Vorbild-Variation.

Der Venezianer Bellotto begründete in Dresden keine Schule. Anders Thiele, der durch Dietrich und dessen Schüler Johann Christian Klengel (1751–1824) bis ins 19. Jahrhundert hineinwirkte. Allerdings waren weder Dietrich noch Klengel Prospektmaler. Ein Schweizer Künstler, der Landschaftszeichner und Kupferstecher Adrian Zingg, ist in dieser Hinsicht viel wichtiger (Abb. 66, S. 83). Er ließ sich nach dem Siebenjährigen Krieg 1766 in Dresden nieder und wurde als Kupferstecher Mitglied der Akademie.

Hier interessiert uns Zingg als Vertreter der Landschaftskunst, auch wenn er nicht gemalt, sondern gezeichnet hat. Er setzte die von Thiele begründete »Prospektmalerei« unter neuen Bedingungen fort, während die von Dietrich und Joseph Roos (1726–1805) vertretene ideale Landschaft, der auch Johann Christian Klengel in gewisser Weise verpflichtet blieb, außerhalb seines Interesses lag. »Er hat die schönsten sächsischen Gegenden, auf seinen verschiedenen Kunstreisen, die er zuweilen allein, zuweilen auch mit seinen Schülern anstellt, aufgenommen, und seit einigen Jahren mehrere derselben sehr schön und reizend ins Große gezeichnet, auch viele derselben auf eine sehr angenehme und malerische Art, die der Aberlischen nicht nachstehen darf, illuminiert.«[26]

So sehr Zingg den Künstlern und Kennern seiner Generation genüge getan hatte, so sehr die gezeichneten Landschaften von seiner Hand dem Naturgefühl des späten 18. Jahrhunderts entsprachen, für die Romantiker waren sie der alte Zopf, der überwunden werden sollte. Hören wir Ludwig Richter (1803–84) in seinen Lebenserinnerungen: »Wir lagen in den Banden einer toten Manier, wie alle Zinggianer, waren in einem Wust von Regeln und stereotypen Formen und Formeln dermaßen eingeschult, daß ein lebendiges Naturgefühl, die wahre, einfache Anschauung und Auffassung der Dinge sich gar nicht regen, wenigstens nicht zum Ausdruck kommen konnte.«[27] Ganz außerhalb von »Zinggs Manier«, so berichtet Ludwig Richter, hätte sich ihm »der Weg aufgeschlossen, der Natur näher zu kommen«.[28]

Das aber war ja auch das Bemühen der Landschafter im zweiten Drittel des 18. Jahrhunderts gewesen: der Natur näher zu kommen. Das hatte auch Zingg erstrebt! Ein neues Zeitalter, die Romantik, stellte jedoch neue Anforderungen, auch an das Erlebnis der Natur.

Dass die »Ansichten« der Stadt nach Bellottos Weggang wieder beliebt wurden, ohne allerdings so bald wieder einen Vertreter von Rang zu finden, mag eine Passage aus dem »Magazin der Sächsischen Geschichte« von 1787 andeuten: »Ein Prospekt von Dresden in Wasserfarben von Ehrlich [...]« wurde im »Meißner Zimmer« der Akademischen Kunstausstellung bemerkt, und im »Unterlehrer Zimmer« von Friedrich Christian Klass (1752–1827) eine »schön getuschte Sepiazeichnung, der Prospekt von Altdresden, mit vielem Geist behandelt. Gleich darunter hing ein schwarz getuschter Prospekt Laurins, eine Ansicht auf die Neustädter Brücke von Brühls Garten, sehr brav gezeichnet. Darunter 2 colorierte Prospekte von Günthern: Gegenden von Wolkenburg und eine Ansicht von Prinz Antons Garten.«[29] Außerdem wurden Bellottos Dresden-Ansichten mit Variationen und aufs Äußerste vereinfacht immer wieder nachgestochen. Im frühen 19. Jahrhundert wurden sie sogar für den romantischen Blick auf Dresden wichtig. Wie andernorts vom Mittelalter, so schwärmte man in Dresden von der Epoche Augusts des Starken und Augusts III., von der »augusteischen« Stadt des Barocks.

»Hatte ich da nicht wieder eine wunderbare Atlantis erschaut, wo so viele nur die alte kurfürstliche Residenz gewahr werden«,[30] schrieb Carl Gustav Carus im Rückblick auf sein Leben; und er war nicht der Einzige, der so empfand. Darum verwundert es nicht, dass Veduten von Bellotto und Prospekte von Thiele im Jahre 1833 im Gebäude der ehemals Brühlschen Gemäldegalerie zusammengeführt und als »Sammlung vaterländischer Prospekte« dem Publikum zugänglich gemacht wurden. Ein eigener Katalog mit Kommentaren zu jedem Bild erschien 1834.[31] Für mehr als 20 Jahre blieben die Werke an diesem Ort.[32]

Der romantische Realismus eines Johan Christian Clausen Dahl (Abb. 65, S. 82), der Bellottos klassischen Blick auf Dresden ins Mondlicht tauchte, und noch später die impressionistisch geprägte Vedutenmalerei von Gotthard Kuehl (Abb. 14, S. 23) waren es, die auch von der Qualität her an Bellotto anknüpften; und wenn wir schon über die Epochengrenzen hinaus gehen, dann mag erlaubt sein, auf spätbarocke Landschaftskunst anzuwenden, was Rainer Maria Rilke in der Vorrede zu seinem Buch »Worpswede« über dieses immer zum Gefühl sprechende Gebiet der Malerei sagte: »Es ist nicht der letzte und vielleicht der eigentümlichste Wert der Kunst, daß sie ein Medium ist, in welchem Mensch und Landschaft, Gestalt und Welt sich begegnen [...] manchmal scheint der Mensch aus der Landschaft, ein anderes Mal die Landschaft aus dem Menschen hervorzugehen, und dann wieder haben sie sich ebenbürtig und geschwisterlich vertragen. Die Natur scheint sich für Augenblicke zu nähern, indem sie sogar den Städten einen Schein von Landschaft gibt.«[33]

Auf unterschiedliche Weise spüren wir etwas von der Begegnung zwischen »Gestalt und Welt« in vielen der hier behandelten Gemälde, Zeichnungen und Radierungen des Barocks – und an die Prospekte von Thiele mag man denken bei den Städten, denen »ein Schein von Landschaft« eigen ist. Doch bereits in der anfangs erwähnten, vorgeblichen Prag-Ansicht des mittleren 17. Jahrhunderts, in der wir einen Blick auf Dresden erkannt hatten, spüren wir diese innige Verbindung von Mensch, Natur und Stadt, die immer wieder fasziniert.

Anmerkungen

1 Christie's South Kensington, Old Master Pictures, 15 December 1999, lot 177: Prague School. 17th century, A view of Prague, oil on canvas, 68,6 x 106,8 cm.

2 Vgl. Werner Schade, Dresdner Zeichnungen 1550–1650. Inventionen sächsischer Künstler in europäischen Sammlungen. Kupferstich-Kabinett der Staatlichen Kunstsammlungen Dresden, Dresden 1969, Nr. 94.

3 Stammvater der aus Lübeck nach Dresden eingewanderten Buchdruckerfamilie Bergen. Vgl. Stadtlexikon Dresden A – Z, bearbeitet von F. Stimmel, R. Eigenwill, H. Glodschei, W. Hahn, E. Stimmel und R. Tittmann, Dresden und Basel 1994, S. 67.

4 Hans Joachim Neidhardt, Dresden wie es Maler sahen, Leipzig 1983, S. 19.

5 Alle vier Gemälde in Dresden, Gemäldegalerie Alte Meister, Inv. Nr. Mo 300 (Altmarkt), Mo 300a (Königstein), Mo 300b (Empfang auf der Mönchswiese), Mo 299 (Grahlwäldchen bei Pirna). Johann Christian Hasche bemerkte zu diesen Gemälden und ihrer Unterbringung: »[...] und im Jägerhofe ist im 42 Ellen langen Hauptsaale der Platfond ein Meisterstück seiner kunstreichen Hand [völlig unhaltbar wird hier Albrecht Dürer genannt!]. Das Vorhaus ist mit Viehstücken von ihm [!] ausgemalt [...] Der Hauptsaal stellt in verschiedenen Cartouchen, eine Crönungsceremonie, den Einzug König Matthias in Dresden, und eine 1613 auf dem alten Markte gehaltene Jagd vor, aber nicht von Dürer, als welcher schon 1528 starb.« Hasche, Magazin der Sächsischen Geschichte, 3. Jg., 1786, S. 439; vgl. Curiosa Saxonica 1770, S. 250.

6 Vgl. Siegfried Köhler, Heinrich Schütz. Anmerkungen zu Leben und Werk, Leipzig 1985, S. 51–55.

7 Otto Richter, Atlas zur Geschichte Dresdens. Pläne und Ansichten der Stadt aus den Jahren 1521–1898, Dresden 1898, Taf. 5; Fritz Löffler, Das Alte Dresden, 6. Aufl., Leipzig 1982, S. 72, Abb. 90.

8 Andreas Vogel war der Sohn des Freiberger Goldschmiedes und Wappenschneiders Severin Vogel; Schade (wie Anm. 2), S. 100, Nr. 117.

9 Dresden, Rüstkammer, Inv. Nr. H 235; Öl auf Holz, 32 x 49,5 cm; vgl. Der Silberne Boden. Kunst und Bergbau in Sachsen, hrsg. von Manfred Bachmann, Harald Marx und Eberhardt Wächtler, Stuttgart und Leipzig 1990, Nr. 307.

10 Vgl. Gustav Wustmann, Wilhelm Dilich, in: Zeitschrift für bildende Kunst 23 (1888) S. 110–116; Richard Steche, Zu Wilhelm Dilichs Tätigkeit in Sachsen, in: Zeitschrift für bildende Kunst 24 (1889) S. 316–319; Schade (wie Anm. 2), S. 32, Nr. 7–9.

11 Der Silberne Boden (wie Anm. 9), Nr. 305. Eine frühere Parallele oder sogar ein Vorbild für die sächsischen Stadt-

ansichten im Riesensaal des Dresdner Residenzschlosses gibt es im Antiquarium der Münchner Residenz. Dieser »größte profane Renaissanceraum des 16. Jahrhunderts nördlich der Alpen« entstand 1568–1571 für die herzoglich bayerische Antikensammlung und wurde 1586–1600 zur Festhalle umgestaltet. Bei diesem Umbau unter Leitung von Friedrich Sustris kam die Ausmalung hinzu: »im Gewölbescheitel Allegorien der Tugenden, in den Gewölbezwickeln Puttenpaare und in den Stichkappen und Fensterleibungen Groteskenzierate mit altbayerischen Ortsansichten.« Vgl. Residenz München. Amtlicher Führer, bearbeitet von Herbert Brunner, Gerhard Hojer und Lorenz Seelig, München 1986, S. 14.

12 Vgl. Anke Fröhlich, Landschaftskunst in Sachsen um 1800, Phil. Diss. TU Dresden 1999; Anke Fröhlich, Landschaftsmalerei in Sachsen in der zweiten Hälfte des 18. Jahrhunderts, Weimar 2002.

13 Paul Emil Richter und Christian Krollmann, Wilhelm Dilich, Federzeichnungen kursächsischer und meißnischer Ortschaften aus den Jahren 1626–1629, 3 Bde., Dresden 1907.

14 Viktor Hantzsch, Beiträge zur älteren Geschichte der kurfürstlichen Kunstkammer in Dresden, in: Neues Archiv für Sächsische Geschichte und Altertumskunde 23 (1902), S. 269 und 274.

15 Vgl. Matthäus Daniel Pöppelmann, 1662–1736. Ein Architekt des Barocks in Dresden, Ausstellungskatalog, Staatliche Kunstsammlungen Dresden, Dresden 1987, Nr. 69 (als unbekannter Künstler).

16 Hantzsch (wie Anm. 14), S. 277; Elfriede Lieber, Verzeichnis der Inventare der Staatlichen Kunstsammlungen Dresden 1568–1945, Dresden 1979, S. 14, Nr. 10.

17 Hans Christian Andersen, Reise von Leipzig nach Dresden und in die Sächsische Schweiz im Sommer 1831, zuerst erschienen 1847, Dresden 1941, S. 7.

18 Franz Grillparzer, Tagebücher und Reiseberichte, verfasst 1826, hrsg. von Klaus Geißler, Berlin 1981, S. 320.

19 Andersen (wie Anm. 17), S. 51.

20 Petra Michel, Christian Wilhelm Ernst Dietrich und die Problematik des Eklektizismus, Phil. Diss. München 1984, S. 108.

21 Johann Christian Hasche, Magazin der Sächsischen Geschichte, Dresden 1784–1790, Bd. 5, 1788, S. 150f.

22 Dresden, Gemäldegalerie Alte Meister, Gal. Nr. 2103.

23 Vgl. Harald Marx, Watteau de seconde main, »Adaption« et »Imitation«. De l'expansion du goût à la Watteau dans la Saxe du milieu du XVIIIᵉ siècle, in: Antoine Watteau. Le peintre, son temps et sa légende, Paris und Genf 1987, S. 291–300.

24 Vgl. Fritz Löffler, Bernardo Bellotto genannt Canaletto. Dresden im 18. Jahrhundert, Leipzig 1985.

25 Beschreibung einer kleinen Gemälde- und Kunst-Samm-

lung zu Dresden von G.F.W., Dresden 1812, S. 42.

26 Karl Wilhelm Daßdorf, Beschreibung der vorzüglichsten Merkwürdigkeiten der churfürstlichen Residenzstadt Dresden, Dresden 1782, S. 244f. Zu Zingg vgl. u. a. Bärbel Müller, Ein neu erworbenes Skizzenbuch Adrian Zinggs im Dresdner Kupferstich-Kabinett, in: Dresdener Kunstblätter 1 (1998), S. 24–27; Fröhlich 1999 (wie Anm. 12), S. 128–139.

27 Adrian Ludwig Richter, Lebenserinnerungen eines deutschen Malers. Mit den Tagebuchblättern und Briefen und einer Einleitung von Ferdinand Avenarius, Leipzig 1909, S. 47.

28 Auch Carl Gustav Carus sah die romantische Landschaftsmalerei nicht aus dem 18. Jahrhundert hervorgehen, sondern als Gegensatz zu einer »versumpften« Manier. Vgl. Caspar David Friedrich in Briefen und Bekenntnissen, hrsg. von Sigrid Hinz, Berlin 1968, S. 204f.

29 Hasche (wie Anm. 21), Bd. 4, 1787, S. 185.

30 Carl Gustav Carus, Lebenserinnerungen und Denkwürdigkeiten, nach der zweibändigen Originalausgabe von 1865/66, hrsg. von Elmar Jansen, Weimar 1966, Bd. 2, S. 193.

31 Friedrich Matthäy, Beschreibung der neu errichteten Sammlung vaterländischer Prospekte von Alexander Thiele und Canaletto, Dresden 1834.

32 Vgl. Die Schönsten Ansichten aus Sachsen. Johann Alexander Thiele 1685–1752. Katalog der Gemälde in der Dresdener Gemäldegalerie Alte Meister, mit einem Verzeichnis der Zeichnungen und Radierungen im Dresdner Kupferstich-Kabinett, hrsg. von Harald Marx, Dresden 2002, S. 84, 89f.

33 Rainer Maria Rilke, Werke in drei Bänden, Leipzig 1978, Bd. 2, S. 397f.

60 | Anonym | Tabatière mit Stadtsilhouette von Dresden | Meißen, um 1755
Porzellan, 3,7 x 7,8 x 6,2 cm
Porzellansammlung, Staatliche Kunstsammlungen Dresden (P.E. 1827)

61 | Anonym, gedruckt bei Gimel Bergen
Ansicht von Dresden mit Kreuzkirche, Schloss und Brücke
Dresden, um 1587
Holzschnitt, 8 x 10 cm
Sächsische Landesbibliothek – Staats- und Universitätsbibliothek
Dresden, Kartensammlung (B 1436)

Published by R. Bowyer, Pall Mall, 1814.

62 | Anonym | Dresden vom Ostragehege | Dresden, 1814
Kolorierte Lithografie, 22 x 32,2 cm | Kupferstich-Kabinett, Staatliche Kunstsammlungen Dresden (Sax.top I 4, 26 A 1953-263)

Katrin Gemser

63 | Anonym | Prospect der Churfürstlichen Residenzstadt Dresden
Deutschland, um 1760 | Radierung, 14,3 x 25 cm
Kupferstich-Kabinett, Staatliche Kunstsammlungen Dresden (Sax.top I, 4, 1 A 131403)

64 | F.W. Hörnlein
Ehrendenkmünze der Landeshauptstadt
Dresden, 1944 | Kupfer, Dm. 7,2 cm
Münzkabinett,
Staatliche Kunstsammlungen Dresden
(90 / 713)

Die Kuppel der Frauenkirche in der Kunst

Die durch George Bähr geschaffene Frauenkirche ist das markanteste Bauwerk in der Dresdner Stadtsilhouette, ihre Kuppel steht einmalig da. Sie wurde zum Erkennungszeichen für Dresden und zu einem der bedeutendsten Kuppelbauten Europas.

Die berühmten Gemälde und Stiche von Bernardo Bellotto, genannt Canaletto, zeigen die Kuppel der Frauenkirche fast fotografisch präzise (Abb. 57 und 58, S. 74, 75). Christian Wilhelm Ernst Dietrich, Zeitgenosse Bellottos und ebenfalls Hofmaler, hatte seinen »Blick auf Dresden« 1735 ungefähr aus der gleichen Perspektive ein Jahrzehnt früher gemalt (Abb. 55, S. 71). Dietrichs Frauenkirche ist vermutlich eine der frühesten Darstellungen des Bauwerks von George Bähr und zeigt es fast in gotischer Manier. Die Kuppel wird durch die filigranen Türmchen verdeckt, und das Gotteshaus wird beinahe zur gotischen Kathedrale. Da die Kirche 1735 noch nicht vollendet war, konnte sich Dietrich vielleicht diesen Kuppelbau noch gar nicht vorstellen. Oder der Hofmaler hat mehr Gewicht auf die Darstellung des Schlosses und anderer Eigenheiten der Residenzstadt gelegt.

Knapp 100 Jahre später vollzog sich bei Carl Gustav Carus' Darstellung eine Wandlung. In seinem Gemälde »Kahnfahrt auf der Elbe« von 1827 dominiert die Kuppel (Abb. 15, S. 24). Die Frauenkirche scheint hier von einer Kuppel nach dem Vorbild des Florentiner Domes Santa Maria del Fiore bekrönt zu sein. Gleichfalls erinnert die Atmosphäre der Kahnfahrt an Venedig, und so könnte die Kuppel auch auf die venezianische Kirche Santa Maria della Salute verweisen. Carus verknüpfte hier in fast spielerischer Weise Architektur und Stimmung: Dadurch entsteht die Impression eines erlebbaren Bildes.

Anders als in der Malerei zeigen sich in der Druckgrafik unterschiedliche und zum Teil kuriose Darstellungen der Kuppel. Einige Stiche, Radierungen und Lithografien des 18. und 19. Jahrhunderts lassen den Dresdner Sakralbau als Schildkröte, als Glocke oder als missglücktes Bauwerk erscheinen (Abb. 62 und 63). Die bildliche Erfassung der einzigartigen Kuppel war für Künstler über die Jahrhunderte hinweg immer wieder eine Herausforderung.

65 | JOHAN CHRISTIAN CLAUSEN DAHL | Blick auf Dresden bei Vollmond | Dresden, 1839
Öl auf Leinwand, 78 x 130 cm | Galerie Neue Meister, Staatliche Kunstsammlungen Dresden (Gal. Nr. 2206 D)

Romantische Verfremdung und malerische Erscheinung

66 | ADRIAN ZINGG
Dresden vom Pieschner Winkel gesehen | Dresden, um 1800
Radierung, Sepia getönt, 32 x 46,5 cm
Museen der Stadt Dresden,
Städtische Galerie Dresden, Kunstsammlung (1978/k 204)

Die schlichte Zeichnung, das Sepiablatt und der zuweilen kolorierte Landschaftsstich traten in den Zeiten des nachaugusteischen Retablissements in Sachsen die Nachfolge der gemalten, höfisch-repräsentativen Stadt- und Landschaftsvedute an. Künstler wie Adrian Zingg, Johann Phillipp Veith, Carl August Richter und sein Sohn Ludwig arbeiteten für den wachsenden Bedarf des Bürgertums und der vielen Dresdenbesucher an der bildlichen Fixierung der schönsten Blicke dieses Elbtals.

Vor allem die Ansichten des geschäftstüchtigen Schweizers Zingg (1734–1816) wurden geschätzt, weil »alles klar und mit dem hellsten Sonnenschein beleuchtet daliegt [...], obgleich von einer tieferen Bedeutung der Landschaft bei ihm keine Ahnung ist« – wie man im Brockhaus-Lexikon von 1855 lesen kann (Abb. 66).

Der Schreiber jener Zeilen mag dabei an den großen Wahldresdner Caspar David Friedrich (1774–1840) gedacht haben, der anfangs von Zingg einiges gelernt hatte, aber dabei nicht stehen blieb, sondern der Landschaft jene »tiefere Bedeutung« gab, die ihr letztlich den Rang des Romantischen verlieh. Jedoch den »romantischen Blick« auf Dresden gibt es nicht. Es sei denn, man versteht »romantisch« im Sinne jenes umgangssprachlichen Gebrauchs, dessen sich auch die Touristikwerbung gern bedient, um bestimmte pittoreske, »stimmungsvolle« Ansichten hervorzuheben.

Die unter der Bezeichnung »Romantiker« zusammengefassten Maler des frühen 19. Jahrhunderts indessen haben die Stadt auf sehr unterschiedliche Weise wahrgenommen und wiedergegeben.

Der eigentliche und im Grunde alleinige Exponent der romantischen Landschaftsmalerei im engeren Sinne, Caspar David Friedrich, hat Dresden als Architekturmotiv nie gemalt. Er war kein Darsteller von Sehenswürdigkeiten. In wenigen Fällen nur hat er die Türme der Stadtsilhouette als Bildelement in größere landschaftliche Zusammenhänge einbezogen, stets in der Ferne, am Horizont aufsteigend wie eine visionäre Erscheinung. Dann aber war damit stets mehr und etwas ganz anderes gemeint als vedutenhafte Abbildlichkeit. Denn der »romantische Blick« – wenn wir den Ausdruck schon als Begriff verwenden wollen – will nichts Äußerliches wiedergeben, sondern er ist ein Blick der inneren Sicht. »Schließe dein leibliches Auge«, so schrieb Friedrich einmal, »damit du mit dem geistigen Auge zuerst siehest dein Bild. Dann fördere zutage, was Du im Dunkeln gesehen, daß es zurückwirke auf andere von außen nach innen.«[1] Jene wenigen seiner Bilder, auf denen Teile der Dresdner Stadtsilhouette erkennbar sind, unterscheiden sich indessen deutlich von seinen norddeutschen Stadtdarstellungen, die mit ihren spitztürmigen Kirchen viel besser als das barocke Dresden den Typus der für Friedrichs Geschichtsauffassung relevanten gotischen Bürgerstadt verkörpern.

Schon der Titel eines dieser Dresdner Gemälde, »Hügel mit Bruchacker bei Dresden«[2] verrät die bloß marginale Funktion der Stadt, die hinter einer sie verdeckenden Anhöhe liegt. Das Bild ist alles andere als eine Verherrlichung, es ist vielmehr eine demonstrative Absage an die Pracht des augusteischen Dresdens. Die Trauer eines nebligen Spätherbsttages gibt den emotionalen Grundakkord. Der umgepflügte Acker mit den tief fliegenden Krähen spricht von Vergänglichkeit und Todesnähe. Doch die hinter dem Hügel und dem Sperrgitter der kahlen Bäume mit ihren Türmen mehr geahnte als gezeigte Stadt, zu der kein Weg hinführt, gehört der hellen Zone des Hintergrundes und des Himmels an. Sie ist damit wohl eher als Jenseitsvision zu deuten, deren vielleicht religiöser Sinngehalt sich verbaler Festlegung entzieht. Entsprechend der Abfolge der Türme und Kuppeln hinter dem Rand des Hügels – Kreuzkirche, Frauenkirche, Schlossturm und Hofkirche – handelt es sich um einen Blick von Osten auf die Stadt. Vermutlich lag dem Bild eine heute verschollene Naturstudie der topografischen Situation zugrunde.

Der Geschmack des Barock war um 1800 völlig außer Mode und in Verruf, während die Romantiker den mittelalterlichen Baustil der Gotik wiederentdeckten. Die Vorliebe für gotische Vertikalität konnte Friedrich sogar zu einer virtuellen »Gotisierung« der Dresdner Stadtsilhouette verführen, wie in seiner Himmelsstudie »Abend« von 1824 (Abb. 67).

Offenbar noch früher aber hat das Friedrichs Schüler und Freund Carl Gustav Carus (1789–1869) in dem 1822 entstandenen Gemälde »Der Blick auf Dresden bei Sonnenuntergang« (Abb. 68) getan. Er malte die Stadt vor farbig glühendem Abendhimmel, in dessen Anblick ein der Bildtiefe zugewandtes Paar versunken ist. Aus dem Vordergrund führt einladend ein Weg auf die im Tal liegende Stadt zu, die er frei fantasierend in eine solche mittelalterlichen Aussehens verwandelte. Die vielen gotisch hochschießenden Türme überragen die kaum wahrnehmbare, formal reduzierte Frauenkirchenkup-

pel. Der Turm der links davon liegenden spätbarocken katholischen Hofkirche wurde absichtlich verschlankt und verfremdet.

Das Bildchen entstand in der Zeit der intensivsten Bindung des Arztes und Künstlers an Caspar David Friedrich. So sind Korrespondenzen der beiden Schauenden etwa zu gleichzeitigen »Rückenfiguren« in Friedrichs Werk gewiss kein Zufall. Im Gegensatz zu jenem aber interessierte Carus die Stadt als optisches Phänomen. Er malte sie in ihrem urbanen Zusammenhang in kleinformatigen Ölstudien. Aber auch einzelne Bauten wie Zwinger, Hofkirche und Frauenkirche in unterschiedlichen Lichtstimmungen erregten seine bildnerische Neugier.

Der durchaus ambivalente Begriff der »Stimmung« war gerade den frühen Romantikern bedeutsam. Sie verstanden ihn im Sinne von innerer Gestimmtheit. Als etwas ganz anderes wurde »Stimmung« erlebt von den Malern der sinnlich erlebbaren Realität, nämlich als sich ständig veränderndes Erscheinungsbild der Dinge in Farbe und Licht. So malte Friedrichs Freund und Hausgenosse Johan Christian Clausen Dahl (1788–1857) 1839 Bernardo Bellottos berühmtes Dresden-Motiv vom Neustädter Ufer aus als Nachtstück für den aus der Residenzstadt scheidenden österreichischen Gesandten Graf Colloredo (Abb. 65). Aber das auf den ersten Blick so romantisch erscheinende Dresdenbild ist im Grunde eine akribisch durchgezeichnete und topografisch genaue Stadtvedute, Bellotto näher als Friedrich. Da erkennt man exakt die Bauten auf der Brühlschen Terrasse: gerade über der einsam schauenden Gestalt am Ufer das Brühlsche Palais, links gefolgt von der Brühlschen Bibliothek und der Brühlschen Gemäldegalerie. Nach rechts erscheint im Hintergrund der Turm der Kreuzkirche, weiter vorn am Ufer aber der Gebäudekomplex von Schloss und katholischer Hofkirche. Über allem zeichnet die Frauenkirche ihren schönen Umriss vor den vom Mondlicht erhellten Abendhimmel.[3] Die Dunkelheit, die alles in weiche Schattentöne hüllt, und dieser Wolkenhimmel, der sich im Wasser des Stromes spiegelt, verleihen dem ansonsten nüchternen und durchaus belebten Stadtpanorama die abendliche Stimmung, die aus genauer Beobachtung der farblichen und atmosphärischen Phänomene resultiert.

Dahl war ein guter und einfühlsamer Beobachter solcher Stimmungen, die sich mit den Tages- und Jahreszeiten veränderten. Der Norweger, der bisher hauptsächlich die wilden Gebirgslandschaften seiner Heimat gemalt hatte, entdeckte in der gezähmten Kulturlandschaft des Dresdner

67 | Caspar David Friedrich | Abend October 1824 | Deutschland, 1824
Öl auf Leinwand, 20,8 x 24,7 cm
Privatbesitz

68 | Carl Gustav Carus | Blick auf Dresden bei Sonnenuntergang | Dresden, 1822
Öl auf Leinwand, 22 x 30,5 cm
Kunstsammlungen Chemnitz (211)

Elbtales ein potentielles Arsenal an dramatischen Motiven: den Himmel über der Stadt. Von seinem hochgelegenen Atelier im Haus »An der Elbe«, Nummer 33 konnte er ihn täglich beobachten. Seine Wolkenstudien entstanden aus Freude an bisher so nicht wahrgenommenen Kombinationen von Formen, Farben und Licht. Oft zeigt sich in einem schmalen Streifen am unteren Bildrand ein Stück Architektur, die Brücke oder das Flussufer. Es scheint, als würden diese besonderen abendlichen Stimmungen gegen Westen über dem Strom mit ihren faszinierenden Farbspielen untrennbar zur Aura dieser Stadt gehören. Einer ähnlichen Absicht folgt Dahls Kohle-Studie »Türme im Mondlicht«, die gelegentlich auch Carus zugeschrieben wird (Abb. 70). Sie entspricht im Aufbau dem Prinzip seiner gemalten Himmelsstudien. Der Blick aus westlicher Richtung, vielleicht vom Zwingerwall her gesehen, lässt die zur Tiefe gestaffelten Bauten von Hofkirche, Frauenkirche und Schlossturm zusammen mit der Vegetation des Vordergrundes als dunkle Flächenfigur erscheinen. Genau über der Frauenkirche zeigt sich der Vollmond zwischen zerrissenen Wolken. Der große Raum, den der nächtliche Himmel einnimmt, lässt darauf schließen, dass es dem Künstler vorrangig um eben diesen ging. Die malerische Wirkung wird erzielt durch flächenschaffende Strichlagen auf blaugrau getöntem Papier.

Carus' »Kahnfahrt auf der Elbe« von 1827 (Abb. 15, S. 24) mit der jungen Dame als Passagierin erscheint als eine liebenswürdige Genreszene von biedermeierlicher Harmlosigkeit. Der Blick aus dem Dunkeln einer Bootsüberdachung auf den Strom und Dresden kann als eine Variante des in der Romantik beliebten Fensterblick-Motivs gelten (Abb. 78). In seiner Grunddisposition erinnert das Bild indessen an Friedrichs Gemälde »Auf dem Segler« (1818/19),[4] wo ein Boot auf eine an ferner Küste auftauchenden Stadt zufährt. Ein Mann und eine Frau erscheinen als Rückenfiguren am Bug des Schiffes und schauen gebannt der vieltürmigen Erscheinung entgegen. Friedrichs Zeichensprache zielt auf eine transzendierende Aussage. In Carus' Flussfahrt aber vollzieht sich das reiz- und spannungsvolle Erlebnis einer Annäherung an die Stadt, die im Zauber der Morgenstunde aus dem Dunst der Ferne auftaucht. Das ist ein ganz und gar diesseitiges Ereignis. Der Blick wird aus dem Dunklen und Engen ins Helle und Weite gelenkt, und die beiden Rückenfiguren – die junge Dame und der Bootsführer – sind ganz und gar gegenwärtig.

Von den Schülern Dahls hat sich Christian Friedrich Gille (1805–99) in seinen kleinen, durchaus bildhaften Ölstudien am weitesten von den Prämissen romantischer Kunstauffassung entfernt. Sein 1835/40 entstandenes

Gemälde »Altstädter Ufer in Dresden« (Abb. 69) gibt den Blick auf die Stadt aus der Gegend des ehemaligen Ausschiffungsplatzes am Ufer der Pirnaischen Vorstadt frei. Zu der Zeit, da Friedrich seine letzten Werke schuf, malte Gille die berühmte Stadtansicht mit der Elbfront als groß gesehene Einheit mit den Augen des malerisch empfindenden Realisten. Mit breitem Pinsel, jedoch keineswegs pastos, trug er die Farbe auf dem ungewöhnlichen Papiergrund auf. Von der im Schatten liegenden Stadtsilhouette mit ihren markanten Wahrzeichen Frauenkirche, Schlossturm und Hofkirche und ihre Spiegelung im Wasser hebt sich das flache Dreieck des sonnenbeschienenen Ufers mit der Häuserzeile »An der Elbe« ab, wo in der Nummer 33 Dahl und Friedrich wohnten.

69 | CHRISTIAN FRIEDRICH GILLE
Altstädter Ufer | Dresden, um 1835/40
Öl auf Pappe, 23,3 x 32,8 cm
Städtische Sammlungen Freital (K/V/63/639)

70 | JOHAN CHRISTIAN CLAUSEN DAHL
(ZUGESCHRIEBEN)
Türme im Mondlicht | Dresden, um 1850
Kohle, Kreide, 28,5 x 41,8 cm
Kupferstich-Kabinett,
Staatliche Kunstsammlungen Dresden
(C 1960-131)

71 | KARL FRIEDRICH SCHINKEL
Fernblick auf Dresden
Deutschland, nach 1803
Aquarellierte Zeichnung,
29,2 x 30,3 cm
Staatliche Museen zu Berlin,
Kupferstichkabinett (SM 1b / 17)

72 | Christian Friedrich Gille
Erntearbeiter vor Dresden
Dresden, 1866
Öl auf Pappe, 26,5 x 39 cm
Galerie Neue Meister,
Staatliche Kunstsammlungen
Dresden (Gal. Nr. 2233 L)

Im Gemälde »Erntearbeiter vor Dresden« von 1866 (Abb. 72) hat Gille die zum Impressionismus tendierende Formauflösung noch weiter getrieben. Vom hochgelegenen Dorf Strehlen aus geht der Blick weit über das besiedelte, baumreiche Elbtal. Vor den in Dunst gehüllten Höhen blitzt hier und da der Elbstrom herüber. Die Stadt, mit flüchtigen Pinseltupfern angedeutet, erscheint nur wie beiläufig in der Ferne. Mächtig treibende Wolkentürme zeichnen Schattenteppiche und Lichtbahnen über die Felder, auf denen im Vordergrund Menschen mit Erntearbeiten beschäftigt sind.

Mit einer vergleichbaren, wenngleich weniger rigorosen malerischen Haltung überrascht eine »Ansicht von Dresden« (Abb. 73) des 1839 aus Düsseldorf zugezogenen Malers Theobald von Oer (1807–85). Der später als modischer Historienmaler bekannt gewordene Künstler zeigte einen Blick auf die Stadt vom rechten Elbufer aus der Gegend oberhalb der Prießnitz-Mündung. Der Weg, begleitet von der Gartenmauer, und der ruhig fließende

Strom ziehen den Blick in die Tiefe, wo sich die Stadt mit ihrer Frauenkirche als Ziel den wandernden Gedanken darbietet.

Die aber haben im Mittelgrund schon ein Nahziel: das reizende klassizistische Cosel-Schlösschen inmitten seiner Parkbäume, das 1945 durch Bomben zerstört wurde. Das Bild mit seinen frischen Farben und liebenswürdigen Details im Vordergrund darf als eine biedermeierliche getreue Wiedergabe einer beobachteten Situation gelten.

Von Oer und andere aus Düsseldorf an die Elbe gekommene Künstler haben in den Jahren um 1840 eine im Vergleich zum hiesigen trockenen Akademiestil wirklichkeitsnähere und mehr malerische Arbeitsweise in die Ausbildung der Kunstschüler eingebracht.

Noch weit elbaufwärts wird von den Hängen über dem Strom immer wieder die ferne Stadt sichtbar. Ein Gemälde von Franz Wilhelm Leuteritz (1817–1902) »Blick auf die Albrechtsschlösser« (Abb. 75) zeigt eine Aussicht

73 | Theobald Oer | Ansicht von Dresden | Deutschland, 1840
Öl auf Leinwand, 37 x 56,7 cm
Museum für Kunst und Kulturgeschichte der Stadt Dortmund (C 5271)

74 | Christian Friedrich Gille
Gondelhafen | Dresden, um 1856
Bleistift, 12,2 x 17,2 cm
Kupferstich-Kabinett,
Staatliche Kunstsammlungen Dresden,
Sammlung Bienert,
im Landesamt für Denkmalpflege Sachsen
(M11 K16 B78)
Siehe auch Abb. 80, S. 93

von den Loschwitzer Höhen, wo sich der wohlhabende Goldschmied und Hofjuwelier Johann Melchior Dinglinger im 18. Jahrhundert ein Weingut gekauft hatte. »Dinglingers Weinberg« heißt bis heute der Ort mit dem kleinen, oktogonalen Weinberghäuschen, von wo aus der lange Zeit unbekannte »Sonntagsmaler« diesen reizvollen Blick festhielt. Dresden erscheint ganz klein im Dunst der Ferne. Hauptmotiv aber sind die drei sich optisch überschneidenden Schlösser, die hier in den 1850er Jahren errichtet worden sind. Bauherren waren der Prinz Albrecht von Preußen und sein Hofmarschall von Stockhausen. Das am nahesten liegende der drei Bauwerke, heute als Schloss Eckberg bekannt, ließ sich um 1860 der englische Kaufmann Souchay im Tudorstil erbauen.

Typisch für den Laienmaler ist die liebenswerte Naivität, mit der Leuteritz alle Dinge, aber besonders die des Ambientes im Vordergrund schilderte. Es dürfte nicht ganz abwegig sein, bei der ländlichen Staffage Einflüsse des berühmten Zeitgenossen Ludwig Richter zu vermuten.

Mehr als eine sachlich den Befund wiedergebende Vedute ist Leuteritz' 1865 gemalter »Blick vom Quandtschen Garten« (Abb. 76). Er malte ihn, die weite Sicht genießend, vom Fenster des dahinterliegenden Hauses mit ähnlicher Treue zu den Einzelheiten, die schon Bernardo Bellottos Dresden-Bilder ausgezeichnet hatte. In einer Zeit, in der gerade die Fotografie erfunden worden war, gewinnt solcher Detailfanatismus etwas Bekenntnishaftes. Und Leuteritz gab sich nicht mit der Architektur zufrieden, sondern schilderte liebevoll im Vordergrund jenes kleine, biedermeierliche Garten-Elysium, das der stadtbekannte Kunstgelehrte, Sammler und Mäzen Johann Gottlob von Quandt hier für sich und die Seinen geschaffen hatte. Der Maler konnte wie Jean Pauls Luftschiffer Giannozzo in die intime Familienidylle von oben hineinschauen und die Kaffeegäste vor dem Gartenhäuschen ungeniert mit konterfeien.

Kaum zu glauben, dass einer der berühmtesten Schilderer Dresdens, Adolph Menzel (1815–1905), gleichen Alters war wie Leuteritz. Der große Fa-

77 | ADOLPH MENZEL
Blick auf die Frauenkirche in Dresden
Dresden, 1883
Bleistift, 32,4 x 24,3 cm
Museum der bildenden Künste Leipzig
(Inv. Nr. I 4464)
Nicht in der Ausstellung

natiker der visuellen Wirklichkeit aus Preußen weilte zwischen 1840 und
1885 auf mehreren Reisen in der sächsischen Residenzstadt und schwelgte
mit seinem Zeichenstift in den Architektursensationen des neu entdeckten
Barockstils. Vor allem dem Zwinger, dem Schloss mit der Hofkirche und
der Frauenkirche galt sein Interesse. Seine dichte Zeichnung des Blicks von
der Brühlschen Terrasse in die Münzgasse betont – schon impressionistisch
kühn – das Ausschnitthafte der Komposition, das Spiel von Licht und Schatten auf den Hausfassaden und das Flüchtig-Verwischte in der Schilderung
des Lebens in der Gasse (Abb. 77). Überzeugend gelang ihm die Umsetzung
des formen- und nuancenreichen Motivs in die geschlossene und vollkom-
mene grafische Gestalt. Allerdings ist kein Bild der Dresdner Stadtsilhouette
von ihm überliefert.

Anmerkungen

1   Sigrid Hinz, Caspar David Friedrich in Briefen und Bekennt-
    nissen, Berlin 1984, S. 92.
2   Caspar David Friedrich, Hügel mit Bruchacker bei Dresden,
    um 1824. Öl auf Leinwand, 22,2 x 30,5 cm, Hamburger
    Kunsthalle (Inv. Nr. 1055).
3   Zum Motiv der nächtlichen Frauenkirche bei Dahl vgl.
    Karl-Ludwig Hoch, Kuppel im Mondlicht. Johan Christian
    Dahl und die Dresdner Frauenkirche, in: Die Dresdner Frau-
    enkirche. Jahrbuch zu ihrer Geschichte und zu ihrem ar-
    chäologischen Wiederaufbau, Bd. 8, Weimar 2002, S. 199–
    204.
4   Caspar David Friedrich, Auf dem Segler (1818/19), Öl auf
    Leinwand, 71 x 56 cm, St. Petersburg, Staatliche Ermitage.

78 | Carl Robert Croll | Blick durch ein Bogenfenster | Dresden, um 1830
Bleistift, 16,6 x 24,1 cm
Kupferstich-Kabinett, Staatliche Kunstsammlungen Dresden (C 1949-238)

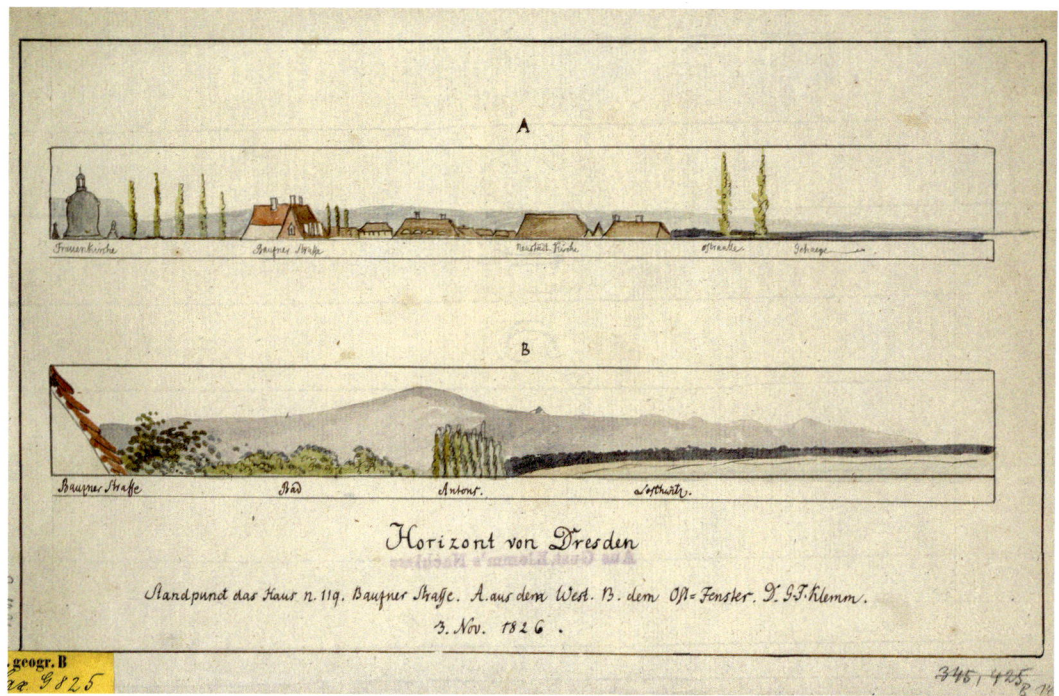

79 | Gustav Friedrich Klemm
Der Horizont von Dresden | Dresden, 3. Nov. 1826
Lavierte Federzeichnung, 21,3 x 25,3 cm
Sächsische Landesbibliothek –
Staats- und Universitätsbibliothek Dresden,
Kartensammlung (B 1481)

92

80 | Anonym | Zwölf verschiedene Ansichten der Brühlschen Terrasse und des Belvedere von verschiedenen Künstlern | Deutschland, 19. Jahrhundert, 50 x 70 cm
Kupferstich-Kabinett, Staatliche Kunstsammlungen Dresden, Sammlung Bienert, im Landesamt für Denkmalpflege Sachsen (M11 K16)

Die Sammlung der Familie Bienert ist nach topografischen und motivischen Gesichtspunkten angelegt.
Unabhängig von Entstehungszeit und Technik sind die Ansichten von Dresdner Orten und Bauwerken auf große Kartons geklebt. In der Mitte ist als drittes Bild von oben eine Bleistiftzeichnung von Gille zu finden. Siehe auch Abb. 74, S. 89

Vue de Dresde prise de la route de Bautzen.

81 | Anonym | Vue de Dresde prise de la route de Bautzen | Deutschland, um 1810
Kolorierte Radierung, 29,2 x 41 cm | Kupferstich-Kabinett, Staatliche Kunstsammlungen Dresden (Sax.top I 7, 10 A 131480)

Anna Greve

Der Mythos Dresden zwischen Kutsche und Eisenbahn
Die Stadt im Spiegel der Reiseliteratur des 18. und 19. Jahrhunderts

»Möge doch jedweder Bewohner Deutschlands, der es irgend möglich machen kann, mindestens einmal nach Dresden reisen!«[1]   (Kosegarten 1801)

»Man sollte Dresden in einen Aschenhaufen verwandeln, und ihm dann Denkmäler setzen, denn die ganze Stadt ist gemacht zu einer trivialen Gegenwart und einer schönen Erinnerung.«[2]   (Meynert 1833)

Zwischen den überschwänglichen Lobpreisungen eines Christian Kosegarten und der bitteren Ironie eines Hermann Meynert bewegen sich die literarischen Äußerungen über Dresden im 18. und 19. Jahrhundert. Seit dem 16. Jahrhundert war die Stadt in ihrer bildlichen wie schriftlichen Beschreibung in erster Linie durch die Gebäudekonstellation von Befestigungsanlage, Schloss, Brücke und den wichtigsten Kirchen definiert worden (siehe den Beitrag von Gemser/Link). Detaillierte Beschreibungen der verschiedenen Kunstsammlungen in der Stadt nahmen in den Stadtbeschreibungen einen immer größer werdenden Raum ein. Bis 1734 – dem Jahr der provisorischen Fertigstellung der neuen Frauenkirche – war der Kanon von Befestigungsanlage, Stadttoren, Brücke, Schloss mitsamt seiner Ausstattung, Kirchen, Gemäldegalerie, Rüstkammer, Zwinger mit seinen Sammlungen, Japanischem Palais, Theater und Gärten fester Bestandteil der Reiseliteratur zu Dresden.[3] Wenig später kam das Brühlsche Palais mit Galerie und Garten hinzu. Es fällt auf, dass zwischen 1735 und 1835 eine Fülle an sehr subjektiven Texten – häufig in Briefform – entstanden, die ein besonderes Augenmerk auf die landschaftliche Lage Dresdens legen. Diese Texte werden als sozialkritische Reiseberichte bezeichnet, die sich bereits durch die gewählte Form einen inoffiziellen Charakter geben und das Schwergewicht auf die Unmittelbarkeit der Erfahrung legen.[4] Diese Definition ließe sich weiter fassen. Denn die ausführlichen Beschreibungen des Sozialgefüges der Stadt und des Charakters »der« Dresdner gehen einher mit langen Schilderungen der Empfindungen des Schreibenden angesichts der Natur, bzw. beide Themen – Kultur und Natur – werden auf individuelle Art miteinander verschränkt. Angesichts der zahlreichen Dresdenbeschreibungen stellt der persönliche Reisebericht die Rechtfertigung für ein neues Dresden-Buch dar. Wurde die

Lage Dresdens vormals meist mit der geografischen Koordinate (51 Grad 03 Minuten 15 Sekunden nördlicher Breite) und der Angabe, die Stadt befinde sich im Elbtal, abgehandelt, so bemühen sich die Verfasser nun, ihre Gefühle angesichts des ersten Blicks auf Dresden bei der Anreise möglichst eindringlich zu schildern. Wie in der Malerei tritt das Zusammenspiel von Natur und Kultur ins Bewusstsein der Literaten (siehe den Beitrag von Marx). Das gesteigerte Bedürfnis nach unmittelbaren Naturerlebnissen schlägt sich in der Auflistung obligatorischer Ausflugsziele in der Dresdner Umgebung nieder: Linckesches Bad, Findlaters Weinberg, Pillnitz, Tharant, Plauenscher Grund und Sächsische Schweiz mit Königs- und Lilienstein.

Noch um 1800 war das Reitpferd das schnellste Beförderungsmittel, auch wenn sich die seit 1683 regelmäßig verkehrenden Postkutschen immer mehr etablierten.[5] Fast alle Reisenden beklagten die Unbequemlichkeit der Kutschen,[6] dennoch ermöglichte das einigermaßen ruhige Dahinrollen der von einem Kutscher gelenkten Wagen eine neue Wahrnehmung der Landschaft bei der Einreise in eine Stadt. Die Reise wird in dieser Zeit zu einem eigenständigen Erlebnis, sie ist nicht mehr nur der Weg zum Zielort. Die Zweckgemeinschaft der Postreisenden, Gespräche mit dem Kutscher und der Wechsel der Pferde etwa werden zu Bestandteilen der Reisebeschreibungen. Insofern ist die veränderte Reisetechnik für die romantische Wahrnehmung der Natur (siehe den Beitrag von Neidhardt) sicherlich nicht zu unterschätzen.

Im Folgenden soll die Konstruktion des Mythos Dresden in der Reiseliteratur des 18. und 19. Jahrhunderts und dessen bildliche Umsetzung mittels grafischer Reproduktionen wie Kupferstichen, Radierungen, Lithografien, Stahlstichen und Ansichtskarten nachvollzogen werden.

Wer reiste? Warum reiste man? Weshalb berichtete man davon?

Die hier thematisierten Texte geben als Reisende häufig junge Männer in Begleitung eines Freundes vor, die zur Erholung nach einer langen Krankheit, zur Bildung und zum Knüpfen gesellschaftlicher Kontakte oder schlicht aus Freude am Reisen aufbrechen. Der Frage, inwiefern dies ein feststehender literarischer Topos ist, soll an dieser Stelle nicht nachgegangen werden. Auch wenn Reisetagebücher als Textgrundlage angegeben werden, so formulieren die Vorreden doch deutlich den Anspruch, für den freien Buch-

markt verfasst zu sein: »Weil nun angeführter maßen viele ihre Vergnügungen darin suchen/ und das Geld lieber vor geschwärzt Papier als die Postpferde ausgeben/ habe ich [...] gegenwärtige Reisebeschreibung verfertiget.«[7] Erschlossen die großformatigen, reich illustrierten Foliobände der Städtebücher den Herrschenden im 16. und 17. Jahrhundert ganze Territorien,[8] so sind die kleinformatigen Reisebeschreibungen im 18. und 19. Jahrhundert dazu geeignet, mit auf die Reise genommen zu werden, um das Auge angesichts fremder Erfahrungen für das eigene Erleben zu schärfen. Allerdings dienen auch sie weiterhin als Reiseersatz, nun für weniger begüterte Schichten. Die Ferne wird verstärkt über die Lektüre vermittelt, die kostenintensiven Illustrationen treten zurück bzw. es wird auf bekannte Kupferstiche und Gemälde verwiesen. In der oben zitierten Reisebeschreibung des Herrn Androphilius werden die potentiellen Käufer charakterisiert: »[Es] sind ihrer viele die nicht drey Schritte hinter den Backofen zu gehen sich getrauen [...] [die] sich mit Durchlesen verschiedener Bücher die Zeit vertreiben.« Alle Autoren legen größten Wert auf die Authentizität ihrer Beschreibung, um sich von jenen Verfassern abzugrenzen, die »nicht mit dem Fuße aus dem Pantoffel kommen, auser wenn sie einmal ein schöner Wintertag hinter dem Ofen hervor und nahe am Thore auf den Stuhlschlitten lokt – und dadurch eine neue Idee zu einer Reisebeschreibung von Grönland [...] in ihnen erweckt!«[9]

Reiseerfahrung und -wissen ist ein fester Bestandteil der Kommunikation innerhalb des Adels und des gehobenen Bürgertums.[10] Einerseits wird der übliche Kanon auf der Reise »abgearbeitet«, andererseits wird die Begegnung mit der Landschaft oder auch einem einzelnen Gemälde, etwa in der Dresdner Gemäldegalerie, als individuelles Erlebnis geschildert. Wer nicht selber reist, liest Reisebeschreibungen, um mitreden zu können.

Der erste Blick auf Dresden

Bis zum Schleifen der Befestigungsanlagen im 19. Jahrhundert war die Residenzstadt Dresden durch fünf Stadttore zugänglich, die im Laufe der Zeit unterschiedliche Namen trugen: von Nordwesten in die Neustadt aus Richtung Leipzig und Meißen durch das Weiße Tor (am heutigen Palaisplatz) und von Norden aus Berlin oder den nordöstlich gelegenen Städten Görlitz, Bautzen und Bischofswerda kommend durch das Schwarze Tor (am heuti-

82 | Anonym
Ansicht von Dresden aus dem Gehege | Dresden, um 1820
Kolorierte Radierung, 38,7 x 52,2 cm
Kupferstich-Kabinett,
Staatliche Kunstsammlungen Dresden (Sax.top I 4, 53 A 131450)

gen Albertplatz), von Osten über Pillnitz oder Südosten über Pirna reisend durch das Pirnaische Tor (am heutigen Pirnaischen Platz) und von Südwesten aus Freiberg über Kesselsdorf und Wilsdruff kommend durch das Wilsche Tor (an der heutigen Kesselsdorfer Straße). Zu dem südlich gelegenen Seetor aus Richtung Prag führte keine direkte Straße.[11]

Da der heutige Auto- und Bahnfahrer kaum mehr als einige Sekunden dem Blick auf Dresden widmen kann, vermitteln die folgenden Passagen exemplarisch erste Eindrücke von der Stadt aus verschiedenen Himmelsrichtungen, die heute im kollektiven Gedächtnis der Dresdner präsent sind, allerdings hauptsächlich durch Gemälde, Grafik und Ansichtskarten vermittelt und nicht selber erlebt. Johann Christian Friedrich Gutsmuths kommt vor 1799 auf der am meisten frequentierten nordwestlichen Route von Leipzig und Meißen: »Wenn man von Meißen her [kommt] ... Ist es doch, als wenn der Wanderer sich mit einer Art von Heimweh in jenes Paradies zurücksehnet. Die Elbe verschwindet, denn der Weg läuft davon ab. Genieß hier, wie es oft im menschlichen Leben so wohltätig ist, der schönen Vergangenheit im stillen. Bald rollt der Wagen bei einem Dorfe nahe von Dresden hinter den Bäumen hervor, und zeigt dir eine glänzende Zukunft. Sieh, da liegt der Strom wieder vor dir im breiten glatten Spiegel, und am jenseitigen Rande

stellt sich das prächtige Dresden von seiner prachtvollsten Seite unerwartet deinem Blicke dar. Die stolze Brücke lagert sich über dem Riesenstrom, die geschmackvolle katholische Kirche und die Garten-Paläste des großen sächsischen Verschwenders Brühls erheben sich zunächst am jenseitigen Ufer; hinter ihnen ragen der Thurm des Schlosses und der Kreuzkirche, so wie die schöne Kuppel der Frauenkirche über dem Gedränge der großen Privatgebäude hervor. Herrlich schimmern die Copien halbverloschen im Wasserspiegel. Sieh da ein Doppelmeisterstück! Natur und Kunst trugen es auf die rohe Tafel!«[12] Hat der Reisende das Weiße Tor passiert, bietet sich ihm vom Elbufer aus dem Garten des Japanischen Palais jene Ansicht auf die Altstadt, die als »Canaletto-Blick« berühmt wurde (Abb. 58, S. 75). Unzählige Male wurde sie in der Grafik (Abb. 82), auf Dresdner »Produkten« (Abb. 84) und kunstgewerblichen Gegenständen wie Kaffeekannen (Abb. 86), Wandtellern (Abb. 83) und Medaillen (Abb. 85) reproduziert.

Auf seinem zu jedem Besuch in Dresden gehörenden Ausflug nach Pillnitz beschreibt Gutsmuths den Blick auf Dresden aus der entgegengesetzten Richtung – aus Südosten – vom Borsberg aus: »Welch eine göttliche Aussicht bietet sich deinem Blick dar. Ein unermeßliches Land liegt wie eine Karte vor dir ausgebreitet. Links, elbaufwärts ragen in blauer Ferne die Böhmi-

84 | ANONYM | Handwerkskundschaft | Dresden, um 1805
Stahlstich, 35,3 x 44 cm
Sächsisches Hauptstaatsarchiv Dresden (13410 Bilder, F. 164. Nr. 40 b und c)

83 | WILHELM SCHILLER & SOHN
Zwei Wandteller mit Stadtansichten von Dresden | Dresden, Ende 19. Jahrhundert
Steingut mit farbiger Bemalung, Dm. 52 cm
Museen der Stadt Dresden, Stadtmuseum Dresden (1980/236 a und b)

85 | Anonym
11. Deutscher Feuerwehrtag Dresden den 17. 18. 19. Juli 1880
Dresden, 1880 | Zinn, Dm. 4,12 cm
Münzkabinett, Staatliche Kunstsammlungen Dresden (6290)

86 | Anonym
Kaffeekanne mit Stadtsilhouette von Dresden
Deutschland, nach 1830
Porzellan, H. 27,5 cm
Porzellansammlung,
Staatliche Kunstsammlungen Dresden (P. E. 6775)

87 | Carl Wilhelm Arldt
Sammelbild mit 23 Ansichten von Dresden
und Umgebung | Dresden, um 1850
Lithografie, 38 x 46 cm
Kupferstich-Kabinett,
Staatliche Kunstsammlungen Dresden
(Sax.top I, 2, 5 A 1983-1274)

88 | Adolph Michalsky | Dresden | Dresden, um 1911
Aquarellierte Federzeichnung, 51,5 x 86,5 cm
Museen der Stadt Dresden,
Städtische Galerie Dresden, Kunstsammlung (1980/k 2483)

89 | Wilhelm Bässler
Brühlsche Terrasse mit Belvedere | Dresden, um 1850
Kolorierte Lithografie, 40 x 43 cm
Sächsisches Hauptstaatsarchiv Dresden
(12674 Nachlass Ernst, 659/ 1, Nr. 8)

90 | Otto Wagner / Ernst Christian Schmidt
Sammelbild mit 13 Ansichten von Dresden
Dresden, um 1850
Kolorierte Radierung, 24,5 x 30 cm
Kupferstich-Kabinett, Staatliche Kunstsammlungen Dresden
(Sax.top I, 2, 7 A 1902-352)

91 | Robert Geissler
Dresden vom Waldschlösschen
Dresden, Mitte 19. Jahrhundert
Lithografie, 17,5 x 52,2 cm
Kupferstich-Kabinett,
Staatliche Kunstsammlungen Dresden
(Sax.top I, 3, 37 A 131400)

schen Gebirge hervor, näher, bis zur Erkennung der Gebäude, siehst du den Königstein und Lilienstein; gerade vor dir ein reiches Land mit Hügeln, Dörfern, Feldern; Elbabwärts, den Fluß bis auf sechs Stunden. Ich zähle 63 Dörfer, übersehe Pirna, Dresden.«[13] Als Gutsmuths vor 1799 diesen Blick genießt, befindet sich dort bereits eine Aussichtsplattform mit Steinplatte, wo man ein Stativ mit Fernrohr aufstellen konnte. Damit ist eine erste »touristische« Erschließung gegeben und der Standort als bedeutend definiert. Dennoch ist sich Gutsmuths des Privilegs dieses Blicks bewusst: »Ach es muß ein höchst freudiges, wonniges Gefühl erregen, als Churfüst hier zu stehen, und einen großen Theil seines Gebietes zu überschauen, wenn man innerlich sich dann fürstl. Würde bewußt ist.«

Der Blick auf Dresden von Nordosten, aus Richtung Görlitz und Bautzen, wird in den ausgewerteten Texten kaum beschrieben (Abb. 81). Johann Maaß, der 1818 aus dieser Richtung kommt, konstatiert lediglich: »Da der Weg von Bautzen nach Dresden über Schmiedefeld bis zum letzten Orte sehr schlecht war, so wird nun eine neue Chaussee zwischen Bautzen, und Schmiedefeld angelegt, an dieser wird unausgesetzt gearbeitet.«[14] Eventuell führten diese Bauarbeiten dazu, dass die Strecke in den folgenden Jahren stärker frequentiert wurde und 1838 die Waldschlösschen-Brauerei an der Bautzner Straße mit ihrer Aussichtsterrasse eröffnete (Abb. 99). Von hier aus ist die Stadtsilhouette mit der Kuppel der Frauenkirche im Zentrum besonders markant (Abb. 91). Aus dieser Richtung weiter auf die Stadt zukommend verschiebt

sich die Kuppel von einer mittigen Position am Horizont immer mehr nach links (Abb. 88), und die Augustusbrücke rückt ins Bildzentrum. Schnell wurde die Waldschlösschen-Brauerei zu einem beliebten Ausflugsziel, und der von hier aus mögliche Blick auf Dresden berühmt.

Um 1850 wurde die Zusammenstellung verschiedener Blicke auf Dresden in grafischen Sammelbildern beliebt (Abb. 87 und 90). Diese Vorläufer der Ansichtskarten verbanden häufig die Lage Dresdens in der Landschaft – etwa als zentrales Bild – mit einzelnen repräsentativen Gebäuden der Stadt an den Blatträndern. Dazu zählten auch Darstellungen der bekanntesten »Restaurationen«, etwa der Waldschlösschen-Brauerei oder dem Café Reale (Abb. 90) und dem Belvedere auf der Brühlschen Terrasse (Abb. 89), das ebenfalls eine besondere Aussicht auf die Elbe bot.

Wurden in der zweiten Hälfte des 18. Jahrhunderts Ausflüge in die Dresdner Umgebung wegen des unmittelbaren Naturerlebnisses gemacht, so scheint man 100 Jahre später vermehrt die Aussicht auf die Stadt mit dem Genuss einer guten Gastronomie zu verbinden. Da zu dieser Zeit allerdings nur noch wenige persönliche Reiseberichte zu Dresden auf dem Buchmarkt erscheinen, finden sich keine entsprechenden literarischen Beschreibungen. Dennoch wurde der Blick vom Waldschlösschen derart Identität stiftend, dass zahlreiche Dresdner »Produkte« mit der Stadtsilhouette aus dieser Perspektive werben, so etwa die Zooaktie aus dem Jahr 1861 (Abb. 92). Mit dem Bürgerentscheid zum Bau der Waldschlösschenbrücke im Jahr

92 | ANONYM
Actie des Actien-Vereins Zoologischer Garten zu Dresden | Dresden, 1861
Kolorierter Stahlstich, 33,8 x 21,4 cm | Stadtarchiv Dresden (9.2.6. Nr. 524)

2005 hat die Mehrheit der Dresdner signalisiert, dass sie bereit ist, sich von diesem Blick zu verabschieden.

Aus der entgegengesetzten Richtung – aus Südwesten – reist Wilhelm Ferdinand Bischoff von Freiberg über Kesselsdorf und Gorbitz nach Dresden: »Jetzt entdecken wir die Anhöhen am rechten Elbufer, bald den herrlichen Strom selbst, und noch ehe wir an Gorbitz kommen, erblicken wir – welch' Entzücken! – eine der herrlichsten Landschaften, die je unser Auge sah! Ohne Zweifel ist hier einer der günstigsten Puncte, Dresden und seine Umgebung zu übersehen. In weiter Ferne von Dresden rechts, sieht man den Königstein, den Lilienstein, und überhaupt einen großen Theil der sächsischen Schweiz. Man sieht hinter Dresden und weiter herunter nach Meißen die schön angelegten Weinberge, in der Thalebene die herrliche Stadt und den Elbstrom, belebt durch Schiffe und andere Fahrzeuge! – Als wir das erstemal diese Gegend überblickten, waren wir gleichsam bezaubert von ihrer Schönheit. Um uns an der herrlichen Landschaft, deren Reize durch die Beleuchtung der Abendsonne unbeschreiblich erhöht wurde, so lange als möglich zu ergötzen ließen wir den Wagen nur langsam gehen und oft anhalten.«[15] Selbst der von Pferden gezogene Wagen ist zu schnell für den ersten Blick auf Dresden. Die Lage im Tal ist von hier aus ebenso gut wie aus Nordosten zu überblicken. Allerdings ist durch den erhöhten Standpunkt die Stadtsilhouette nicht derart markant als Reihung von Türmen und Kuppeln am Horizont zu sehen wie vom Waldschlösschen aus. Dieser Blick eignete sich demnach weniger zur Reproduktion zwecks einer Typisierung Dresdens mit einem schnellen Wiedererkennungseffekt.

Kurz vor der Stadt, aus dem Ostragehege, bietet sich dem Reisenden quasi der »Canaletto-Blick« vom Altstädter Ufer (Abb. 82 und 93). Bischoff verlässt Dresden in Richtung des südlich gelegenen Prag: »Die Straße nach Pirna führte links am großen Garten vorbei. Fruchtbare Anhöhen erblicken wir zur Rechten, links fließt die Elbe und jenseits des Ufers stellt sich uns die Kette von Weinbergen mit Lusthäusern dar, an welchen wir bei unserer Tour nach Pillnitz vorbeifuhren. Wir sehen den Königstein und Lilienstein und die grauen Spitzen ihrer kolossalen Verwandten.«[16]

Es wird deutlich, dass der Reisende, egal aus welcher Himmelsrichtung er kommt, eine wunderbare Sicht auf die Architektur inmitten der Landschaft hat. Aus dem Inneren der Stadt – von der Kuppel der Frauenkirche, der Augustusbrücke oder der Brühlschen Terrasse – ist der komplementäre Blick in die Ferne gegeben. Für Hermann Meynert ist das zu viel des Guten: »Ich

Ansicht von Dresden vom großen Gehege | Vue de Dresde prise du grand parc
zum Ostra Vorwerk zu. | du côté de la metairie d'Ostra.

Im Verlag von Caspar Weiß & Comp. in Dresden.

93 | C. Rohrsdorf
Ansicht von Dresden aus dem Gehege | Dresden, Mitte 19. Jahrhundert
Kolorierte Lithografie, 25,8 x 33 cm
Kupferstich-Kabinett, Staatliche Kunstsammlungen Dresden (Sax.top I 4, 26 A 131427)

Stadtzugänge

Seit dem Mittelalter mussten sich Reisende an den Stadttoren ausweisen, ihre Herkunft und den Grund ihres Aufenthaltes angeben.[19] Sollte damit zunächst vor allem die Ausbreitung der Pest verhindert werden, wurden diese Einreiseformalitäten zunehmend bürokratischer und dienten der allgemeinen Kontrolle des Fremden- und Warenverkehrs. Johann Gottlieb August Kläbe rät Reisenden im Jahre 1797, alle mit sich geführten besonderen Güter – wie etwa Tabak – sofort anzugeben, um sich die Peinlichkeiten einer öffentlichen Durchsuchung des Gepäcks zu ersparen.[20] Man solle am besten gleich alle Geschenke für die Heimat, die man auf der bisherigen Reise bereits erworben hat, separat einpacken und an der Stadtgrenze versiegeln lassen, sodass dieses Gepäckstück bei der Ausreise nicht erneut inspiziert werden muss.[21] Für den am Stadttor abgegebenen Pass erhielt man eine Quittung, mit der man innerhalb von 24 Stunden in der Passexpedition der Polizeibehörde eine Aufenthaltskarte erwerben musste; die Gebühren waren nach geplanter Aufenthaltsdauer gestaffelt. Durch die Dienerschaft der Gasthöfe konnte man diese Wege erledigen lassen.[22]

Zu den besseren Hotels gehörten Bedienstete, die kleine Reisegruppen zusammenstellten, durch die Stadt führten und den Kontakt zu den Inspektoren vermittelten, welche den Reisenden ihrerseits die Sammlungen erklärten. Um sich Zugang zu den interessanten Gesellschaftskreisen und deren Räumlichkeiten zu verschaffen musste man entweder dem »richtigen« Stand angehören oder erfinderisch sein. Gutsmuths verrät in seinem Reisebericht einen wirksamen Trick: »Wenn man ein vornehmer Reisender ist fährt man mit der eigenen Kutsche durch die Stadt, zupft den Kutscher an einer Schnur und läßt ihn Empfehlungsschreiben am jeweiligen Haus abgeben, wo man dann einfährt. Wer weniger Geld hat kann es mit einer Mietkutsche versuchen. Bist du ein Literat, so läufst du in Schwarz seidenen

habe es schon oft gesagt, in Dresden kann man, selbst wenn man den einfältigsten Willen dazu hat, der schönen Natur nicht entlaufen. Man kann zu einem Maulwurfshaufen herausschauen und man sieht in ein Paradies hinein. Die reizende Aussicht wird beinahe zudringlich.«[17] Wie anhand des Eingangszitates von Meynert deutlich wird, sieht er bereits 1833 vorher, dass sich der Mythos Dresden unabhängig von der realen Existenz der Stadt im kollektiven Gedächtnis fortpflanzen wird. Beschreibungen wie die von Kosegarten, der Dresden eine »Tochter Gottes« nennt und den besonderen Einklang von Architektur und Natur betont, trugen erheblich zu seiner Konstruktion bei: »So streitet die Kraft der Natur mit der ewig schaffenden Kraft des Menschen. Es umarmen sich zwey Götter und ziehen in wechselseitiger Macht die Erde zum Himmel hinauf und den Himmel zur Erde herab ... Ist hier der Olymp, sind hier die Gruppen der Genien und die Schulen aller Wissen?«[18] Die im 19. Jahrhundert entstandenen zahlreichen grafischen Reproduktionen sorgten für die entsprechende bildliche Verbreitung.

94 | VERLAG: STENGEL
Postkarte: Dresden – Altstadt von der Marienbrücke
Deutschland, um 1926
Fotografie, 10 x 15 cm
Stadtarchiv Dresden (GA-021)

95 | VERLAG: A. DESBARATS
Postkarte: Dresden | Dresden, um 1915
Kolorierte Fotografie, 10 x 15 cm
Stadtarchiv Dresden (GA-024)

96 | ANONYM
Postkarte: Blick von der Freitreppe des Japanischen
Palais | Deutschland, 1930er Jahre
Fotografie, 10 x 15 cm
Stadtarchiv Dresden (GA-053)

Unterkleidern, den Hut herab, zu Fuß, klebest dich bald möglichst an einen Andern, hälst ihn fest, lässest dich von ihm führen, sagst daß es dir Leid tut ihn von seinen Geschäften abzuhalten, was er höflich verneinen wird und findest so Zugang.«[23]

Die Erinnerung an ein Bild von Dresden

Brachte der Umstieg vom Pferd in die Kutsche nicht unbedingt eine Beschleunigung des Reisens mit sich, so veränderte sich dadurch jedoch entscheidend die Wahrnehmung der Stadt. Ein Quantensprung in Hinsicht auf die Geschwindigkeit vollzog sich erst mit der Eisenbahn, was einen weiteren Wahrnehmungswandel mit sich brachte.[24] Die eine ganztägige Kutschenreise entfernt liegende Stadt Leipzig wurde durch die 1838 eröffnete Eisenbahnstrecke Dresden-Leipzig zu einem Tagesausflugsziel: Hatte die Postkutsche um 1720 bei viermaligem Pferdewechsel ungefähr zehn Stunden für die Strecke gebraucht, so benötigte die Bahn nur noch drei Stunden.[25] Diese Verdreifachung der Geschwindigkeit machte den Reisenden zu schaffen. In einem Dresden-Reiseführer von 1841 heißt es: »[Wer] auf zaubergleiche Weise [mit der Eisenbahn] im schönen Dresden angelangt, nachdem man unterwegs alle Schönheiten etc. im Nu durchflogen, ist bei der Ankunft so abgespannt, daß es wahrlich nur zu loben ist, durch die rumpelnden Omnibusse [von Pferden gezogene Großkutschen] ein wenig zu sich selbst gebracht zu werden.«[26]

Mit dem gemächlichen Auf-Dresden-Zurollen, dem individuell gestalteten Anhalten, Schauen, Reflektieren und Aufschreiben war es vorbei. Der erste Blick auf Dresden reduzierte sich auf ein sekundenschnelles Auffrischen der Erinnerung an gelesene oder gesehene Darstellungen. So erklärt sich die Tatsache, dass sich die Reiseliteratur nach 1838 entscheidend verändert. Die Anfahrt auf Dresden spielt darin keine Rolle mehr. Persönliche Reiseberichte thematisieren vornehmlich das gesellschaftliche Leben in der Stadt, Reiseführer mit wenigen Seiten beschränken sich darauf, die wichtigsten Sehenswürdigkeiten aufzulisten. Angaben zu Öffnungszeiten ermöglichen, ebenso wie die Bahnfahrt selber, eine genauere Planung und schnellere Durchführung der Reise. Ausflüge in die Umgebung werden gleich in Tagesrouten eingeteilt.[27] Das Absolvieren des weiterhin obligatorischen Touristenprogramms wird durch wenige Worte auf einer Ansichtskarte bekundet. Bereits in der Briefform der Reiseberichte aus der zweiten Hälfte des 18. Jahrhunderts manifestierte sich das Bedürfnis vieler Reisender, ihr Erleben mit den Daheimgebliebenen zu teilen, was sie häufig auch explizit äußerten: »Gerne hätte ich lange da verweilt und mein Auge an diesen Schönheiten geweidet, aber – doch nicht allein. Man wünscht sich in solcher Lage Personen, die man liebt und hochschätzt, aus weiter Entfernung schnell zum Mitanschauen und Mitgefühl herbey, vielleicht um nur die wenigen Worte zu sagen: Sehet, so ein Paradies ist mein Vaterland! Oder vielleicht aus einem minder eiteln Grund, dem Gefühl der Unwürdigkeit, diese Naturpracht allein zu betrachten; aus dem Bewusstsein der Unfähigkeit, sie lebhaft andern durch die Erzählung mitzuteilen.«[28] Die ab 1865

97 | VERLAG: A.& R. ADAM
Postkarte: Dresden | Deutschland, um 1935
Fotografie, 10 x 15 cm
Stadtarchiv Dresden (GA-016)

aufkommenden Ansichtskarten erfüllten somit ein 100 Jahre altes Bedürfnis (Abb. 94–97).

In dem Maße, wie die ausführlichen Beschreibungen des ersten Blicks auf Dresden verschwinden, nimmt die Produktion von grafischen Darstellungen dieses Blicks zu. Die immer zahlreicheren Besucher, deren Erwartungen durch die Lektüre früherer Beschreibungen geweckt worden waren, vollzogen ihn hauptsächlich angesichts der Dresdner Gemälde von Johann Alexander Thiele (1685–1752), Christian Wilhelm Ernst Dietrich (1712–74), Bernardo Bellotto, genannt Canaletto (1720–80), und Johan Christian Clausen Dahl (1788–1857) in der Gemäldegalerie nach, welche ihrerseits die Literaten inspiriert hatten. Die späteren Besucher packten diesen Blick gleich in Form einer grafischen Reproduktion ein und trugen ihn damit in die Welt hinaus.

Es lässt sich konstatieren, dass die berühmen Gemälde mit Dresden-Ansichten zwischen 1720 und 1750 geschaffen wurden, sich die literarischen Beschreibungen des Blicks auf Dresden zwischen 1735 und 1830 häufen und grafische Reproduktionen im Anschluss an die Gemälde bzw. in Form von Ansichtskarten und Fotografien zwischen 1850 und 1900 entstanden. In Abhängigkeit zu den jeweiligen Reisetechniken findet also ein mehrmaliger Medienwechsel zur Darstellung des Blicks auf Dresden statt.

98 | HERMANN KRONE
Lehrtafel 29: Blick auf die Brühlsche Terrasse mit Belvedere und Blick über die Brücke
Dresden, 1855 | Fotografie, 94 x 67 cm
Hermann-Krone-Sammlung, Technische Universität Dresden,
Institut für Angewandte Photophysik (Lehrtafel 29)

Die Lehrtafeln von Hermann Krone demonstrieren die verschiedenen Möglichkeiten und Verfahren der 1855 noch jungen Technik der Fotografie.

Anmerkungen

1 Christian Kosegarten, Meine Freuden in Sachsen, Leipzig 1801, S. 84.

2 Hermann Meynert, Charaktergemälde von Dresden, grau in grau; für Alle, welche die Elbresidenz bewohnen oder kennen zu lernen wünschen, Pößneck 1833, S. 7.

3 Für diesen Beitrag wurde die zwischen 1612 und 1861 entstandene Reiseliteratur zu Dresden im Bestand der Sächsischen Landesbibliothek – Staats- und Universitätsbibliothek Dresden ausgewertet (55 Titel). Hinzu kamen die Textsammlungen zahlreicher Autoren: Günter Jäckel (Hrsg.), Dresden zur Goethezeit, Berlin 1987; Ders. (Hrsg.), Dresden vom Biedermeier zur Revolution 1848/49, Berlin 1989; Wolfgang Paul (Hrsg.), Dresden in alten und neuen Reisebeschreibungen, Düsseldorf 1990; Gerald Heres (Hrsg.), Gloria Dresdensis. Berühmte Reisende erleben Sachsens Residenz, Leipzig 1993.

4 Hans-Wolf Jäger, Reisefacetten der Aufklärungszeit, in: Der Reisebericht. Die Entwicklung einer Gattung in der deutschen Literatur, hrsg. von Peter J. Brenner, Frankfurt/Main 1989, S. 273.

5 Andrea Dietrich, Reisen nach Dresden im 18. Jahrhundert, in: August der Starke und seine Zeit, hrsg. von Klaus Gumnior, Dresden 1995, S. 108.

6 Vom Reisen in der Kutschenzeit. Ausstellung der Eutiner Landesbibliothek, hrsg. von der Stiftung zur Förderung der Kultur und der Erwachsenenbildung in Ostholstein, Heide in Holstein 1989.

7 Curieusen Reisebeschreibung des Herrn Androphili, Leipzig 1735, Vorrede.

8 Siehe hierzu: Anna Greve, Die Konstruktion Amerikas. Die Grands Voyages aus der Werkstatt de Bry, Weimar 2004, S. 78f.

9 [Adam Friedrich Geisler], Reise von Wien über Prag, Dresden und durch einen Theil der Lausitz nach Berlin und Potsdam, Leipzig 1787, Vorrede.

10 Zum Stellenwert von Reiseliteratur und -bildern im 18. und 19. Jahrhundert siehe: Mit dem Auge des Touristen. Zur Geschichte des Reisebildes, hrsg. von der Kunsthalle Tübingen, Tübingen 1981; Wolfgang Griep und Hans-Wolf Jäger (Hrsg.), Reise und soziale Realität am Ende des 18. Jahrhunderts, Heidelberg 1983; Christoph Köck (Hrsg.), Reisebilder: Produktion und Reproduktion touristischer Wahrnehmung, Münster 2001.

11 Johann Georg Lehmann, Grundriß von der Churfürstl. Sächs. Residentzstadt Dresden, Pirna 1804. Dresden, Sächsischen Landesbibliothek – Staats- und Universitätsbibliothek, Kartensammlung (30133).

12 Johann Christoph Friedrich Gutsmuths, Meine Reise im deutschen Vaterlande, Breslau 1799, S. 28.

13 Ebd., S. 49.

14 Johann Maaß, Beobachtungen bey meinem Aufenthalt in der Oberlausitz und auf einer Reise über Dresden nach Wittenberg im Jahre 1818, Görlitz 1819, S. 57.

15 Wilhelm Ferdinand Bischoff, Reise durch die Königreiche Sachsen und Böhmen in den Jahren 1822 und 1823, Leipzig 1825, S. 20.

16 Bischoff (wie Anm. 15), S. 112.

17 Meynert (wie Anm. 2), S. 18.

18 Kosegarten (wie Anm. 1), S. 84.

19 Dietrich (wie Anm. 5), S. 109.

20 Johann Gottlieb August Kläbe, Neueste Dresdner Wegweiser für Fremde und Einheimische, Dresden 1797, S. 190f.

21 Bischoff (wie Anm. 15), S. 110f.

22 Heute sind solche Prozeduren an den Stadtgrenzen kaum vorstellbar. Asylbewerber können sich in Deutschland während der Laufzeit ihres Asylverfahrens – dessen Bearbeitung sich häufig über Jahre zieht – allerdings noch heute durch das Verlassen des Bezirkes der Ausländerbehörde, bei der sie gemeldet sind, strafbar machen. Asylverfahrensgesetz vom 26. Juni 1992, § 56.

23 Gutsmuths (wie Anm. 12), S. 28f.

24 Wolfgang Schivelbusch, Geschichte der Eisenbahnreise. Zur Industrialisierung von Raum und Zeit im 19. Jahrhundert, München 1977; Wolfgang Bickel, Der Siegeszug der Eisenbahn. Zur Bildersprache der Eisenbahn-Architektur im 19. Jahrhundert, Worms 1996.

25 Hans Bauer, Wenn einer eine Reise tat. Eine Kulturgeschichte des Reisens, Leipzig 1971, S. 175.

26 Anonym, Dresden mit seinen Merkwürdigkeiten und Beschreibung derselben, Meißen 1841, S. 1.

27 Paul H. Jünger, Dresden und die Sächsische Schweiz. Ein treuer Reise-Begleiter, Leipzig 1861.

28 Joseph Hornuff, Bemerkungen auf einer Reise von Thorn durch Posen nach Sachsen, Berlin 1790, S. 94.

99 | Gustav Täubert / Hans A. Willard
Dresden gen Westen | Deutschland, um 1860
Kolorierte Lithografie, 34,1 x 47,3 cm
Museen der Stadt Dresden,
Städtische Galerie Dresden, Kunstsammlung
(1980/k 1607)

100 | J. F. Halcke | Sammelbild | Deutschland, 1794 | Aquarellierte Zeichnung, 51,8 x 72,8 cm
Kupferstich-Kabinett, Staatliche Kunstsammlungen Dresden (Sax.top I-IV, 2 C 4334)

Im Stile der Sammelbilder hat J. F. Halcke in seiner Zeichnung verschiedene europäische Orte zusammengestellt.
Dafür wählte er gedruckte Vorlagen aus verschiedenen Jahrhunderten als Vorbilder. Die Ansicht von Dresden ist in der Mitte zu sehen.

Aussicht von der Terrasse im Palais Garten.

101 | Johann Carl August Richter
Blick elbabwärts ohne Marienbrücke
Dresden, um 1820
Kolorierte Umrissradierung, 10,7 x 15,8 cm
Kupferstich-Kabinett,
Staatliche Kunstsammlungen Dresden (1912-80)

102 | Johann Carl August Richter
Dresden gegen Abend
Dresden, um 1820
Kolorierte Umrissradierung, 12 x 17,2 cm
Kupferstich-Kabinett,
Staatliche Kunstsammlungen Dresden (A 166178)

103 | Johann Carl August Richter
Dresden gegen Mitternacht
Dresden, um 1820
Kolorierte Umrissradierung, 10,7 x 15,8 cm
Kupferstich-Kabinett,
Staatliche Kunstsammlungen Dresden (A 155179)

Dresden gegen Abend.

Dresden gegen Mitternacht.

104 | JOHANN CARL AUGUST RICHTER
Blick elbabwärts mit Marienbrücke
Dresden, um 1850
Kolorierte Umrissradierung, 10,7 x 15,8 cm
Kupferstich-Kabinett,
Staatliche Kunstsammlungen Dresden (1919-79)

105 | JOHANN CARL AUGUST RICHTER
Die Dresdner Brücke mit Gondeln
Dresden, um 1820
Kolorierte Umrissradierung, 10,7 x 15,8 cm
Kupferstich-Kabinett,
Staatliche Kunstsammlungen Dresden
(Mappe Richter, Karton 8, links unten)

106 | JOHANN CARL AUGUST RICHTER
Die Augustusbrücke mit Dampfschiff
Dresden, um 1850
Kolorierte Umrissradierung, 10,7 x 15,8 cm
Kupferstich-Kabinett,
Staatliche Kunstsammlungen Dresden (1912-62)

Aussicht von der Terrasse im Palais Garten.

Die Dresdner Brücke gegen Morgen.

Die Dresdner Brücke gegen Morgen.

107 | Oskar Kokoschka | Dresden, Augustusbrücke mit Dampfboot (II) | Dresden, 1923
Öl auf Leinwand, 65 x 95,5 cm | Eindhoven, Collection van Abbemuseum (Inv. Nr. 1.0195)

Annegret Seidel

Impressionen einer Stadt – Gotthardt Kuehl und Dresden

Als Gotthardt Kuehl (1850–1915) im Jahr 1895 dem Ruf als Professor an die Königlich Sächsische Akademie der Künste Folge leistend nach Dresden zurückkehrte, wo er bereits ein Vierteljahrhundert zuvor studiert hatte, bezog er in dem neu eröffneten Akademiegebäude von Constantin Lipsius am Brühlschen Garten ein Atelier im Obergeschoss des äußersten Westflügels mit Blick über Brühlsche Terrasse, Secundogenitur und Augustusbrücke hinüber zum Neustädter Ufer. Inspiriert vom täglich gleichen Blick aus dem Fenster, der allein durch die wechselnde Wetterlage eine atmosphärische Veränderung des Gesehenen erfuhr, widmete sich Kuehl einer Serie von Darstellungen der Augustusbrücke. Die Wahl dieses Themas kann nicht als willkürlich bezeichnet werden, findet sich doch in der Brücke ein bei den französischen Impressionisten beliebtes und von ihnen mehrfach in Serie variiertes Motiv, wie z.B. die Serie Claude Monets über die Brücke in Argenteuil aus den 1870er Jahren oder der berühmte Waterloo-Bridge-Zyklus von 1902 bis 1904 zeigen. Kuehl, Anhänger des französischen Impressionismus und einer der bedeutendsten Vertreter der deutschen Ausprägung dieses Stils neben Max Liebermann, suchte in der Motivwahl der Augustusbrücke bewusst einen Anknüpfungspunkt zu den Zyklen der Vorbilder. Dabei gilt es zu betonen, dass nicht der Gegenstand der Brücke, sondern die ihr eigene, durch den engen Kontakt zum Wasser hervorgerufene Erscheinungsvielfalt das Sujet bildete. Im Katalog zur Gotthardt Kuehl-Gedächtnisausstellung im Jahr 1917 wurde des Malers Faszination für Licht- und Wetterstimmungen treffend beschrieben: »… immer geschah es [die Darstellung der Augustusbrücke] in reizvoller, künstlerisch wohlerwogner, nie von Routine und nur technischer Fertigkeit beherrschter Form. Er besaß als echtes und unerschöpfliches koloristisches Talent die Gabe, demselben Vorwurfe immer neue Reize abzugewinnen. Malen war ihm, obgleich er mit all der Treulichkeit des Naturalisten sein Modell zu betrachten gewöhnt war, nicht gleichbedeutend mit Abschreiben der Natur. Er suchte diese zwar zunächst mit dem scharfen Auge des Wirklichkeitsmalers, aber auch mit der erregten Seele des echten Künstlers in ihren wechselnden Stimmungen auf, im Golde des Mittags, im Dämmern des Morgens oder Abends, und diese Stimmungen, das feine, von Augenblick zu Augenblick beinah sich erneuernde und verändernde Spiel von Licht und Luft machte er zum Träger seiner Schilderungen.«[1]

108 | Gotthardt Kuehl | Der Brückenbau | Dresden, 1910
Öl auf Leinwand, 130 x 100 cm
Galerie Neue Meister, Staatliche Kunstsammlungen Dresden (Gal. Nr. 2324 A)

Die Beschäftigung mit der Augustusbrücke war gewissermaßen der Startschuss für Kuehls malerische Erschließung Dresdens.[2] Hatte das Thema der Stadtlandschaft zuvor nur einen geringen Eingang in sein Werk gefunden, wurde es in der Stadt an der Elbe neben Interieurdarstellungen zum wichtigsten Sujet des Künstlers.

Seine stärkste Prägung hatte Kuehl ohne Frage in Paris erfahren, wo er sich in den Jahren zwischen 1879 und 1889 aufhielt. Beeinflusst von den stimmungsvollen Impressionen seiner französischen Kollegen gelang ihm vier Jahre nach seiner Ankunft der Durchbruch zur Freilichtmalerei. Hier entstanden die frühesten, von Camille Pissarro, Claude Monet und Gustave Caillebotte inspirierten Straßenszenen an den Quais der Seine. Das Brückenmotiv fand hier ebenso wie der später in den Dresdner Ansichten übernommene erhöhte Standpunkt zum ersten Mal Verwendung. Dennoch konnte sich das Sujet der von seinen Vorbildern vielfach thematisierten Pariser Ansichten bei dem nach einer eigenständigen künstlerischen Position strebenden Kuehl nicht vollständig durchsetzen. Erst mit seinem Amtsantritt in Dresden griff er dieses Thema wieder auf und setzte damit die Traditionslinie der Dresdner Stadtansichten seit Bernardo Bellotto, genannt Canaletto, aus dem 18. Jahrhundert erfolgreich fort, welche durch die in der zweiten Hälfte des 19. Jahrhunderts vorherrschende spätromantische und Historienmalerei der Akademie unterbrochen worden war. An Canaletto knüpfte Kuehl allerdings nur in den für die deutsche Städteausstellung 1903 geschaffenen Pendantbildern »Dresden oberhalb der Augustusbrücke« (Abb. 14, S. 23) und »Dresden unterhalb der Augustusbrücke« an, mit denen er zwei Veduten der prächtigen, vom Neustädter Elbufer aus gesehenen Stadtsilhouette schuf. In diesem Gemäldepaar entfernte sich Kuehl von seiner impressionistischen Malweise und von der von den französischen Vorbildern übernommenen Ausschnitthaftigkeit des Motivs.

Trotz seiner zahlreichen Dresdenansichten unterläge man einem Irrtum, würde man Kuehl als malenden Stadtchronisten bezeichnen. Denn obgleich seine Gemälde wie der 1910 entstandene »Brückenbau« (Abb. 108), der die Arbeiten an der neuen, von Wilhelm Kreis entworfenen Augustusbrücke zeigt, auch über einen dokumentarischen Wert verfügen, sind sie in erster Linie aus künstlerischer Überformung eines vorgefundenen Motivs entstandene Eindrücke, Impressionen. Nicht der exakte Strich des Beobachters, sondern die atmosphärische und pastose Pinselführung des Empfindenden ist Kuehls Werkzeug.[3] Taucht man in die Straßenzüge und Plätze auf seinen Gemälden ein, so hat man bisweilen das Gefühl, Kuehl versuchte, die an der Seine empfundene Atmosphäre von Paris auf die Dresdner Stadtszenerie zu übertragen, Dresden in seiner Malerei gar zu einem zweiten Paris werden zu lassen.

Dieser Wunsch wird noch an anderer Stelle spürbar, denn in gleichem Maße, wie die Stadt Kuehls künstlerisches Schaffen prägte, wirkte Kuehl auf Dresden zurück. Ihm und seinem ungebrochenen Engagement ist nicht nur die von vielen Zeitgenossen als Befreiung empfundene Reform der Kunstakademie hin zu einer den Anschluss an die internationale Kunstentwicklung suchenden Lehranstalt, sondern auch die Öffnung des Dresdner Ausstellungswesen zu verdanken. Stets das leuchtende Beispiel von Paris und auch München vor Augen, wo er mehrere Jahre tätig gewesen war und sich der Sezessionsbewegung[4] angeschlossen hatte, initiierte Kuehl die »1. Internationale Kunstausstellung in Dresden«,[5] die 1897 im Ausstellungspalast am Stübelplatz stattfand. Dieser auch international anerkannten, einmaligen Schau vor allem französischer Malerei und Skulptur folgten mehrere andere unter der Ägide Kuehls, der sich durch sein Wirken eine führende Position innerhalb der Dresdner Kunstszene um 1900 erworben hatte.

Der Stadt als modernem Lebensraum wurde um die Jahrhundertwende eine besondere Aufmerksamkeit zuteil, wie unter anderem die umfassende thematische Ausstellung »Die alte Stadt« (1896) und die »Erste Deutsche Städteausstellung« von 1903 zeigen. Besonders spürbar ist die intensive Auseinandersetzung mit städtischem Lebensraum in der hauptsächlich von Architekten getragenen Reformbewegung, die eine Verbindung von urbanen und ländlichen Elementen in der Lebensraumgestaltung anstrebte, wie die um 1907 von Richard Riemerschmid, Hermann Muthesius und Heinrich Tessenow entwickelte Anlage der Gartenstadt Hellerau eindrucksvoll vor Augen führt. Kuehl vertrat in seinem Interesse an Dresden also keineswegs eine Einzelposition, kann jedoch als auslösende Kraft in der Wiederentdeckung des Stadtmotivs in der Dresdner Malerei angesehen werden. Wie unterschiedlich sich der künstlerische Blick auf Dresden gestaltete, zeigen die auf eine motivische Aufwertung der ästhetisch anspruchslosen Stadtviertel orientierten Werke der 1905 gegründeten Künstlergruppe »Brücke« (siehe den Beitrag von Rudert) oder die farblich expressiven Darstellungen der Dresdner Neustadt von Oskar Kokoschka (Abb. 107), der im Jahr 1919 Kuehls ehemaliges Atelier in der Kunstakademie bezog (Abb. 109).

109 | Gotthardt Kuehl | Blick aus dem Atelier | Dresden, 1899
Mischtechnik auf Pappe, 38,5 x 30,5 cm
Galerie Neue Meister, Staatliche Kunstsammlungen Dresden (Gal. Nr. 2854)

110 | Fritz Beckert
Blick vom Schlossturm
Dresden, 1944
Öl auf Hartfaser, 40,5 x 55,5 cm
Galerie Neue Meister,
Staatliche Kunstsammlungen
Dresden (Gal. Nr. 87 / 44)

Scheinbar unbeeindruckt von aktuellen Tendenzen in der Kunstentwicklung rückte ein Schüler von Gotthardt Kuehl das Thema der malerischen Erschließung des Dresdner Innenstadtbereichs in den Mittelpunkt seines Schaffens: Fritz Beckert (1877–1962).[6] In fast 700 (!) Ansichten seiner Wahlheimat avancierte Beckert alsbald zum malerischen Chronisten Dresdens (Abb. 110). Obgleich er bei Gotthardt Kuehl studiert hatte und zu den Gründungsmitgliedern der Künstlervereinigung »Elbier« gehörte, zeichnet sich das Werk Beckerts durch eine fast fotografische Präzision und Tiefenschärfe in der Darstellung der Dresdner Stadtlandschaft aus. Die atmosphärische Dichte der Kuehlschen Dresden-Ansichten weicht, zumindest in den meisten Gemälden Beckerts, einer möglichst treuen Wiedergabe der urbanen Situation. Beckert, der von 1908 bis 1945 die Professur für Architekturma-

lerei an der Technischen Hochschule Dresden inne hatte, überzeugt vor allem in der malerisch akkuraten, geradezu plastisch formenden Bewältigung von gestaffelten Häuser- und Dachlandschaften, wie das 1940 entstandene Gemälde »Dresdner Türme« (Abb. 112) eindrucksvoll beweist. Auch nach der Zerstörung Dresdens am 13. Februar 1945 blieb Beckert den Darstellungen des »Alten Dresdens« verhaftet und setzte der Schönheit der Stadt an der Elbe in seinen zum Teil nach alten Fotografien entstandenen Gemälden ein posthumes Denkmal.

Der Einfluss des von Kuehl vertretenen atmosphärischen Empfindens einer Stadt zeigt sich in den Dresden-Ansichten Bernhard Kretzschmars (Abb. 111),[7] der mit Unterbrechungen bis 1920 unter anderem bei Carl Bantzer und Robert Sterl an der Dresdner Kunstakademie studiert hatte. Kretzschmar (1889–

111 | BERNHARD
KRETZSCHMAR
Brühlsche Terrasse in
Dresden | Dresden, 1951
Öl auf Sperrholz,
43,5 x 78,5 cm
Stiftung Archiv der
Akademie der Künste,
Berlin, Kunstsammlungen
(E 15)

112 | FRITZ BECKERT | Dresdner Türme | Dresden, 1940
Öl auf Leinwand, 105 x 160 cm
Galerie Neue Meister, Staatliche Kunstsammlungen Dresden
(Gal. Nr. 2590 A)

113 | Siegfried Klotz
Blick von der Marienbrücke
Dresden, 1990
Öl auf Leinwand, 60 x 90 cm
Stuttgart, Privatbesitz

1972) trat durch seine vom Dixschen Verismus geprägten gesellschaftskritischen Grafiken hervor; in seinen Gemälden lässt sich eine intensive Auseinandersetzung mit der Kunstgeschichte erkennen. In der Tradition des Dresdner Kolorismus stehend knüpfte Kretzschmar in seinen nahezu postimpressionistischen Dresdenbildern motivisch und stilistisch an die Impressionen Kuehls an (vgl. »Die Brühlsche Terrasse mit Elbe und den Loschwitzbergen« von 1951). Auch hier steht nicht die Erfassung der Stadt als Ganzes im Mittelpunkt der Darstellung, sondern vielmehr die Schilderung eines das Flair der Stadt beschreibenden Ausschnitts. Dass dieser Einfluss Kuehls bis in die Gegenwart hineinreicht, wird schließlich auch in den Arbeiten von Siegfried Klotz (1939–2004) spürbar (Abb. 113),[8] der in seinen seit den 1970er Jahren bis zu seinem Tod im Jahr 2004 entstandenen Ansichten die sinnliche Erfahrbarkeit Dresdens aus den Gemälden Gotthardt Kuehls wiederaufleben ließ.

Anmerkungen

1　Willy Doenges, Gotthardt Kuehl, in: Gotthardt-Kuehl-Ge-
　dächtnis-Ausstellung, hrsg. vom Sächsischen Kunstverein
　zu Dresden im März 1917, Dresden 1917, S. 8f.
2　Weiterführend zu den Dresdenansichten Kuehls vgl.: Uta
　Neidhardt, Gotthardt Kuehl in Dresden 1895–1915, in: Ger-
　hard Gerkens und Horst Zimmermann (Hrsg.), Gotthardt
　Kuehl 1850–1915, Leipzig 1993.
3　Kuehl war zwar der Initiator, nicht aber der einzige Ver-
　treter einer am französischen Impressionismus orientier-
　ten Freilichtmalerei in Dresden. Einen parallelen Ansatz zu
　Kuehl verfolgten in den 1890er Jahren die Künstler des Gop-
　pelner Landschafterkreises wie Carl Bantzer oder Paul
　Baum, die die reizvollen Szenerien des Dresdner Umlandes
　in ähnlicher atmosphärischer Dichte darzustellen wussten.
4　1892 war Kuehl einer der Unterzeichner der Gründungs-
　resolution des »Vereins Bildender Künstler München (Se-
　cession)«. Von der Sezessionsbewegung erfasst, konsti-
　tuierte sich zwei Jahre später auch in Dresden unter Carl
　Bantzer eine entsprechende Gruppe (die »Dresdener Se-
　cession«), der Kuehl allerdings nicht angehörte. Im Jahr
　1902 wurde von ihm die Gründung der Künstlergruppe der
　»Elbier« initiiert, die sich der Pleinairmalerei verschrieb.
5　Zur 1. Internationalen Kunstausstellung in Dresden vgl.:
　Axel Schöne, »Ohne Frage eine der besten« – Die Interna-
　tionale Kunstausstellung 1897, in: Dresdner Hefte 63 (2000),
　S. 21–28.
6　Zu Fritz Beckert vgl. u.a.: Hans Joachim Neidhardt, Dresden
　wie es Maler sahen, Erstausgabe Leipzig 1983; Robert Bruck,
　Dresden – eine kunstbetrachtende Wanderung, Dresden
　o.J. (1924); Erhard Frommhold, Unvergängliches Dresden.
　Aus dem Lebenswerk des Städtemalers Fritz Beckert, Dres-
　den 1955.
7　Zu Bernhard Kretzschmar vgl. u.a.: Fritz Löffler, Bernhard
　Kretzschmar, Leipzig 1985.
8　Zu Siegfried Klotz vgl. u.a.: Rolf Günther (Hrsg.), Siegfried
　Klotz – Malerei (hrsg. zum Anlass der Sonderausstellung
　»Siegfried Klotz. Malerei und Grafik«, Städtische Samm-
　lungen Freital, 7. September bis 26. Oktober 2003), Dres-
　den 2003.

114 | GOTTHARDT KUEHL | Augustusbrücke bei Schnee | Dresden, vor 1899
Öl auf Leinwand, 75,5 x 110 cm
Galerie Neue Meister, Staatliche Kunstsammlungen Dresden (Gal. Nr. 2324)

115 | R. DILLER
Medaille des Vereins für historische Waffenkunde
IN ARMIS DRESDEN 1900
Dresden, 1900
Silber, Dm. 4,23 cm
Münzkabinett,
Staatliche Kunstsammlungen Dresden (5444)

117 | PAUL BAUM | Augustusbrücke mit Frauenkirche | Dresden, um 1895
Aquarellierte Zeichnung, Kohle, 40,2 x 60,5 cm
Kupferstich-Kabinett, Staatliche Kunstsammlungen Dresden (C 1896-11)

116 | ERNST LUDWIG KIRCHNER
Dresden (Augustusbrücke, Hofkirche, Frauenkirche) | Dresden, 1910
Aquarell, Kreide und Bleistift auf Papier, 36,5 x 37,5 cm
Berlin, W. Wittrock Kunsthandel

Neue Blicke auf Dresden: Die »Brücke« und die Folgen
Vom Erscheinungsbild zur inneren Schau

»Daß das optische Ergebnis kraftvoll war, lag nicht in der Absicht des Wirkens, sondern in den Gesetzen unseres Arbeitens beschlossen. Und die
äußeren Gegebenheiten: Landschaft, Menschen, Fluidum – das alles mußte
das Auge zur Farbe reizen. Es ging uns um ein bildhaftes Sehen, im Gegensatz zu den Impressionisten waren für uns die für das Bild wesentlichen
Elemente wichtiger als Motiv.«[1]   (Erich Heckel)

Seit der Mitte des 19. Jahrhunderts hatte sich die Wahrnehmungsdisposi-
tion des Menschen in den Großstädten gewandelt. Neue naturwissenschaft-
liche Erkenntnisse und die Entwicklung der Technik hatten die Begriffe
von Materie, Raum, Zeit und Geschwindigkeit verändert. Die ungewohnten
Dimensionen und die spezifische Gestalt der modernen städtischen Umgebung, das sich allmählich auflösende Gefühl der Eingebundenheit in eine
überschaubare Gesellschaftsstruktur und die Ausprägung neuer Verhal-
tensweisen im öffentlichen Raum hatten für die Gesellschaft weitreichende
Folgen. Die Steigerung der Wahrnehmungsaufgaben führte zu neuen Stra-
tegien ihrer Bewältigung. So geschah auch die Transformation des Erlebten
in Bilder zunehmend auf individuelle Weise und mit unterschiedlichen
künstlerischen Konzeptionen. Anstelle des Abbildes, wofür zunehmend die
Fotografie genutzt wurde, waren nun »Gegenbilder« gefordert, die traditionelle Seh- und Denkgewohnheiten in Frage stellten.

Die unüberschaubar angewachsene Großstadt evozierte einerseits eine
Vielfalt an Themen (Straßenszenen, Café, Zirkus, Varieté, Eisenbahn), andererseits führte dies ihre Bewohner an die Grenzen des Erfass- und Über-
schaubaren. Unter dem Einfluss der französischen Malerei im letzten Drittel des 19. Jahrhunderts verschwanden allmählich einheitliche, verbindli-
che und vor allem ganzheitliche Vorstellungen der Stadt aus den »Bildflä-
chen« zugunsten aktueller, fragmentarischer Blickwinkel. Nach der Jahrhundertwende traten neue künstlerische Ansätze in immer dichterer Folge
auf, die über Ländergrenzen hinaus öffentliche Diskussionen erfuhren.

Für die Studienanfänger Fritz Bleyl, Ernst Ludwig Kirchner, später auch
Erich Heckel und Karl Schmidt-Rottluff, bedeutete die Ankunft in Dresden
die Ankunft in einer Stadt der größeren Dimensionen, die im Vergleich zu

118 | FRITZ BLEYL
Dresden
(Blick auf Frauenkirche und
Hofkirche) | Dresden, 1912
Wasserfarben über Bleistift
auf Papier, 31,8 x 61,5 cm
Städtische Museen Zwickau,
Kunstsammlungen
(2003/4K2)

den Orten ihrer Herkunft Vieles bot, wonach sie suchten. Dresden war zur Großstadt herangewachsen, deren Einwohnerzahl von 1900 bis 1905 allein um 150.000 auf insgesamt rund 550.000 angestiegen war. Die Stadt hatte sich zu einem Zentrum kultur- und lebensreformerischer Bewegungen entwickelt und bot »durch die landschaftlichen Reize und seine alte Kultur viel Anregung«,[2] wie es Kirchner später in der »Brücke«-Chronik formulierte. »Hier fand ›Brücke‹ auch die ersten kunstgeschichtlichen Stützpunkte in Cranach, Beham und anderen deutschen Meistern des Mittelalters.«

Um an dem 1906 programmatisch erklärten Ziel einer Erneuerung der deutschen Kunst mitzuwirken und dabei in der Öffentlichkeit wahrgenommen zu werden, brauchte es für die aktiven »Brücke«-Mitglieder neue künstlerische Ansätze, die von den Autodidakten zwar gleich zu Anfang verkündet worden waren, sich aber im künstlerischen Werk erst einige Jahre später abzeichneten.

Vor allem Bleyl und Kirchner waren in den ersten Jahren gemeinsam in der Stadt unterwegs, um städtische Motive zu zeichnen. 1948 erinnerte sich Bleyl nicht ohne Wehmut daran zurück: »Was waren das für herrliche Stunden und Tage gegenseitigen Verstehens, Forderns und Erkennens. Wie frohgemut schlug mir das Herz, wenn es draußen an der Flurtür läutete und die er-

wartete Stimme oder das fröhliche Lachen des mit der Wirtin scherzenden Freundes erklang und Kirchner erschien, wohl auch bei schönem Wetter regelmäßig mich zu einem gemeinsamen Spaziergang namentlich abends, besonders gern natürlich bei Mondschein, in den konzertklingenden, herrlichen ›Großen Garten‹ abzuholen, dort draußen unsere Studien zu machen und neue Eindrücke und Erlebnisse zu sammeln.«[3] Bei aller Verklärung, mit der Erinnerungen oftmals verbunden sind, beschrieb Bleyl damit ein Prinzip, das sich anhand von Kirchners umfangreichem Œuvre für den künstlerischen Schaffensprozess sehr gut belegen lässt. Das Sammeln von Eindrücken und Erlebnissen auf ihren Wegen durch die Stadt ist bei ihm zum festen Bestandteil des künstlerischen Schaffens geworden. Sicherlich trug, wie auch bei Bleyl, die Architekturausbildung dazu bei, den Blick und die Aufmerksamkeit für Architekturmotive zu schärfen. Wichtig dürften in diesem Zusammenhang sowohl die Teilnahme an den von Paul Wallot geleiteten Skizzierübungen als auch an den Übungen Fritz Schumachers im Freihandzeichnen an der Königlich Sächsischen Technischen Hochschule gewesen sein. Dabei bezog sich diese Arbeitsweise freilich nicht nur auf das Sujet der Stadtdarstellungen, sie wurde in den ersten Jahren generell zum gemeinsamen Arbeitsprinzip in der Gruppe.

119 | Fritz Bleyl | Augustusbrücke in Dresden mit Frauenkirche | Dresden, 1906
Lithografie, 48,5 x 39,2 cm
Städtische Museen Zwickau, Kunstsammlungen (V/67/96/c/K2)

120 | Conrad Felixmüller | Zeichner vor Dresden (Selbstbildnis) | Dresden, 1930
Holzschnitt, 50,2 x 40,6 cm
Lindenau-Museum Altenburg (C 12808)

121 | WINFRIED DIERSKE | Stadtansicht | Dresden, 1962
Öl auf Pappe, 25,7 x 43,6 cm | Dresden, Privatbesitz

Zahlenmäßig machen Kirchners Werke mit städtischen Motiven weit mehr als die Hälfte des Gesamtbestandes an Dresdner Stadtmotiven aller beteiligten »Brücke«-Künstler aus, die zwischen 1905 und 1911 entstanden sind. Bevorzugt wurden von ihm vorrangig unspektakuläre Motive, die in den engen Gassen und Plätzen der historisch gewachsenen Stadtviertel zu finden waren. Das künstlerische Interesse richtete sich also auf jene städtebaulichen Strukturen, wo entlang der Häuserfluchten mit unterschiedlichen Geschosshöhen die architektonischen Brüche sichtbar blieben, zeitgenössische Architektur fand kaum Beachtung. Dabei ging es im Gegensatz zu den Impressionisten nicht mehr vorrangig darum, nach einer adäquaten Erfassung der städtischen Welt zu suchen und Stimmungen bildlich zu verarbeiten. Proklamiert wurde vielmehr die »innere Schau«, »für die der eigentliche Gehalt des Wirklichen weniger im Erscheinungsbild der Außenwelt liegt als in den gefühlsbetonten Vorstellungen [...]. Sie vertrauen dem Instinkt, der spontanen Niederschrift der Form, die sich, auch unter Anregung der elementaren und dunkel symbolischen Kunst der Naturvölker, radikal vereinfacht.«[4]

Die Loslösung vom Motiv gelang jedoch auch den »Brücke«-Künstlern erst allmählich. Das bekannteste traditionelle Dresden-Motiv mit der Augustusbrücke und der sich dahinter erhebenden Stadtsilhouette wurde von Bleyl und Kirchner mehrfach thematisiert. Während auf der Lithografie von Bleyl noch die alte Pöppelmannsche Brücke, die 1907 abgetragen wurde, zu sehen ist (Abb. 119), zeigt das Aquarell Kirchners aus dem Jahre 1910 bereits die an gleicher Stelle neu errichtete Brücke mit den breiteren Bögen (Abb. 116). Die Stadtsilhouette hat Fritz Bleyl zwischen 1904 und 1906 gleich vier Mal gestaltet. Dabei nahm er das Motiv immer vom Neustädter Elbufer aus auf, zum einen weiträumig gefasst, zum anderen ausschnitthaft reduziert. Es sind sehr detaillierte, stimmungsvolle Zeichnungen im malerischen Duktus, die noch deutlich in impressionistischer Tradition stehen. Monumental ragt über der Brücke die Kuppel der Frauenkirche auf. Ebenfalls vom Neustädter Elbufer aus nahm auch Kirchner 1905 das Motiv auf. Die frühen Arbeiten Kirchners zeigen noch eine relativ getreue Wiedergabe des Motivs aus der unmittelbaren Perspektive des Künstlers. Bedingt durch die Technik wirken auf seinem Farbholzschnitt die Architekturformen verfestigt und auf das Wesentliche reduziert.[5] Dennoch erinnern auch bei ihm die kleinteiligen Binnenstrukturen noch an den für die Impressionisten typischen Pinselduktus. Aber auch die Holzschnitte werden allmählich freier bei einer Verdichtung der Motive.

Vermutlich angeregt durch die »Brücke«-Künstler fand auch Conrad Felixmüller zu dieser Technik (Abb. 120). In seinem Holzschnitt »Zeichner vor Dresden« (1930) fand er zu einer sehr detaillierten, dichten Komposition, die zusätzlich entscheidend belebt wird durch eine Kombination von Schwarz- und Weißlinienschnitt.

Doch kehren wir nochmals zur »Brücke« zurück. Die Bildkompositionen eines Motivs beschäftigten Kirchner oft über einen längeren Zeitraum hinweg, mitunter kam er erst Jahre später wieder darauf zurück. 1910 taucht in einem von Kirchners Skizzenbüchern das Motiv der Stadtsilhouette erneut auf, obwohl zu jener Zeit generell die traditionellen Dresden-Motive bei der »Brücke« eigentlich kein Interesse mehr gefunden haben. Aber 1910 stand die Dresdner »Augustusbrücke« im Zentrum öffentlicher Aufmerksamkeit. Im August wurde der Brücken-Neubau unter dem Namen des regierenden sächsischen Königs Friedrich August feierlich eingeweiht.

Kirchner ging inzwischen sichtlich freier und unkonventioneller mit diesem Motiv um. Seine Linienführung war dabei wesentlich lockerer und flüchtiger geworden, die architektonischen Details werden nur noch angedeutet, die Kuppel der Frauenkirche beherrscht die Silhouette und wirkt in den Proportionen stark verzerrt. Seit 1908/09 entwickelte Kirchner mit zunehmender Konsequenz eigene Raumkonzeptionen und versuchte, sich über dieses künstlerische Gestaltungsmittel von der Abbildung des Motivs zu lösen. Die Gegenüberstellung von Motivvorlage und künstlerischer Wiedergabe ermöglicht erst das Erschließen der für die damalige Zeit in Deutschland neuen, andersartigen Bildauffassung, wie sie Heckel später methodisch als das Streben nach einem »bildhaften Sehen« erklärte.[6]

Vergleichbar dem legendären »Viertelstundenakt« arbeitete vor allem Kirchner in unzähligen Skizzen geradezu fieberhaft daran, entgegen den fixierten statischen Wahrnehmungsmustern die Erfahrung urbaner Räume intuitiv als künstlerisches Erlebnis festzuhalten. Deutlich zu beobachten ist auf seinem Aquarell eine Übersteigerung der Perspektive, die durch den höher angelegten Horizont eine stärkere Draufsicht erfährt und somit auch eine gesteigerte Sogwirkung auf den Blick des Betrachters auslöst. Dabei handelt es sich um ein kompositorisches Element, das Kirchner bewusst einsetzte, um eine autonome Bildsprache zu erreichen. Kirchner erklärte später den Umstand, dass »das Werk, das aus der Ekstase des ersten Sehens geboren wird, zwar ein durchaus subjektives wird, aber in seiner Gestaltung meist viel packender und stärker als das erzeugende Erlebnis ist.[7]« Der Gefühlswert der Farbe sollte demzufolge als verstärkendes Ausdrucksmittel dem Betrachter die vom Motiv ausgelösten Empfindungen des Künstlers nicht nur vermitteln, sondern diese noch zusätzlich steigern.

In diesem Sinne sind auch die Dresden-Ansichten Oskar Kokoschkas zu sehen. Als er 1919 sein großräumiges Atelier an der Dresdner Akademie bezog, bot sich ihm von seinem Fenster aus der Blick auf die Augustusbrücke und das Neustädter Elbufer. Auf seinen insgesamt zehn Elblandschaften variierte er ausschnitthaft jenen Atelierausblick unter Beobachtung der wechselnden Lichtverhältnisse (Abb. 107, S. 110). Eine erste Reihe dieser städtischen Elblandschaften, die zwischen 1920 und 1922 entstanden waren, zeigten zunächst noch strenge Frontalansichten des gegenüberliegenden Neustädter Ufers. Kokoschka scheint hier einerseits die akademische Tradition der Vedutenmalerei aufgenommen zu haben, die bis auf Bernardo Bellotto zurückgeht und von Gotthardt Kuehl in impressionistischer Manier neu belebt wurde; andererseits erinnert die Reduzierung der Formen zu farbigen Flächen, die kontrastreich nebeneinander gesetzt sind, deutlich an eine expressionistische Orientierung. Dabei verzichtete er zunächst noch auf die Schilderung erzählerischer Einzelheiten. 1923 griff Kokoschka das Motiv der Stadtlandschaft erneut auf. Diesmal malte er flussabwärts mit der Augustus- und Marienbrücke und den dahinter aufragenden Lößnitzer Höhenzügen vom Dach der Akademie aus. Die Farbflächen wurden nun in eine raumgreifende Komposition eingebunden, Nah- und Fernsicht miteinander verbunden, auch erzählerische Details wie die bunt gekleideten Passanten im Vordergrund fanden nun Erwähnung.

In dieser Tradition stehen auch die Dresden-Ansichten von Bernhard Kretzschmar aus den 1950er Jahren (Abb. 111, S. 115). Sein Blick über die Brühlsche Terrasse (1951) ist in ein helles Frühsommerlicht getaucht, im Hintergrund spannt sich vor den nur erahnbaren Höhenzügen des Loschwitzer Elbhangs die Carolabrücke, die das Neustädter Ufer mit der Pirnaischen Vorstadt verbindet.

Menschenleer und bedrückend schildert hingegen Winfried Dierske sein städtisches Umfeld in den 1960er Jahren (Abb. 121). Motivisch beschränkt er sich, vergleichbar den »Brücke«-Künstlern, auf Straßenausschnitte, die er jedoch in seiner Wiedergabe auf wenige Gebäude und symbolisch angedeutete Straßenbäume reduziert. Mit einfachsten Mitteln, auf Resten von Hartfaserplatten, trägt er in dicken Schichten seine Ölfarben auf, die die detailreich gestalteten Architekturen in ihrer gedämpften Farbigkeit plastisch aus der Bildfläche heraustreten lassen. Die Kompositionen erinnern zuweilen an die menschleeren Stadtszenerien Heckels und Kirchners in den Berliner Jahren 1911 und 1912.

Anmerkungen

1   Auszug aus Werner Dürrsons Gesprächsprotokoll »Begeg-
    nung mit Heckel«, 1966, veröffentlicht in: Brücke-Archiv 6
    (1972/73), S. 233.
2   Ernst Ludwig Kirchner, Chronik KG Brücke, 1913, Bl. 1.
3   Magdalena M. Moeller (Hrsg.), Fritz Bleyl 1880–1966, in: Brü-
    cke-Archiv 18 (1993), S. 210.
4   Hans Sedlmayr, Die Revolution der modernen Kunst, 5.
    Aufl., Hamburg 1956, S. 127.
5   Vgl. Ernst Ludwig Kirchner, Augustusbrücke mit Frauen-
    kirche in Dresden (1905), Farbholzschnitt (Dube 64 b), u.a.
    Brücke-Museum, Berlin.
6   »Es ging uns im Gegensatz zu den Impressionisten um ein
    bildhaftes Sehen. Wir wollten keine (zufälligen) Ausschnit-
    te, keine Motive malen – wir nahmen nur die Elemente in
    das Bild hinein, die für das Bild wesentlich waren.« Erich
    Heckel in einem Gespräch mit Heinz Köhn, zit. n.: Georg
    Reinhardt, Die frühe »Brücke«. Beiträge zur Geschichte und
    zum Werk der Dresdner Künstlergruppe »Brücke« der Jahre
    1905–1908, in: Brücke-Archiv 9/10 (1977/78), S. 39.
7   Ebd.

122 | Richard Müller | Blick aus dem Atelierfenster | Dresden, 1929
Öl auf Leinwand, 161 x 125 cm
Galerie Neue Meister, Staatliche Kunstsammlungen Dresden (Gal. Nr. 3140)

123 | CONRAD FELIXMÜLLER | Liebespaar vor Dresden | Dresden, 1928
Öl auf Leinwand, 161 x 103 cm
Galerie Neue Meister, Staatliche Kunstsammlungen Dresden (Gal. Nr. 3684)

124 | Bᴇʀɴᴀʀᴅᴏ Bᴇʟʟᴏᴛᴛᴏ, ɢᴇɴ. Cᴀɴᴀʟᴇᴛᴛᴏ | Ruinen der Pirnaischen Vorstadt | Dresden, um 1766
Öl auf Leinwand, 80 x 122 cm | Troyes, Conservation des Musées d'Art et d'Histoire (850.1.4)

125 | BERNARDO BELLOTTO, GEN. CANALETTO
Ruinen der Pirnaischen Vorstadt | Dresden, 1766
Radierung, 53 x 65 cm
Kupferstich-Kabinett, Staatliche Kunstsammlungen Dresden (A 1964-661)

Zerstörung und Abriss im Leben der Stadt

Ein Ölgemälde und die motivgleiche Radierung (Abb. 124 und 125) zeigen ein Bild der Zerstörung und des Schreckens: Der Blick schweift über ein trostloses Trümmerfeld, in dem sich nur noch wenige aufrecht stehende, leere Fassaden behaupten. Erst weit im Hintergrund, kurz vor der Horizontlinie, scheint die Bebauung von dieser Schneise der Verwüstung verschont geblieben zu sein. Es ist, wie man der Beschriftung der Radierung entnehmen kann, die Pirnaische Vorstadt im Südosten der Dresdner Altstadt.

Doch wiedergegeben ist nicht, wie man auf den ersten Blick vermuten könnte, die katastrophale Situation nach dem 13. Februar 1945. Gemälde und Radierung sind vielmehr rund 180 Jahre früher entstanden und zeigen die Spuren der Zerstörung, die der Siebenjährige Krieg (1756–63) in Dresden hinterlassen hat. 1758 ließ der damalige preußische Stadtkommandant aus kriegstaktischen Gründen die Pirnaische Vorstadt niederbrennen, um den herannahenden österreichischen Truppen das Vorrücken zu erschweren. Zwei Jahre später war die Situation umgekehrt, nun belagerten preußische Truppen das inzwischen österreichisch besetzte Dresden. Das Bombardement am 19. Juli 1760 setzte ganze Straßenzüge der Altstadt in Flammen, mehrere Hundert Wohnhäuser wurden zerstört, die Kreuzkirche blieb als Ruine zurück. Die erst kurz zuvor fertig gestellte Kuppel der Frauenkirche hingegen – wir wissen das nicht zuletzt aus Johann Wolfgang von Goethes Bericht über seinen Dresden-Aufenthalt im Jahre 1768 – hielt dem Beschuss Stand.

Die eingangs beschriebenen Werke des Hofmalers Bernardo Bellotto, genannt Canaletto, der die Ruinen der Pirnaischen Vorstadt ebenso wie die der Kreuzkirche gemalt und radiert hat, halten die Erinnerung an diese Kriegszerstörung Dresdens fest, die durch die Katastrophe am Ende des Zweiten Weltkrieges aus dem Gedächtnis gedrängt wurde.

Die Nacht vom 13. auf den 14. Februar 1945 erscheint im kollektiven Gedächtnis als Inbegriff der Zerstörung schlechthin (Abb. 128 und 129). Eine über Jahrhunderte gewachsene und dabei zum einzigartigen Gesamtkunstwerk gewordene Stadtanlage, die ihre entscheidende Prägung in der ersten Hälfte des 18. Jahrhunderts erfahren hatte, war über Nacht vernichtet worden. Die Luftangriffe im Februar 1945 trafen – so die kollektive Erinnerung –

Königl: und Churfürstl: Residenzstadt Dresden
vom 13. bis zum 29. Juli 1760.

Oesterr: Kaiserin Therese

Königl v. Polen u. Churfürst: Friedrich August der II

Preuss: König Friedrich II.

ELBE · STROM

General Daun

General Schmettau

1. Die Kreuz Kirche.
2. Die Frauen Kirche.
3. Die Sophien Kirche.
4. Die Katholische Kirche.
5. Das Schloss mit dem Thurme.
6. Das altstädter Rathhaus.
7. Das Pirnaische Thor.
8. Die Böhmische Kirche.
9. Das Waisenhaus u. Kirche.
10. Die St. Anna Kirche u. Wilsche Vorstadt durch die Preussen angezündet.
11. Friedrichstadt.
12. Brücke. 13. Neustädter Rathhaus.
14. Die Kirche 15. Cadettenhaus.
16. Die Casernen 17. Das weisse Thor.
18. Schwarze Thor 19. Bautzner in 3 Linden.
20. Leibnitz des Königs Hauptquartier.
21. Die preussische Armee.
22. Bomben Batterie nach der Kreu : Kirche
23. Bomben Batterie nach der Frauenkirche
24. Die brennende Vorstadt an der Elbe.
25. Batterie vor Neustadt hinter den Scheunen, welche das Japanische Palais.
26. und viele Häuser ruinirte.

126 | Anonym | Königliche und Churfürstliche Residenzstadt Dresden | Deutschland, um 1760
Radierung, 18 x 31 cm | Kupferstich-Kabinett, Staatliche Kunstsammlungen Dresden (Sax.top I, 5, 11 A 131459)

Geschützaufsätze waren Instrumente zum Einrichten von Kanonen, Mörsern usw., mit denen die Flugbahnen der Geschosse präzisiert werden sollten. Solche Flugbahnen sind häufig in Stadtansichten, die an Kriegsereignisse erinnern, dargestellt.

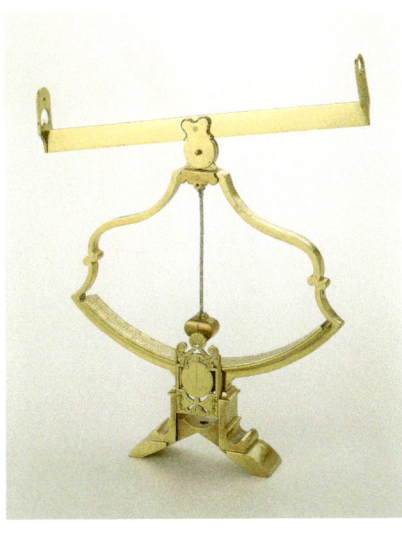

127 | G. A. Günther
Geschützaufsatz
Deutschland, um 1725
Messing, graviert, Eisen,
16,1 x 17,4 cm, T. 20,8 cm
Mathematisch-Physikalischer Salon,
Staatliche Kunstsammlungen Dresden
(C V 67)

128 | Wilhelm Rudolph
Ruine der Frauenkirche
Dresden, um 1945
Federzeichnung mit Tusche,
29 x 39 cm
Kupferstich-Kabinett,
Staatliche Kunstsammlungen Dresden
(C 1959-5)

129 | Wilhelm Rudolph
Das zerstörte Dresden | Dresden, 1952
Öl auf Leinwand, 110 x 150 cm
Galerie Neue Meister,
Staatliche Kunstsammlungen Dresden (Gal. Nr. 2986)

130 | WLADIMIR BOGATKIN | Blick über die zerstörte Carolabrücke | Dresden, 1945
Bleistiftzeichnung, 20,7 x 29,8 cm
Kupferstich-Kabinett, Staatliche Kunstsammlungen Dresden (C 1966, 108)

Zerstörung derart tief in das kollektive Gedächtnis eingegraben und ist immer noch derart präsent im Selbstverständnis, in der Erklärung der Gegenwart und in den Zukunftsentwürfen. Das Wissen um die manchmal die faktischen Grundlagen ignorierende Mythenbildung kann die tiefe, auf realer Zerstörung und realem Grauen beruhende Traumatisierung der Dresdner kaum relativieren. Auch wenn die Zahl der Opfer nicht in sechsstelliger Höhe gelegen hat, sondern nur in fünfstelliger – das Unglück und das Leid lassen sich nicht ermessen und nicht quantifizieren (Abb. 130 und 131).

Der Mythos von der Vernichtung im Stande der Unschuld ist ein konstituierendes Element im Selbstverständnis Dresdens, und er ist durchaus verständlich, doch er trübt den Blick in die Zukunft ebenso wie in die Vergangenheit. Denn so unvorstellbar und unvergleichlich die Zerstörung der Dresdner Innenstadt im Februar 1945 auch gewesen ist, so gehörte Zerstörung doch immer zur Geschichte dieser Stadt, so wie sie zur Geschichte jeder Stadt gehört.

Die mit heutigen Mitteln oberflächlich geschlossene Wunde, die Wiederherstellung einer idealisierten Vergangenheit, wie sie am so genannten historischen Neumarkt rings um die Frauenkirche erfolgt, kann dem Befund, dass Wandel und Veränderung (und mögen sie noch so schmerzhaft sein) zum Wesen einer Stadt gehören, kaum gerecht werden. Welche Blüten solche Geschichtsklitterung treiben kann, zeigt sich schon an einem der ersten Neubauten am Neumarkt, dem so genannten »Hotel de Saxe«. Es ist die oberflächliche, grobe Nachempfindung einer barocken Häusergruppe, die nicht 1945 vernichtet, sondern bereits 1888 abgerissen worden war. Von derartigen Surrogaten und Plagiaten werden sich vielleicht ortsunkundige Besucher der Stadt täuschen lassen, kaum aber die Dresdner selbst. Denn mit der Realität einer über Jahrhunderte gewachsenen, durch Zerstörung und Wiederaufbau gegangenen Stadt hat diese Beschwörung eines vermeintlich idealen Zustandes wenig zu tun.

eine unvorbereitete Stadt und forderten deshalb zahllose Opfer unter der Bevölkerung und den zufällig hier weilenden Flüchtlingen. Die Luftschutzmaßnahmen waren, was bisweilen vergessen wird, sträflich vernachlässigt worden; nach dem Inferno wurde die Schuld dann vom Hauptverantwortlichen, Gauleiter und Reichsstatthalter Martin Mutschmann, dem Stadtbaurat Paul Wolf zugeschoben. Die Stadt in ihrer Gesamtheit (sicherlich nicht jeder einzelne ihrer Einwohner) hatte sich wohl allzu sehr in Sicherheit gewogen, und dieses trügerische Gefühl wird retrospektiv zur Sicherheit aus dem tiefen Bewusstsein der Unschuld umgedeutet. Dass Dresden neben seiner politische und militärische Harmlosigkeit suggerierenden kulturellen Bedeutung – die so harmlos nicht gewesen ist: man denke nur daran, dass hier eine Drehscheibe für Hitlers Kunsttransaktionen gewesen ist –, Gewicht in der deutschen Verteidigungsstrategie und in der Rüstungsproduktion hatte, gerät fast in Vergessenheit. Der »Mythos Dresden« wurde noch im Frühjahr 1945 durch die deutsche Propaganda begründet, und er hat sich als bemerkenswert konstant erwiesen über die Jahrzehnte und den Wechsel der politischen Systeme hinweg, unbeschadet aller neuen Erkenntnisse von Historikern. In kaum einer anderen deutschen Stadt hat sich die

131 | Christian Borchert | Kulisse zum Film »5 Tage – 5 Nächte« | Deutschland, 1960er Jahre
Fotografie, 24,8 x 37,8 cm | Kupferstich-Kabinett, Staatliche Kunstsammlungen Dresden (D 2001-27)

Die Fotografie von Borchert zeigt die Kulisse für den Film »5 Tage – 5 Nächte« über das zerstörte Dresden.

132 | ANONYM
Die Dresdner Brücke nach der Sprengung
Deutschland, nach 1813
Lithografie, 20,2 x 30,8 cm
Sächsische Landesbibliothek –
Staats- und Universitätsbibliothek Dresden,
Kartensammlung (B 3519)

Die Dresdner Brücke, nach der am 19 März 1813 erfolgten Sprengung; gezeichnet im Augenblick der Ankunft des Rußischen Parlementairs.

Ohne das unvorstellbare Ausmaß der Zerstörung vom Februar 1945 und die daraus resultierende Traumatisierung der Dresdner Bevölkerung auch nur im geringsten zu relativieren, kann doch danach gefragt werden, ob es in der Geschichte der Stadt bereits zuvor gravierende, das Stadtbild nachhaltig verändernde Eingriffe gegeben hat. Auch wenn die einzelnen Akte der Zerstörung nicht aufgewogen werden können, wenn Leid nicht gegen Leid aufzurechnen ist, wenn der wie ein Naturereignis hereinbrechende Stadtbrand nicht mit der planmäßigen Vernichtung im Krieg gleichgesetzt werden kann, so ist es dennoch sinnvoll, sich die Stationen der brachialen Veränderung im Stadtbild vor Augen zu führen.

Schon vor den Zerstörungen der Altstadt, der Wilsdruffer und der Pirnaischen Vorstadt in den verschiedenen Etappen des Siebenjährigen Krieges (1756–63) war Dresden von Kriegswirren in Mitleidenschaft gezogen worden. 1429 griff der Hussitenkrieg, ein von Böhmen ausgehender Glaubenskampf, nach Dresden über. Ein Heer der hussitischen »Ketzer« erreichte im Oktober 1429 die Stadt und brannte Altendresden (die spätere Neustadt) nieder. Die Elbbrücke konnte in letzter Minute gesichert und somit die Eroberung der Altstadt verhindert werden. Auch ein Jahrhundert später, 1547,

wurde im Schmalkaldischen Krieg wiederum das rechtselbische Altendresden schwer getroffen. Das befestigte linkselbische Dresden dagegen konnte sich zunächst schützen. Die Vorstädte wurden von den Verteidigern selbst niedergebrannt, um den vorrückenden Gegner, dem ernestinischen Kurfürsten, zu behindern. Dabei übersprangen Flammen die Stadtmauern und zerstörten die Häuser im Umkreis der Frauenkirche. Im Dreißigjährigen Krieg (1618–48), blieben Dresden und Altendresden zwar von Zerstörungen verschont, doch die Vorstädte und die Dörfer der Umgebung wurden in Mitleidenschaft gezogen.

Zu den Plagen, die jede Stadt im Mittelalter und in der frühen Neuzeit heimsuchten, gehörten Epidemien und Brände. Pestepidemien forderten zwar Opfer unter der Bevölkerung, doch sie bedeuteten natürlich keine unmittelbare Zerstörung der Bausubstanz (Abb. 134). Mittelbar und längerfristig hatten sie allerdings durchaus ihre Auswirkungen auf die Entwicklung und die Gestalt der Stadt: Leerstehende Gebäude verfielen, Städte schrumpften. Auch Dresden wurde im Laufe der Jahrhunderte immer wieder von Pestepidemien heimgesucht, von der großen Seuche 1348/49, die weite Teile Europas entvölkerte, dann 1507, 1607, 1631/34 und 1680.

Brand von Neudorf bey Dresden | Incendi de Neudorf près de Dresde
den 7. August 1802. | le 7. Août 1802.
bei C. C. Meinhold in Dresden.

133 | Anonym | Der Brand von Neustadt | Deutschland, um 1802
Kolorierte Aquatinta, 11,1 x 15,6 cm
Kupferstich-Kabinett, Staatliche Kunstsammlungen Dresden (Sax.top I 4, 51 A 131449)

134 | Anonym | Klippe zur Erinnerung an die Pest 1681
Post Nvbilia Phoebus 1680 | Rs. Nvlla calamitas sola: In memor: temp: Pestvs 1681
Dresden, 1681
Silber, 7,22 x 7,92 cm
Münzkabinett, Staatliche Kunstsammlungen Dresden (5476)

Verheerende, in ihren Auswirkungen den Kriegsereignissen vergleichbare Brände gehörten bis ins späte 19. Jahrhundert zum Schicksal jeder Stadt (Abb. 133). Sie waren nicht vorhersehbar und dadurch fast noch erschreckender als Kriegsereignisse. Durch die enge Bebauung, leicht entzündliche Baumaterialien, offenes Feuer in den Häusern und Werkstätten ließ es sich nicht vermeiden, dass immer wieder die Flammen übersprangen und sich durch die Gassen fraßen. Eine der größten Brandkatastrophen in der Geschichte Dresdens nahm 1491 von einer Bäckerei in der Webergasse ihren Ausgang. Starker Wind begünstigte die Ausbreitung der Flammen, und bald war fast die Hälfte der schindelgedeckten Fachwerkhäuser zerstört, ebenso Kreuzkirche und Kreuzschule. Daraufhin gab Herzog Albrecht der Stadt eine neue Bauordnung, die bestimmte, es müsse bis zum ersten Stock gemauert und das Dach mit Ziegeln gedeckt werden. Doch die Um- und Durchsetzung war offenkundig schwierig. Immer wieder mussten neue Bauordnungen erlassen werden, die die Brandgefahr eindämmen sollten. Altendresden wurde zwei Jahrhunderte später, 1685, von einem verheerenden Brand heimgesucht, der von einer Tischlerei in der Großen Meißner Gasse ausging und mit Ausnahme des Jägerhofs und des Rathauses den gesamten Ort vernichtete (Abb. 53, S. 69). In diesem Falle war die Katastrophe der Anlass für eine Neuanlage, die wir heute als eines der bedeutendsten barocken Ensembles in Sachsen schätzen. Nach einem Generalplan des Oberlandbaumeisters Wolf Caspar

von Klengel entstand anstelle der engen mittelalterlichen Siedlung eine großzügige barocke Anlage mit repräsentativer mehrstöckiger Bebauung und eindrucksvollen Paradebauten wie dem Japanischen Palais, dem Blockhaus und der Dreikönigskirche.

Alle Brände, die immer wieder einzelne der bedeutenden Dresdner Bauwerke, vom Residenzschloss bis zur Kreuzkirche, beschädigten oder vernichteten, lassen sich hier nicht aufzählen. Erwähnt sei nur der 1869 aus Fahrlässigkeit verursachte Brand des ersten Semperschen Opernhauses, auf den dann, wiederum nach Plänen Gottfried Sempers, ab 1871 ein Neubau an derselben Stelle erfolgte. 1938 wurde ein weiteres Werk des berühmten Architekten durch Brand zerstört, doch es war diesmal nicht Fahrlässigkeit, sondern ganz gezielte, verbrecherische politische Absicht, der 1938 die Synagoge zum Opfer fiel. In diesem Falle dauerte es mehr als sechs Jahrzehnte bis zum Neubau.

Zerstörung gehört – auch wenn sich dies zynisch anhören mag – zur Geschichte einer Stadt. Sie muss nicht nur als gewaltsames Ereignis von außen hereinbrechen, als Krieg, als Brandstiftung oder Naturkatastrophe. Zur Zerstörung gehört auch der geplante, gewollte Abriss, um Platz für neue Bauten

135 | ANONYM | Interimsbrücke | Dresden, 1907
Fotografie
Sächsische Landesbibliothek – Staats- und
Universitätsbibliothek Dresden, Fotothek (269746)

und Raum für neue Bedürfnisse zu schaffen. Diese Art von Zerstörung, diese beständige Veränderung, diese Anpassung an neue Verhältnisse gehört untrennbar zur Entwicklung einer Stadt, sie gehört zum Wesen jeder Urbanisierung.

Das neue, barocke Verständnis der Stadt als »Gesamtkunstwerk« im 18. Jahrhundert forderte gerade an repräsentativen Orten und Plätzen Eingriffe, Abrisse, verschönernde und vereinheitlichende Maßnahmen. Kurfürst August der Starke und seine Baumeister nahmen massiven Einfluss auf das Stadtbild, beispielsweise am städtischen Hauptplatz, dem Altmarkt. Dort konnte August der Starke 1707 endlich den Abriss des mittelalterlichen Rathauses durchsetzen, den seine Vorgänger schon seit anderthalb Jahrhunderten gefordert hatten. Der Bau behinderte nämlich die Veranstaltung höfischer Feste genauso wie den Verkehr.

Das 19. Jahrhundert dann bot für Dresden, ebenso wie für andere Städte, durch die Entfestigung großartige Entwicklungs- und Entfaltungsmöglich-keiten. Das Abtragen der Wälle und Zuschütten der Stadtgräben schuf Platz für neue Straßen oder Boulevards, für repräsentative Gebäude – man denke dabei nur an die Ringstraße in Wien, die an der Stelle der alten Stadtmauern angelegt wurde. In Dresden vollzog sich die Entfestigung und damit der Beginn der Transformierung zur modernen Stadt zwischen 1809 und 1830. Eigentlich hatte dieser Prozess schon ein Jahrhundert früher begonnen, mit den Breschen in der Bastion »Luna« für die Anlage des Zwingers und etwas später mit Eingriffen in die Befestigung des Altstädter Brückenkopfes zugunsten des Baus der Hofkirche.

Das Tempo der Umwandlung der Stadt im Dienste der Modernisierung wurde im 19. und frühen 20. Jahrhundert immer schneller. 1886 bis 1888 erfolgte beispielsweise der Durchbruch der König-Johann-Straße (entspricht ungefähr der heutigen Wilsdruffer Straße) beim Landhaus zum Pirnaischen Platz. Etwa zur gleichen Zeit wurde der Gebäudekomplex des Hotel de Saxe am Neumarkt abgerissen, um Platz für ein Postgebäude zu schaffen. An der

Brühlschen Terrasse mussten die schlichten gräflichen Bauten wie die Brühlsche Galerie und die Bibliothek dem pompösen, die Dresdner Silhouette prägenden Neubau des Kunstvereins und der Kunstakademie weichen. Die altehrwürdige Augustusbrücke, immer wieder von Kriegen und von Hochwasser in Mitleidenschaft gezogen, wurde 1906 abgebrochen, um einem überfälligen Neubau Platz zu machen (Abb. 135). Wilhelm Kreis als Architekt und Hermann Klette als Ingenieur gelang dabei das Kunststück, eine moderne Stahlbeton-Konstruktion zu entwickeln und trotzdem durch Form und Sandsteinverkleidung die Erinnerung an die alte Brücke zu bewahren. Weniger glücklich ist die Geschichte des Neuen Rathauses. Der Bedarf an einem Neubau für die Verwaltung der wachsenden Großstadt war am Beginn des 20. Jahrhunderts zwar unumstritten, der Preis dafür allerdings hoch. Ein intaktes, über Jahrhunderte gewachsenes Quartier wurde planiert; selbst bedeutende Bauwerke wie die Reformierte Kirche (Gotthardt Kuehl hat ihren Abbruch im Bild festgehalten) oder das Palais Loß wurden der raumgreifenden Stadtverwaltung geopfert.

Hinreichend bekannt ist schließlich, wie nach dem Zweiten Weltkrieg mit zahlreichen Ruinen umgegangen wurde, deren Rettung und Rekonstruktion möglich gewesen wäre (siehe den Beitrag von Lerm). Von der Sprengung der barocken Bürgerhäuser an der Großen Meißner Straße im Jahr 1949 über die Zerstörung von Gottfried Sempers Villa Rosa bis zum Abriss der Sophienkirche 1962/63 zieht sich die traurige Reihe der Vernichtung wertvoller Bauten, die heute die Dresdner Silhouette bereichern würden. Die utopische Vorstellung, auf einer freien Fläche eine neue, sozialistische Architektur und damit auch eine neue, sozialistische Gesellschaft zu schaffen, sorgten im Verbund mit pseudorevolutionärer Verbohrtheit und schlichter Ignoranz für einen heute scheinbar undenkbaren Vandalismus. Doch keine billigen Schuldzuschreibungen an eine vergangene Ära! Wurden nicht seit 1990 Dutzende von Ruinen oder gar intakten Gebäuden »entsorgt«, ohne dass eine direkte Notwendigkeit bestanden hätte?

Es gibt allerdings auch heute mitunter Abrissmaßnahmen, die einen städtebaulichen Sinn haben und frühere Fehler korrigieren. Das als Signal der neuen Stadt damals gut gemeinte, in seinen Auswirkungen wie in seiner banalen Form aber unglückliche Hochhaus am Terrassenufer fand so sein angemessenes Ende. Aber seien wir vorsichtig – wer weiß, ob nicht die nächste Generation diesen Abriss bedauern wird, so wie wir heute der Sophienkirche nachtrauern?

45

136 | Edmund Kesting | Dresden 1945
Dresden, 1945
Aquarell, Feder in schwarz und blau, 40 x 30,9 cm
Kunstsammlungen Chemnitz (Z 1966)

Matthias Lerm

Identitätssuche nach 1945 –
Zum Dresdenbild beim Neuaufbau

Zum Dresdenbild der unzerstörten Stadt

Dresden galt immer als Stadt der Künste von europäischer Bedeutung. Obwohl sie ihren Aufstieg zur Großstadt in hohem Maße einem innovationsfreudigen Klima und einer vielfältigen, spezialisierten und massiven Industrialisierung verdankte, spielten diese Aspekte im Image eher eine untergeordnete Rolle. Verdunkelt wurde dieses Bild im Dritten Reich durch die Erklärung der Stadt zu einer der fünf »Führerstädte« und durch Deportation, Zwangsarbeit und Kriegswirtschaft. Nach dem »Endsieg« sollte Dresden als neuer geografischer Mittelpunkt Deutschlands und Europas großflächig erweitert werden.[1] Der Stadt war dann die Rolle als »Kulturzentrum Europas«[2] zugedacht. Die für die Nachkriegsentwicklung maßgeblichen städtebaulichen Schlagworte wurden bereits in der Zeit des Dritten Reiches geprägt: Die Stadt sollte sich einer »einheitlichen, monumentalen Baukunst« erfreuen, »organisch« wachsen sowie »gegliedert« und »aufgelockert« sein.

Diskussion um Aufbaustrategien

Wie in anderen schwer vom Krieg gezeichneten Städten wurde die Diskussion zunächst von den Trümmern, den von ihnen ausgehenden Gefahren, der Normalisierung der Lebensprozesse und der Gewinnung von Baustoffen für den Aufbau beherrscht. Schon bald schloss sich die Frage nach künftigem Wohnen an: Aus den Bombenkellern heraus sehnte man sich unter der in den 1920er Jahren geprägten Formel von Licht, Luft und Sonne nach einer neuen Stadt. Wohnzeilen sollten frei in fließenden, durchgrünten Räumen stehen.

Die Idee der funktionalen Stadt der »Charta von Athen« mit der Separierung in – durch Schnellverkehrswege verbundene – Funktionsbausteine wurde in Dresden durch den Beitrag von Hanns Hopp zum Wettbewerb »Das neue Dresden« von 1946 artikuliert. Die Zerstörung schien diese Möglichkeit einer radikalen Umgestaltung zu eröffnen.

Konsens bestand im Ziel des Aufbaus einer demokratischen Ordnung. Schon nach wenigen Monaten der Diskussion war der Begriff »Wiederaufbau« durch den programmatischen »Neuaufbau« ersetzt worden. Ein Großteil der Planer sah sich nun von früheren Hemmnissen wie der Beachtung von Grundstücksgrenzen, Entschädigungsansprüchen und Besitzerinteressen befreit und endlich die Chance gegeben, den Stadtgrundriss zu korrigieren. Dementsprechend widmete Gotthold Weicker allein 22 Blätter seines Aufsatzes dem Thema verkehrlicher Verbesserungen: »Der Aufbauplan muß sich dem [Verkehr] fügen, von dort ausgehen. [...] Der Bombenterror hat freie Bahn geschaffen, sie ist zu nützen.«[3] Ganz in diesem Sinne legte Hans Reingruber 1946 seine »großzügigen Planungen neuzeitlicher zügiger Hauptverkehrsstraßen mit allen Merkmalen eines Straßenschnell- und Hochleistungsverkehrs«[4] vor, die breite Resonanz und schlimmste Ahnungen der Denkmalpfleger hervorrief.

Andere Motive bestimmten die Haltung der Teile der Bevölkerung, die Architekten und Planern die Mitschuld an der tödlichen Falle des Feuersturms gaben: »Nie wieder sollen Menschen mit einem Fluch für die Städtebauer auf den Lippen sterben, weil sie im Moment der Gefahr durch deren Schuld den Weg zum Leben abgeschnitten sahen.«[5] Zu dieser Absage an die alte Stadt trat die vielfach in den Äußerungen der Bürger dokumentierte Mahnung der zerstörten Stadt zum Frieden: »Man lasse getrost einen Teil der Häusertrümmer als ewiges Mahnmal für die leichtvergeßlichen und zur Oberflächlichkeit neigenden Menschen liegen.«[6] Dies schloss sogar die vollständige Anerkennung der Zerstörung als dauerhafte Realität ein. Demnach sollte Dresden etwa bei Scharfenstein auf den linkselbischen Höhen neu errichtet werden. Man schlug vor, »den Zwinger als Platz ordentlich aufzuräumen [und] die Reste der Bauwerke sich mit Rankrosen und Wildem Wein bedecken zu lassen«.[7]

Einige Planer nutzten die Luftkriegsfolgen zur Förderung der Ideen des Siedlungsbaus der 1920er und 30er Jahre. Hubert Hoffmann hatte schon im Oktober 1945 betont, die zerstörten Gebiete seien in Gärten zu verwandeln. Die »Vernarbung« wäre durch Abrundung restlicher Wohngebiete und Grünkulissen zu erreichen. »Die Schrumpfung der Großstadt verlangt [...] eine sehr lockere und weiträumige Bebauung, wobei dem sparsamen ein- und zweigeschossigen Einfamilienreihenhaus der Vorzug zu geben ist.«[8]

Abbruchvandalismus

Die Realität wurde zunächst von der Beräumung der Hauptverkehrswege beherrscht und bald von der industriell betriebenen Großflächenenttrümmerung. Diesem Gedanken waren die ersten Masseneinsätze verpflichtet, die unter dem im ersten Jahresbericht des Amtes für Großberäumung widergegebenen Motto gestanden haben könnten: »Man muß die zerstörten Städte als Steinbruch betrachten.«[9] Dem folgend war es kein Zufall, dass ein Mann wie Hans Wermund, der sich selbst als Realisten und Pragmatiker bezeichnete, vom Chef der Enttrümmerung zum Wiederaufbaureferenten befördert wurde. Die total zerstörten Gebiete würden für »einen ›Wiederaufbau‹« von vornherein ausscheiden. »Etwa zwölf Quadratkilometer früher dichtest bebauter Fläche wird von totaler Zerstörung schließlich bedeckt sein.«[10]

Frühzeitig regte sich in der Bevölkerung Widerstand gegen die sich abzeichnende völlige Abräumung: Der ehemals in Breslau als Denkmalpfleger tätige Richard Konwiarz hatte schon Ende 1946 gemahnt: »Man muß behutsam vorgehen und sich hüten, daß nur noch ein seelenloser Altstadtrest übrigbleibt. Der Wert der Individualität der Dresdner Altstadt als städtebauliches Kunstwerk kann kaum hoch genug eingeschätzt werden.«[11]

Die Denkmalpfleger mussten jedoch tatenlos zusehen, wie ein Bauwerk nach dem anderen der Sprengung anheim fiel und sich an Stelle der Innenstadt weitläufige Grassteppen, vereinzelt von Schafherden belebt, ausbreiteten. Anlässlich der Tagung des Sächsischen Denkmalrates am 16. Februar 1948 wurde der Stadt gar vorgeworfen, dass sie »zur Erhaltung ihrer Baudenkmale nicht das Notwendige getan habe und tue, um die Bedeutung der Stadt Dresden auch künftigen Geschlechtern gegenüber zu manifestieren«.[12] Die Beratung schloss mit den Worten des Landeskonservators Walter Bachmann, »man dürfe in Dresden nicht soviel sprengen«.

Wertvolle Bestände fielen einem als »Notsprengungen« deklarierten Vandalismus zum Opfer. »Stilnachahmungen aus dem Ende des vorigen Jahrhunderts« galten als vogelfrei, außerdem alle Zeugnisse »unzeitgemäßen«, »monarchistischen«, »reaktionären« Bauens. Ausgetrieben werden sollte »der alte Geist der Denkmalpflege«. Das verbliebene Bürgertum wurde durch Beseitigung der Stätten der Kulturpflege systematisch gedemütigt. Es könne nicht darum gehen, »daß die Gebäude restauriert werden sollten, nämlich die Gebäude der Bourgeoisie«.[13]

1956 konnte Oberbürgermeister Walter Weidauer stolz konstatieren, dass die »Atmosphäre der ehemaligen Residenz« verschwunden sei.[14] Walter Ulbricht hielt es vor dem Hintergrund anhaltender Diskussionen um letzte wertvolle Ruinen gar für angebracht, zu drohen: »Dann werden wir uns mit denen beschäftigen, von denen wir wissen, daß sie Einwände erheben. Das sind diejenigen, die nach dem Westen schielen, die der Meinung sind, daß wir in Dresden eine Altertumssammlung aufbauen.«[15] Er gab als Aufbauschwerpunkte vor, eine »moderne sozialistische Stadt« zu erschaffen, dabei zu »berücksichtigen, daß der Verkehr in einigen Jahrzehnten größer« sei und »die schönen architektonischen Bauten nicht zu verbauen – damit man sie auch sehen kann«. Schon zwei Monate später konnten die positiven Wirkungen der Arbeiten bestätigt werden: »Durch die Enttrümmerung der Stadt ist eine erhebliche Verbesserung der Übersicht des Verkehrsnetzes vorhanden. Der Verkehr wird dadurch flüssiger.«[16]

Von 25.000 zerstörten Bauten waren nur etwa 25 Ruinen übrig geblieben.[17] Die alte Stadt war auf 15 Quadratkilometern nur noch im Grundriss, ihren Straßen und den unterirdischen Versorgungsnetzen erhalten.

Zum Dresdenbild beim Neuaufbau

Kurt Wilhelm Leucht bestimmte 1949 die Rolle Dresdens als Hauptstadt Sachsens, Arbeits-, Kunst- und Kulturzentrum,[18] womit ausdrücklich eine Zurückdrängung des früheren kunstlastigen Images verbunden war. Diese Zuordnung blieb für die ersten Jahre der DDR gültig. Als Aufgabenstellung für das neue Dresden wurde genannt: »Dresden als Landeshauptstadt und zentraler Ort für einen Großraum von 1,8 Millionen Einwohnern[,] Dresden bleibt bedeutende Industriestadt [und] Dresden hat die bedeutenderen Aufgaben einer Kunst- und Kulturstadt zu erfüllen«. Ganz ähnlich, doch in Nuancen eingeschränkt, bestanden die »städtebildenden Faktoren« für Dresden entsprechend des Ministerratsbeschlusses vom August 1952 in der Industrie, in der Kultur, nunmehr lediglich Hoch- und Fachschulen umfassend, und der Verwaltung.[19]

1953 hatte Otto Grotewohl, Vorsitzender des Ministerrates, ins Gästebuch der Stadt Dresden eingetragen: »Dresden muß seinen alten Ruf zurückerobern: Kunststadt!«[20] Ausgerechnet im Jahr der Sprengung der Barockhäuser Rampische Straße stellte die Stadt ihrer Festschrift zur 750-Jahr-Feier dies Zitat voran.[21] Die Machthaber setzten stattdessen alles daran, das Image einer »Industriestadt im Ballungsraum Oberes Elbtal« zu betonen. Diese wies bei knapp fünf Prozent Anteil an der DDR-Gesamtbevölkerung mit zusammen 770.000 Einwohnern acht Prozent der Industrieproduktion des Landes auf.[22]

Eine neue Stadtkrone

Der spätere Oberbürgermeister Walter Weidauer hatte schon am 5. Januar 1946 mit großem propagandistischen Aufwand den »Ersten Dresdner Aufbauplan« der Öffentlichkeit vorgestellt: »Keine Paläste für die Reichen und Hütten für die Armen, sondern Demokratie auch im Wohnungsbau. [...] Nicht eine Residenzstadt mit ihrem starken parasitären Einschlag, sondern eine Stadt der Arbeit, der Kultur, des Wohlstandes für alle muß Dresden werden.«[23]

Drei Jahre später waren diese Gedanken in der Arbeit von Kurt Wilhelm Leucht aufgegangen. Er erklärte im Februar 1949, dass der wichtigste Punkt einer »fortschrittlichen Planung« zur Neuordnung der Stadt unter der Prämisse »Maßstab Mensch, vor allen Dingen der werktätige Mensch« die Überwindung der jahrhundertealten Grundstücksgrenzen sei.[24] Die Planung war dann in den zum »Aufbaugebiet« erklärten Gebieten durch das Aufbaugesetz der DDR und die in Dresden bereits seit 1948 bestehende Regelung zur Inanspruchnahme des Bodens von der Bindung an Eigentum und Parzellen befreit.[25] Dies ging weit über das in anderen Orten Übliche hinaus und legte den Grundstein für den fast völligen Verzicht auf historische Gegebenheiten beim Neuaufbau.[26] Durch privat geschaffene Realitäten hätte leicht das Fernziel, eine neue sozialistische Stadt für neue Menschen, verloren gehen können. Die Stadtverordnetenversammlung von 1951 brachte dies auf den Punkt: »Bauherr dieser Stadt ist einzig und allein das werktätige Volk.« Oberbürgermeister Walter Weidauer tat schließlich den Ausspruch: »Es ist besser, man baut im Frieden auf einem fremden Boden, als daß einem im Kriege fremde Bomben auf den Kopf fallen.«[27]

In dem Sinne »sozialistisch«, wie er sich später mit dem Namen der DDR verband, wurde Dresdens Städtebau dann mit den Einträgen der 1950er und 60er Jahre. Die Demonstrationsstraße, der Demonstrationsplatz und das Haus der sozialistischen Kultur wurden zum baulichen Ausdruck der neuen Machtverhältnisse.

137 | Hermann Krone
Blick von der Marienbrücke nach der Altstadt | Dresden, um 1863
Stereo-Fotografie
Hermann-Krone-Sammlung, Technische Universität Dresden,
Institut für Angewandte Photophysik (N 0360. Kronenummer 36 D; 446)

In den »Grundsätzen für den Neuaufbau Dresdens«[28] wurde verkündet, dass die neue Stadt »Ausdruck des politischen Lebens und des nationalen Bewusstseins« zu sein habe. Zunächst wurde allerdings noch Rücksichtnahme auf die historische Stadtsilhouette empfohlen. Die die 1950er Jahre bestimmende Diskussion um das monumentale Kulturhochhaus (Abb. 143, S. 145) hatte als Nebenwirkung, dass man sich vom Bild der historischen Stadtsilhouette verabschiedete. Es galt, die Unsicherheit der neuen Machthaber zu überspielen: »Die neue Dominante soll die Herrschaft der Werktätigen zum Ausdruck bringen und gleichzeitig den Sieg über die alte kapitalistische Welt.«[29] Man konstatierte eine »Verschärfung des Klassenkampfes«. Es sei allzu offensichtlich, »daß die Klassengegner den Aufbau am Altmarkt verzögern und unterbinden oder den Baubeginn von der [archäologischen] Stadtkernforschung abhängig machen wollen«[30]. Die leisen, aber beharrlichen Stimmen, die unermüdlich die Werte der Stadt betonten, wurden von der SED pauschal als »Verfechter der bürgerlichen Ideologie« bezeichnet, die »Dresden als eine Stadt aufbauen [wollen], in der die alten monarchistisch-bürgerlichen und klerikalen Auffassungen des Städtebaus konserviert werden sollen«[31].

Die Architekten Kurt Bärbig, R. Walter Jähnig und Friedrich Rötschke erhoben Einspruch gegen die Juryentscheidung des Altmarktwettbewerbs 1952: »Hochhausmaßnahmen« in Dresden seien [...] innerhalb des 26er Rin-

ges nur bis zur Kranzgesimshöhe der Frauenkirche möglich. Ein Wiederaufbau der Frauenkirche stelle keinen städtebaulichen Romantizismus dar, sondern sei durchaus real und müsste Aufgabe der evangelischen Konfessionsgemeinschaft Deutschlands sein. »In der steinernen Musik der Stadtsilhouette und ihrer Wiederherstellung kann sie im übrigen durch kein anderes Bauwerk gleichwertig ersetzt werden – man müßte sie geradezu wiedererfinden. Dresden ohne Frauenkirche würde nicht mehr das Dresden sein, das die Welt bewundert.[...] Daß im Falle Dresdens städtebauliche Dominanten Kirchen sind, ist ein historisches Faktum und berechtigt nicht zu ihrer optischen Zerstörung.«[32]

Walter Ulbricht persönlich rief wenig später zur Bereinigung der Stadtsilhouette auf: »Magdeburg hat aber beispielsweise zwei Kirchen entfernt und damit gleich eine wichtige Verkehrsfrage gelöst. Sie müssen sich daran gewöhnen, daß bei Kulturbauten, die geschaffen werden, die neue Macht dokumentiert wird. Es gibt kein Monopol in bezug auf Türme.«[33]

Die bauliche Weiterentwicklung Dresdens stand fortan unter dem Slogan: »In Staat und Wirtschaft ist die Arbeiterklasse der DDR bereits der Herr. Jetzt muß sie auch die Höhen der Kultur stürmen und von ihnen Besitz ergreifen.«[34] Wie das geschehen sollte, kam beispielsweise in der »volkswirtschaftlichen Aufgabenstellung« für das Kulturhochhaus zur Sprache: »Der Turm steht seitlich neben dem Kulturhaus wie ein Wächter und wird zum Symbol der Verbindung des Menschen und der menschlichen Gesellschaft mit dem Raum. Er sollte in seiner Form die wissenschaftliche Exaktheit des marxistischen Weltbildes versinnbildlichen. Er erhebt sich über einer unterirdischen Krypta zum Gedenken der Opfer des 13. Februar 1945. Darüber sollte an einem mit Reliefdarstellungen der Kämpfe der Arbeiterklasse geschmückten Sockel das Denkmal Ernst Thälmanns Platz finden. In den einzelnen Stockwerken über diesem Sockel wird in kunsthandwerklich gestalteten Darstellungen die Beziehung des Menschen zur Gesellschaft gezeigt (Beispiele: Akustische Tonsignale bei statistisch errechneten Zeitabständen der Geburts- und Todesfälle, Bevölkerungspyramiden in verschiedenen historischen Beziehungen zur Stadt, Karten mit Produktionsleistungen, Ehrentafeln für Aktivisten, Globen mit Darstellungen unserer Handelsbeziehungen, unserer kulturellen Verbindungen, unserer Schiffahrts- und Fluglinien und andere Exponate, aus denen die Bedeutung Dresdens in der Welt sichtbar wird.) Als Krönung dieser Einrichtungen entsteht ein festlicher Raum für sozialistische Namensgebungen, Hochzeiten, Ehrungen und ähn-

138 | Verlag: Friedrich Kaiser & Sohn
Postkarte: Dresden | Freital, 1980
Fotografie, 10 x 15 cm | Stadtarchiv Dresden (GA-062)

139 | Verlag: VEB Foto-Verlag
Postkarte: Grüße aus Dresden | Erlbach, 1982
Fotografie, 10 x 15 cm | Stadtarchiv Dresden (GA-063)

140 | Verlag: Brück & Sohn
Postkarte: Dresden im neuen Gewand | Dresden, 1972
Fotografie, 10 x 15 cm | Stadtarchiv Dresden (GA-073)

Seit den 1960er Jahren wurde das Bild Dresdens verstärkt durch die »Wiederaufbauleistungen« geprägt.
Neubauviertel wie die Prager Straße traten in der Darstellung der Stadt gleichberechtigt neben historische Bauten.

141 | Peter Götz Güttler
25 Jahre DDR Prager Strasse Dresden
Rs. Staatl. Kunstsammlungen Dresden. Semperbau 1847–55
Dresden, 1974
Weißmetall, Dm. 6,15 cm
Münzkabinett, Staatliche Kunstsammlungen Dresden (75/140)

142 | Anonym | Blick durch Bogen der Carolabrücke auf Terrassenufer | Dresden, 1969
Fotografie
Sächsische Landesbibliothek – Staats- und Universitätsbibliothek Dresden,
Fotothek (154521)

liche Feiern. Von der obersten Plattform des Turmes aus können Demonstrationen geleitet und Reportagen gesprochen werden.«[35]

Nach langen Jahren der Auseinandersetzung wurde schließlich erreicht, dass das »Haus der sozialistischen Kultur«, der heutige Kulturpalast, ohne stalinistischen Turmbau ab 1961 realisiert wurde. Die Funktion der neuen Höhendominante ging fortan auf ein am Nordende der Prager Straße geplantes Hotelhochhaus über.

Gestaltung Dresdens als »sozialistische Großstadt«

Ab 1953 wurde der Begriff »Neuaufbau« überhöht zum »Aufbau sozialistischer Großstädte«.[36] Nur noch kurios mutet aus heutiger Sicht an, wenn damals zu lesen stand, dass für die »werktätigen Massen« Westdeutschlands das, »was vor ihren Augen in Berlin, Rostock, Magdeburg und Dresden wächst, ihre eigene schönere Wirklichkeit im geeinten Vaterland von morgen«[37] sei.

Im Herbst 1960 gab die SED-Bezirksleitung Dresden die Kriterien für den Aufbau Dresdens als »sozialistische Großstadt« vor, die am Vorabend des 13. Februar 1962 als »Programm Dresden – sozialistische Großstadt« von der Stadtverordnetenversammlung scheindemokratisch legitimiert wurde.[38] Demnach sei ein rasches Bautempo auf Basis der modernen Bauweise zur Schaffung neuer Industriebetriebe, »kulturvoller Wohnbauten und Einrichtungen für die Befriedigung der materiellen und geistigen Bedürfnisse der Bevölkerung« erforderlich. »Eine moderne sozialistische Großstadt mit einem unserer Zeit entsprechenden starken Kraftfahrzeugverkehr« könne »doch nicht unter dem Gesichtspunkt der Straßenbahn gesehen werden«. Die Stadt müsse schön sein, deshalb seien sofort die Fassaden an den wichtigsten Straßen, in denen sich die Einkaufszentren befinden und die Bevölkerung sich konzentriere, neu zu streichen. »Ruinen und Trümmerberge« wären im Rahmen des Nationalen Aufbauwerkes zu beseitigen.[39]

Nun war weiteren »Vorschlägen« Tor und Tür geöffnet. Der Abbruch der Sophienkirche wurde forciert und schließlich 1962/63 vollzogen. Prof. Walter Reichardt, TU Dresden, beschwerte sich bei Walter Ulbricht: »Warum gibt man Vorwand zu der These, man habe hier 17 Jahre nach dem 13. Februar 1945 das vollendet, was dieser Angriff verschont hatte? In der ganzen Welt werden Ruinen besichtigt, die aus alter Zeit künden. Warum nicht auch in Dresden? [...] In einigen Jahrzehnten wird man entdeckt haben, da dieses alte Dresden Ströme von Kunstbeflissenen anlockt und diese wertvolle Devisen ins Land bringen, und dann wird man lächeln über angeblich ökonomische Gesichtspunkte unserer Zeit, die einen gastronomischen Betrieb mit Tanzkaffee für wichtiger hielt als die Erhaltung ältester deutscher Kunstdenkmäler.«[40]

Der Generalbebauungsplan und Generalverkehrsplan 1967/68, überschrieben mit »Das neue Dresden«, forderten dann eine Umgestaltung »tiefgreifender denn je«. Als Hauptfunktionen wurden benannt: Wohnen, Verkehr, Verwaltung, Grünanlagen und Parks, Versorgungseinrichtungen einschließlich Warenhäusern und gastronomischen Einrichtungen, Touristikbereiche mit Hotels und historischen Stätten, darunter Museen, Galerien und Sammlungen, Einrichtungen der Kultur und sogar der Produktion. »Im östlichen Bereich wird der zentral gelegene eindrucksvolle Trümmerberg der einst weltbekannten Frauenkirche inmitten einer Frei- und Grünfläche im Umfang des ehemaligen Neumarktes zum Zusammenschluss der teils erhaltenen, teils wiederaufgebauten Gebäude unterschiedlicher Architektur benutzt. [...] Als Abschluß zur Elbe bleibt die Brühlsche Terrasse erhalten, so daß die bekannte Altstadtsilhouette auch nach dem Herausbrechen der mächtigen Kuppel der Frauenkirche noch fortbesteht.«[41] Nachdem man 1958/59 diskutiert hatte, die Stelle der zerstörten Frauenkirche durch ein Wohnhochhaus zu ersetzen,[42] wurde der Trümmerkegel ab 1965 zum Gedenken an die Zerstörung Dresdens eingegrünt und fortan erhalten.

Der Charakter Dresdens als sozialistische Großstadt wäre insbesondere in der »Anordnung und Architektur« der »zahlreich zu errichtenden Hochhäuser« zum Ausdruck zu bringen.[43] Dementsprechend sollten umfangreiche Hochhauszusammenballungen das Stadtzentrum als »kostbare Perle« fassen. Als Nachwirkung der symbolbehafteten Stadtkronen Hermann Henselmanns (Segel in der Hafenstadt Rostock, Buch in der Verlagsstadt Leipzig usw.) war Dresden als Stadt im Dreiländereck ein dreieckiger Grundriss für das Touristenhochhaus Prager Straße zugedacht.

Da ein Aufbauabschluss unabsehbar blieb, sollte fortan mit »der Oberflächengestaltung und Farbgebung der Neubauten« erreicht werden, »daß in den Stadtzentren der Optimismus unseres sozialistischen Aufbaus zum Ausdruck gebracht wird«.[44] Ziel sei, »mit weniger Mitteln und einer geringeren Anzahl von Gebäuden eine höhere Qualität in der städtebaulichen Gestaltung zu erreichen«.[45]

Die Verkehrsinfrastruktur sollte entsprechend der Idee der »autogerechten Stadt«[46] erfolgen. Nach Fertigstellung der umfangreichen, im Generalverkehrsplan von 1967 und seinen Fortschreibungen dargestellten Verkehrsanlagen,[47] darunter des »inneren Tangentenringes« mit seinen 18 zum Teil niveaufreien Knoten, hätte das Zentrum einen fast völlig neuen Grundriss aufgewiesen.[48] Ein äußerer Autobahnring, ein mittlerer (zwei neue Elbbrücken) und ein innerer Tangentenring (so genannter 26er Ring entlang des Bahndammes) sollten die Radialen des bisherigen Verkehrssystems verknüpfen. Straßenbahnlinien nach Pillnitz, Freital, Kreischa oder Cossebaude (letztere erst nach 1990) wichen dem Automobil. Umfangreiche »Umgestaltungsmaßnahmen« zur »Schaffung sozialistischer Wohnverhältnisse« sah man für die Altbaugebiete vor: »Zur Verbesserung der Stadtstruktur ist die meist sehr schlechte und überalterte Bausubstanz zur Schrumpfung vorgesehen.«[49]

Zum Überleben des tradierten Dresdenbildes

Die Aura einer Kunst- und Kulturstadt erwies sich als erstaunlich widerstandsfähig – trotz oder gerade wegen des verordneten Images eines Industrieortes, das die Stadt vom Olymp der Selbstverliebtheit stoßen und gleichmachen sollte mit Orten wie Karl-Marx-Stadt [Chemnitz] oder Bitterfeld. Das verordnete neue Dresden ist ein Fragment geblieben. Die großen Visionen waren angesichts der wirtschaftlichen Realität der DDR zum Scheitern verurteilt. Dresden wurde »pragmatisch«, »sozialistisch« und »modern« aufgebaut – in Abkehr von seinen reichen künstlerischen Traditionen und insgesamt unbefriedigend. Die Idee, die Ahnung dessen, was dieses »alte Dresden« bedeutet haben mag, überlebte jedoch und stimulierte den Neubeginn nach 1989, der den Wiederaufbau der Frauenkirche als einen der eindrucksvollsten Therapieversuche für die tief getroffene Stadtidentität ermöglichte.

Anmerkungen

1 Vgl. hierzu: Matthias Lerm, Konzepte für den Umbau der Stadt Dresden in den 30er und frühen 40er Jahren des 20. Jahrhunderts. Vorträge und Forschungsberichte: 4. Kolloquium zur dreibändigen Dresdner Stadtgeschichte 2006 vom 18. März 2000, hrsg. von der Landeshauptstadt Dresden, dem Dresdner Geschichtsverein und der AG »Stadtgeschichte Dresden 2006«, S. 24–41.

2 Dresden vor großen Aufgaben, in: Dresdner Anzeiger, 15. Januar 1941.

3 »Gedanken zum Wiederaufbau Dresdens« vom 22. Mai 1945; Stadtarchiv Dresden, Akte Dezernat Aufbau 25, S. 2.

4 H. Reingruber, Der Wiederaufbau Dresdens unter dem Gesichtswinkel der Verkehrsaufgaben; in: Volksstimme 27 (1946).

5 G. Boettinger in einem Brief an die Stadt Dresden vom 19. Juli 1945; zit. n. Niels Gutschow, Dresden. Unveröff. Thesenpapier vom 15. Oktober 1993.

6 O.L. Glaeser in einem Brief an die Stadt Dresden vom Sommer 1945; zit. n. Gutschow (wie Anm. 5).

7 Vorschlag von F. Schlegel vom Juli 1945; zit. n. Hans Nadler, Beitrag zur Denkmalpflege in Dresden 1946–1952, in: Dresdner Hefte 4 (1991), S. 13.

8 Zwischen Hubert Hoffmann, Vorsitzender der »Deutschen Akademie für Städtebau«, und Herbert Conert, dem langjährigen Mitarbeiter des Dresdner Stadtplanungsamtes und ersten Amtsleiter nach 1945, ist ein Disput hierzu erhalten geblieben. Hoffmann nahm Gedanken der später von Johannes Göderitz herausgegebenen programmatischen Schrift »Die gegliederte und aufgelockerte Stadt« vorweg.

9 Amt für Großberäumung, Entwurf für den Bericht »Ein Jahr kommunale Selbstverwaltung« vom 6. Mai 1946; Stadtarchiv Dresden, Akte Dezernat Aufbau 22.

10 Hans Wermund, Wiederaufbau der Stadt Dresden, Dresden 1947, S. 8.

11 Richard Konwiarz, Die Denkmalpflege der Stadt Dresden im Jahre 1946, unveröff. Manuskript; Stadtarchiv Dresden, Akte Dezernat Aufbau 37.

12 Vgl. hierzu und zu den folgenden: Stadtarchiv Dresden, Akte Dezernat Aufbau 37.

13 Walter Weidauer setzte seine Rede, 1958 als Rückblick auf die Planungsgeschichte Dresdens nach 1945 gehalten, wie folgt fort: »Walter Ulbricht hat uns heute entscheidende Hilfe geleistet, indem er uns zeigt, wie wir unsere Städte neu erstellen können, aber nicht wie wir Repräsentationsbauten erstellen für die Bourgeoisie.« Hauptstaatsarchiv Dresden, SED-Bezirksparteiarchiv, Akte IV/2.6.069, Bd. 3.

14 Hauptstaatsarchiv Dresden, SED-Bezirksparteiarchiv, Akte IV/2.6.069, Bd. 3.

15 Ebd.

16 Bericht des Büros des Chefarchitekten zur Verkehrsentwicklung, Oktober 1965; Stadtarchiv Dresden, Akte Stadtbauamt 172.

17 Hans Nadler, Vom alten und neuen Dresden; in: Bildende Kunst 5 (1965), S. 251 f.

18 Kurt Wilhelm Leucht, 12 Grundprinzipien für die Neuplanung, in: Ders., Der Neuaufbau Dresdens, in: Dresden im Aufbau 1 (1949), S. 8.

19 Stadtarchiv Dresden, Akte Dezernat Aufbau 172.

20 Landesamt für Denkmalpflege Sachsen, Akte D 207/1.

21 Walter Weidauer, Elf Jahre demokratischer Aufbau, in: Rat der Stadt Dresden (Hrsg.), Festschrift Dresden zur 750-Jahr-Feier der Stadt, Dresden 1956, S. 46.

22 D. Scholz, Die Ballungsgebiete der DDR, in: Wissenschaftliche Zeitschrift der Karl-Marx-Universität Leipzig 4 (1966), S. 781.

23 Walter Weidauer, 1946 – Das erste Jahr des großen Dresdner Aufbauplanes; Stiftung Archiv der Parteien und Massenorganisationen der ehemaligen DDR, Zentrales Parteiarchiv Berlin, Ulbricht, Walter, NL 182/981.

24 Kurt Wilhelm Leucht, Referat über die Strukturforschung und Planungsgedanken für den Stadtlandschaftsraum Dresden vom 16. Februar 1949; Stadtarchiv Dresden, Akte Dezernat Aufbau 25.

25 Ortssatzung über die Regelung des Bauwesens im Aufbaugebiet der Stadt Dresden, verabschiedet am 28. Dezember 1948; Stadtarchiv Dresden, Akte Ratssitzungsprotokolle 11.

26 Vgl. hierzu Matthias Lerm, Abschied vom alten Dresden. Verluste historischer Bausubstanz nach 1945; 2. Auflage der Neuausgabe, Rostock 2001, S. 56 f.

27 Stadtarchiv Dresden, Akte Ratssitzungen 1951, Protokolle 25.

28 Vom August 1950; Stadtarchiv Dresden, Akte Dezernat Aufbau 25.

29 Sächsische Zeitung, 24. Januar 1953.

30 Hans Bronder, Baut das sozialistische Dresden, in: Sächsische Zeitung, 13. Februar 1953.

31 Referat von SED-Stadtleitungsmitglied Bouska auf der Sitzung am 18. September 1958; Hauptstaatsarchiv Dresden, SED-Bezirksparteiarchiv, Akte IV/2.6.069, Bd. 3.

32 Vgl. hierzu Landesamt für Denkmalpflege Sachsen, Akte D 207/1.

33 Schlusswort der Stadtleitungssitzung der SED am 11. August 1956; Hauptstaatsarchiv Dresden, SED-Bezirksparteiarchiv, Akte IV/2.6.069, Bd. 3.

34 Walter Ulbricht auf dem V. Parteitag der SED Juni 1958, zit. n. dem Protokoll der Stadtleitungssitzung der SED vom 12. August 1958; Hauptstaatsarchiv Dresden, SED-Bezirksparteiarchiv, Akte IV.5.01.032.

35 Ebd., Akte IV/2.6.070, Bd. 5.

36 So im Beschluss des ZK der SED vom 19. Mai 1953. Neues Deutschland, 23. Mai 1953, S. 5; vgl. hierzu auch Marianne

und Werner Stams, Der Aufbau von Dresden. Planung einer sozialistischen Großstadt. Geographische Berichte 48 (1968), S. 178–205.

37 Hauptstaatsarchiv Dresden, SED-Bezirksparteiarchiv, Akte IV.5.01.311.

38 Ebd., Akte IV/5.01.313.

39 Ebd., Akte IV/2.6.068, Bd. 2.

40 Schreiben vom 17. Juli 1962, Archiv Leopold Weil.

41 Stams (wie Anm. 36), S. 196.

42 Vgl. hierzu: Matthias Lerm, Das Jahr 1958 – ein Wendepunkt in der Aufbauplanung des Dresdner Stadtzentrums, in: Wissenschaftliche Zeitschrift der TU Dresden 5 (1994), Dresden 1994, S. 56–63.

43 So das »Leitkollektiv der Sozialistischen Arbeitsgemeinschaft »Generelle Stadtplanung« 1963; Stadtarchiv Dresden, Akte Plankommission 136.

44 Aus dem Politbürobeschluss zu den Aufbaustädten vom 30. Oktober 1962; Stiftung Archiv der Parteien und Massenorganisationen der DDR im Bundesarchiv, Zentrales Parteiarchiv der SED, Akte Politbüro des ZK (Nr. 48, 30. Januar 1962) J IV 2/2/855.

45 Politbürobeschluss zum Aufbau des Stadtzentrums von Dresden vom 8. Oktober 1963; Stiftung Archiv der Parteien und Massenorganisationen der DDR im Bundesarchiv, Zentrales Parteiarchiv der SED, Akte Politbüro des ZK J 2/2/898.

46 Hans Bernhard Reichows gleichnamiges Buch von 1959 gab einer ganzen Epoche ihr Programm.

47 Vgl. hierzu Horst Kladek und Matthias Lerm, Aspekte Dresdner Stadt- und Verkehrsplanung in der zweiten Hälfte des 20. Jahrhunderts, in: Straßen- und Verkehrsgeschichte deutscher Städte nach 1945, Dresden, Leipzig, Halle, Chemnitz, Erfurt, Archiv für die Geschichte des Straßen- und Verkehrswesens Heft 16, Forschungsgesellschaft für Straßen- und Verkehrswesen, Bonn 2001, S. 16–56.

48 Stams (wie Anm. 36), S. 198.

49 6. Tagung der »Sozialistischen Arbeitsgemeinschaft Generelle Stadtplanung« am 20. März 1964; Stadtarchiv Dresden, Akte Plankommission 136.

143 | HERBERT SCHNEIDER | Silhouette mit einmontierter Dominante von Osten gesehen | Dresden, 1954
Fotomontage, 40 x 50 cm | Landesamt für Denkmalpflege Sachsen, Nachlass H. Schneider (Präsentationsmappe 1954, Bild 15)

1954 sollte ein Turmhochhaus neben dem Kulturpalast errichtet werden, als Symbol und Krönung der sozialistischen Stadt.
In der Fotomontage von Herbert Schneider wurde der Turm in ein früheres Foto der unzerstörten Stadt eingefügt!

144 | Max Uhlig | Blick auf Dresden | Dresden, 1970
Lithografie, 31,1 x 43 cm | Kupferstich-Kabinett, Staatliche Kunstsammlungen Dresden (B 1970-63, Mappe 3, 1)

145 | ERNST HASSEBRAUK | Blick auf die Brühlsche Terrasse | Dresden, 1970er Jahre
Tusche auf Papier, 69,5 x 100,5 cm | Kupferstich-Kabinett, Staatliche Kunstsammlungen Dresden (C 1986-170)

Noch in der zweiten Hälfte des 20. Jahrhunderts befassten sich Dresdner Künstler mit der berühmten Dresden-Vedute von Bernardo Bellotto, genannt Canaletto.

146 | Ernst Hassebrauk | Dresden | Dresden, 1971
Öl auf Leinwand, 90 x 120 cm | Galerie Neue Meister, Staatliche Kunstsammlungen Dresden (Gal. Nr. 86/37)

Jörn Walter

Das Kunstwerk Elbansicht in Zeiten der Wandlung

Vom Versuch eines Meteoriten zu landen

Als sich 1992 ein niederländisches Telekommunikationsunternehmen mit einem frisch erworbenen Patent zur Herstellung von damals noch unvorstellbar kleinen Telefongeräten im Hosentaschenformat aufmachte, der geschlagenen ostdeutschen Wirtschaft im Schutz der Investitionsförderung mit einer neuen Produktionsstätte auf die Beine zu helfen, konnte man es ihm nicht verübeln, dass es dieses wohlmeinende Geschenk der traditionsreichen und kunstsinnigen Stadt Dresden zu unterbreiten bereit war, und eigentlich auch nicht, dass es sich vor der werbewirksamen Kulisse der weltberühmten Elbfront an der Marienbrücke zu präsentieren wünschte. Den Dresdnern aber wurde spätestens zu diesem Zeitpunkt ins Bewusstsein gerufen, dass eine neue Gründerzeit begonnen hatte, die sich nicht nur in Demut mit der zweiten Reihe begnügen würde, sondern eine Darstellung im schönsten Angesicht der Elbmetropole beanspruchte. Und was sprach auf den ersten Blick auch dagegen?

Schließlich ging es um eine technologieintensive und zukunftsorientierte Ansiedlung mit mehreren hundert Arbeitsplätzen, von der alle träumten, schließlich rechtfertigte ein solcher Aufbruch auch ein neues städtebauliches Zeichen, und schließlich hatte sich die Dresdner Elbsilhouette über die Jahrhunderte ja mehrfach gewandelt und nach allgemeinem Verständnis im Großen und Ganzen durchaus an Glanz gewonnen. Warum also jetzt nicht ein neues Signet der technologischen und wirtschaftlichen Erneuerung in Form eines architektonisch anspruchsvoll gestalteten und in der Höhenentwicklung moderaten Hochhauses hinzufügen? Hatten doch die achtzig Jahre zuvor errichteten Bauten der Yenidze und des Stadtspeichers alle belehrt, wie einst umstrittene und verurteilte Eingriffe in die Elbsilhouette zum festen Bestandteil eines wunderbaren Denkmalensembles reifen können.

Irgendwie war vieles richtig und doch alles falsch an dieser Argumentation. Denn genügte der Umstand historischer Wandlung allein schon zur Legitimation jedweder weiterer Veränderung? Genügte der dringende Bedarf an neuen Arbeitsplätzen und jungen, innovativen Unternehmen allein schon, um sich mit Recht in die über Jahrhunderte gewachsenen geistigen und kulturellen Höhepunkte der Baukunst einzureihen? Konnte man in

147 | THEODOR ROSENHAUER
Augustusbrücke | Dresden, 1951
Öl auf Leinwand, 60 x 90 cm
Galerie Neue Meister, Staatliche Kunstsammlungen Dresden (Gal. Nr. 2764)

Kurz vor dem Ende des Zweiten Weltkrieges wurde die zentrale Brücke Dresdens von SS-Truppen gesprengt. Ihre Wiederherstellung als »Georgij-Dimitroff-Brücke« (abgeschlossen 1949) war ein wichtiges Ereignis für die Stadt und wurde von mehreren Künstlern im Bild festgehalten.

Kenntnis der Stadtbaugeschichte des 20. Jahrhunderts noch so unbefangen urteilen und handeln, wie es die ausgehende Gründerzeit mit der Bebauung der Brühlschen Terrasse, der Yenidze und dem Erlweinspeicher getan hatte? Verlangten die unseligen Hochhäuser am Terrassenufer außerhalb der historischen Befestigung wirklich nach einem Pendant oder aber nicht viel eher nach ihrer Beseitigung? Genügte der vorgesehene Entwurf dem künstlerischen Anspruch, der in dieser Nachbarschaft zu stellen war? Und schließlich: Konnte selbst ein sensibel gestaltetes Hochhaus sich dem filigranen Erscheinungsbild Dresdens aus Türmen und Kuppeln einfügen? Vor allem mit jener vertragen, die damals noch unsichtbar über allem stand: der Glocke der Frauenkirche?

Nicht nur Denkmalpfleger, Städtebauer und Architekten widerstanden frühzeitig den Irrungen der neuen Zeit und opponierten energisch gegen eine positive Entscheidung, sondern auch weite Teile der Dresdner Bevölkerung spürten den drohenden Schaden des Projektes für das sensible Stadtbild. Der Widerstand wuchs, und nach langwierigen Diskussionen brachte es letztlich eine Mehrheit in der damaligen Dresdner Stadtverordnetenversammlung zu Fall – zum Unverständnis der damaligen Landesregierung und der überörtlichen Wirtschaftspresse, aber zum beifälligen Erstaunen der national bedeutsamen Feuilletons und Akademien. Etwas hatte am Teuersten der Dresdner Identität gerührt und war vorübergegangen.

Am Teuersten? Tatsächlich. Denn vom Gesamtkunstwerk Dresden ist bei vorurteilsloser und selbstkritischer Betrachtung durch Kriegszerstörung,

Flächenabbruch und Wiederaufbau im Inneren der Stadt nicht mehr so viel geblieben. Die einstige Schönheit vieler Plätze und Gebäudeensembles lässt sich heute nur noch an wenigen Orten wie etwa der Königstraße in der Inneren Neustadt oder inmitten des Theaterplatzes nachempfinden. Geblieben ist aber im wesentlichen die Elbansicht der Altstadt, das durch die Ereignisse der Geschichte inzwischen wohl bedeutendste Zeugnis des Kunstwerkes Dresden. Insoweit ist hier nicht nur ein besonderes Maß an Empfindsamkeit und Einfühlungsvermögen gefragt, sondern auch ein sorgfältiger und präziser Blick auf die konstitutiven und prägenden Merkmale dieses Bildes.

Vom Versuch, ein Stadtbild zu gestalten

Von jeder Stadt gibt es ein Bild, aber nicht jede Stadt hat ein Stadtbild. Jede Stadt hat eine Gestalt, aber nicht von jeder Gestalt gibt es ein Bild. Fragt man nach den Gründen, so liegt es vornehmlich daran, ob die naturräumlichen Gegebenheiten Fern- und Panoramaansichten auf die Städte oder wesentliche Teile von ihnen überhaupt erlauben. Konstitutive Elemente können topografische Erhebungen, aber auch weite ebene Flächen – z.B. Wasserflächen – sein. Seltener sind die Fälle, in denen solche Ansichten allein durch anthropogene Einflüsse geschaffen wurden.

Dresden gehört zu den begnadeten Städten, die über ein Stadtbild verfügen und noch darüber hinaus über eines, das seinesgleichen sucht. Es sind

148 | Georg Nerlich
Aufbau der Augustusbrücke | Dresden, 1948
Öl auf Leinwand, 70,4 x 100 cm
Museen der Stadt Dresden,
Städtische Galerie Dresden, Kunstsammlung (1948/ 13)

auch hier vornehmlich die naturräumlichen Gegebenheiten der Elbtalweitung zwischen der Lausitzer Granitplatte im Norden und den sanft ansteigenden Hügeln zum Erzgebirge im Süden, die im Zusammenspiel mit dem hin- und herschwingenden Verlauf der Elbe zwischen den beiden Höhenzügen die besondere Charakteristik ausmachen. Die zahlreichen Blickbeziehungen von den Höhenzügen, aber auch jene über den Fluss hinweg auf die jeweiligen Prallufer sind es, die die Voraussetzung für die großartigen Ansichten der Stadt aus naher, mittlerer und großer Entfernung schaffen.

Was aber wären diese Perspektiven ohne ihren Gegenstand, die Bauten, ihre Gestalt und ihre Wirkung im Ensemble? Wenig, denn großartige Ansichten auf Hässlichkeiten kennen wir aus unseren Städten zur Genüge. Dort aber, wo der Gegenstand der Perspektive – manchmal durch Zufall, meist aber durch wohlüberlegte Planung und feinsinniges Gespür – zu einer spannungsreichen und ansehnlichen, seltener gar großartigen Komposition geraten ist, geht von ihm eine magische und sich im Zeitverlauf nicht verbrauchende Anziehungskraft aus. In Dresden ist das der Fall, obwohl das Gesicht der Stadt im Laufe der Jahrhunderte eine Reihe von einschneidenden Wandlungen erfahren hat.

Dominierten vom Mittelalter bis zur Renaissance das Schloss mit seinem Turm und das mächtige Portal der Kreuzkirche im Zusammenspiel mit vielen kleinen Türmen und Dachreitern die Fernansicht der Stadt, so war die Elbansicht aus näherer Entfernung von den mächtigen Bastionen der Renaissancebefestigung geprägt. Sie bilden bis heute den festen Sockel, der wesentlich zur Bildhaftigkeit der sich darüber erhebenden Silhouette beiträgt. Allein der 1530–35 errichtete Georgenbau des Schlosses wurde erstmals mit seiner Schauseite als repräsentatives Eingangstor der Stadt auf das Elbufer ausgerichtet.

Diese insgesamt noch eher abweisende Erscheinung aus der Nähe wandelte sich mit dem Ausbau Dresdens zur Barockresidenz grundlegend. Dabei sind es weniger die zahlreichen Prachtbauten des höfischen Dresden selbst, die der Stadt ihr einzigartiges neues Gesicht gegeben haben, sondern die Idee von einer Residenz am Strom, die die Elbe gleich dem Canale Grande in Venedig als via triumphalis verstand. Aus dieser neuen Haltung des augusteischen Zeitalters rühren nicht nur die Schlossanlagen in Pillnitz und Übigau her, sondern auch der Repräsentativbau des Japanischen Palais' am Ende der Königstraße, das in seiner Disziplin überraschende Blockhaus am Ende der Hauptstraße, die unvergleichliche Anlage der Brühlschen Gärten, aus denen später die »Terrasse« und der »Balkon Europas« hervorgingen, und natürlich die sensationelle Gestalt der glockenförmigen Kuppel der Frauenkirche. Dennoch ist das wohl eindrucksvollste Beispiel der neuen Haltung die ausgesprochen eigenwillige Ausrichtung der Hofkirche im Stadtgrundriss, die sich nur aus den Blickbeziehungen über die Elbe erklärt. Wiewohl es zur Ausführung der noch weiterreichenden Planungen von Matthäus Daniel Pöppelmann oder François de Cuvilliés zur Ausgestaltung des Elbufers westlich des Schlosses nicht gekommen ist, verdankt Dresden doch die malerischsten Teile seiner Ansicht dieser Epoche.

Während die darauffolgende Phase des späten 18. und frühen 19. Jahrhunderts die Stadtansicht mit dem Neubau des Kreuzkirchturmes (1765–92) und dem Turm der Annenkirche (1822–24) nur geringfügig veränderte, kündigten sich mit der neogotischen Doppelturmfassade der Sophienkirche (1864) und dem Neubau der Oper mit ihrem mächtigen Bühnenhaus (1871–78) maßgebliche Wandlungen der Elbansicht an. Waren diese noch von hohem Respekt und dem Wunsch nach sensibler Einfügung geprägt, brach das infolge des gewonnen deutsch-französischen Krieges aufstrebende und im Zuge der Industrialisierung wiedererwachte Selbstbewusstsein Kaiserdeutschlands im späten 19. Jahrhundert mit einer Gewalt in die gewachsenen Strukturen ein, wie es das Land und die Stadt Dresden seit dem Absolutismus nicht mehr gekannt hatten.

Vom Versuch, ein Stadtbild auszuformen und neu zu prägen

Nicht nur die Neubauten des Finanzministeriums (1890–94) und des Gesamtministeriums (1900–04) auf der rechtselbischen Seite setzten neue Zeichen, sondern vor allem die radikalen Eingriffe an der Brühlschen Terrasse mit dem Neubau der Kunstakademie und des Kunstvereinsgebäudes (1884–95) einschließlich der umstrittenen »Zitronenpresse« sowie dem Bau des Ständehauses (1900–07) mit seinem schrittweise verkleinerten Turm, dem die Palais Brühl und Fürstenberg sowie das Charonsche Haus geopfert wurden, veränderten die Elbansicht Dresdens nachhaltig.

Aus der Fernansicht spielten der Neubau des Rathauses mit seinem mächtigen Turm (1905–10), die neuen Kirchtürme der Jakobikirche (1897–01), der Martin-Luther-Kirche (1883–87), der Lukaskirche (1898–1903), der Trinitatis-

kirche (1891–94) sowie die Zeugnisse der Industriealisierung mit dem Turm des neuen Fernheizwerkes hinter dem Theaterplatz (1898–1900), der Glaskuppel der Yenidze (1907–12) und schließlich dem monumentalen Stadtspeicher (1914) eine größere Rolle.

Aus heutiger Perspektive sind Ausmaß und Radikalität der Eingriffe der auslaufenden Gründerzeit in die Silhouette kaum mehr vorstellbar. Auch wenn nicht alles überzeugen konnte, hatte das Dresdner Stadtbild doch zu Beginn des 20. Jahrhunderts eine gewisse Vollendung erfahren, die nicht mehr ohne weiteres zu steigern war. Ja, mit den massigen Bauten des Erlweinspeichers und seiner späteren Ergänzung durch den Wolfschen Speicher im Packhofviertel deutete sich bereits der Punkt an, an dem ein Hinzufügen stadtbildprägender Bauten in einen Qualitätsverlust umschlug.

Die Zerstörungen des verheerenden Bombenangriffs von 1945 und der anschließende Flächenabbruch brachten dann die unvorstellbaren Verluste für die Dresdner Stadtansichten aus der Nähe und der Ferne. Der Schmerzlichste von allen war ohne Frage das Verschwinden des geistigen, kulturellen und städtebaulichen Mittel- und Höhepunktes der Stadt, der Frauenkirche. Wenn über dieses Urteil in künstlerischer Hinsicht auch weitgehend Einigkeit herrschte, so überlagerte es sich doch mit den Wünschen der neuen sozialistischen Regierung, einen Schlussstrich unter die baulichen Zeugnisse des höfischen Dresden zu ziehen und den freien Arbeiter des neuen Zeitalters mit einem baulichen Monument im Zentrum der Stadt zu feiern. Das neue Symbol sollte alles bisher dagewesene überragen und so verfolgte man in den 1950er Jahren lange das Ziel, mit einem Partei- und Kulturhochhaus am Standort des heutigen Kulturpalastes den verlorengegangenen und in seiner Bestimmung religiösen Mittelpunkt der Stadt in Vergessenheit geraten zu lassen. Anhaltende Widerstände einer taktisch geschickt agierenden Denkmalpflege konnten dies bis zum Dogmenwechsel der offiziellen Parteilinie in der Chruschtschow-Ära verhindern.

Mit den Wohnhochhäusern am Terrassenufer und der Johannstadt stellte sich der Arbeiter- und Bauernstaat aber zumindest unübersehbar vor die Elbansicht des höfischen Dresden und mit dem Hochhaus der Sächsischen Zeitung schließlich auch in sie hinein. Insgesamt gravierender für das Dresdner Stadtbild wirkten sich aber die vielen Wohnhochhäuser im gründerzeitlichen Ring um die Innenstadt aus, die zwar kaum die Elbansicht berührten, dafür aber zahlreiche Blickbeziehungen von den umgebenden Höhenzügen auf die Innenstadt verstellten. Interessant ist, dass es dabei weniger die

149 | Jürgen Schieferdecker | Warten auf Grün | Dresden, 1985
Collage, 68,5 x 51,5 cm | Dresden, Prof. Jürgen Schieferdecker

150 | Anonym | Deutscher · Tischlertag Dresden · 1994 | Dresden, 1994
Messing, Dm. 4,01 cm
Münzkabinett, Staatliche Kunstsammlungen Dresden (94/485)

151 | Hermann Glöckner
Farbentwurf für das Wandbild im Kulturhaus Dresden-Niedersedlitz | Dresden, 1954
Graphit und Tempera auf Zeichenkarton, 32,2 x 86 cm
Dresden, Nachlass Hermann Glöckner

Seit 1945 war es für viele Dresdner selbstverständlich, dass die Frauenkirche wieder aufgebaut werden sollte. Viele Künstler beschäftigten sich mit der zerstörten Kirche, während andere bei Panorama-Bildern häufig den Ausschnitt so wählten, dass die Lücke der Frauenkirche außerhalb des Bildausschnittes lag.

typischen Hochhäuser waren, die großen Schaden anrichteten, als vielmehr die sturen, langgestreckten zehngeschossigen Riegel, die die Blickbeziehungen regelrecht versperrten.

Vom Versuch, ein Stadtbild sprechen zu lassen

Mit dem Wiederaufbau des Opernhauses (1977–83) kündigte sich erstmals ein Paradigmenwechsel im Umgang mit dem Stadtbild an. Wenn auch das Ziel in der Wiederherstellung des einzigartigen Semperschen Musiktheaters zum 40. Jahrestag seiner Zerstörung lag, so war doch beiläufig auch ein wesentliches Stück des Dresdner Elbpanoramas rekonstruiert worden. Die Zeit begann sich auf das zum Teil ruinöse, zum Teil untergegangene Kapital ihrer Heimat zu besinnen. In der Nachwendezeit fand die Einsicht in die Sinnhaftigkeit der Wiederherstellung der künstlerisch wertvollsten Teile der Silhouette ihre Fortsetzung in der Vollendung des Hausmannsturmes, der Sanierung aller Bauten entlang der Brühlschen Terrasse und im machtvollen »Ruf aus Dresden«, die Frauenkirche wiederaufzubauen.

Das Planungsleitbild Innenstadt 1991 forderte frühzeitig einen »kompromißlosen Schutz« des Elbpanoramas und schrieb durch Beschluss der Stadtverordnetenversammlung vom 8./9. Juli 1993 fest: »Durch die Lage im Elbtal mit seinen Hängen und die bis weit in die Kernstadt hineinreichenden Elbwiesen ist die Stadtsilhouette infolge der zahlreichen Blickbeziehungen besonders empfindlich. Die Geschoßzahl soll deshalb in Abhängigkeit von der konkreten Nachbarschaft 5–7 Geschosse nicht überschreiten. Hochhausbauten werden in der Innenstadt grundsätzlich nicht zugelassen. Im näheren Umkreis der historischen Türme und Kuppeln sind sie völlig ausgeschlossen.« Und weiter: »Durch die Lage des Zentrums am Elbbogen entstehen einzigartige Blickbeziehungen zwischen der Innenstadt und der Umgebung. Diese Qualitäten zu erhalten und wo nötig wiederherzustellen, muß vorrangiges Ziel der Stadt- und Landschaftsgestaltung sein.« Und schließlich: »Neubebauungen am Elbufer (Neue Terrasse, Terrassenufer, Narrenhäusel, Königsufer, Brückenköpfe) müssen sich durch sorgfältigste Gestaltung in die landschaftlichen Gegebenheiten und die Ensemblewirkung mit den erhaltenen Baudenkmalen einfügen« (Planungsleitbild 1994, S. 52).

Ganz entschieden ging es also in der Zeit nach der politischen Wende 1989/ 90 nicht mehr darum, der Panoramaansicht Dresdens eine neue Prägung zu verleihen, sondern durch Rekonstruktion ihrer bedeutensten Bauwerke, durch Korrektur unvorteilhafter Eingriffe und behutsame Ergänzung von Neubauten das Wertvollste zum sprechen und damit zu seiner Vollendung zu bringen. Entsprechend standen dann die städtebaulichen Wettbewerbe für den Postplatz, den östlichen Altstadtring, das Regierungsviertel in der Neustadt, die Neue Terrasse und das Terrassenufer sowie die Gestaltungssatzung für den Neumarkt ganz im Licht, die einzigartige Elbansicht der Altstadt wieder zur Geltung zu bringen.

Verstellende Bauten wie die Hochhäuser am Terassenufer, der Wolfsche Speicher und die Hochhäuser der Sächsischen Zeitung und der Pädagogischen Hochschule auf der Neustädter Seite wurden zur Beseitigung vorgeschlagen. An ihre Stelle traten städtebauliche Konzepte, die sich in der Höhenentwicklung unterordneten und alte und neue Blickbeziehungen auf die Türme und Kuppeln der Altstadt herausarbeiteten. Es ging um die richtige Inszenierung von Vollendetem und nicht mehr um das Bedürfnis, dem Überkommenen ein neues Antlitz geben zu wollen.

Dieser Paradigmenwechsel ist fundamental und sicherlich auch streitbar, geht er doch davon aus, es gebe so etwas wie eine Vollkommenheit in der Gestalt einer Stadt. Wie soll das aber möglich sein, wenn man nicht nur Museum sondern auch lebendiges und künstlerisches Zentrum für die Zukunft sein will? Sicher ist die Vollkommenheit etwas Relatives, aber sicher ist ebenfalls, dass es Zeitpunkte relativer Vollkommenheit gibt – im Vergleich zum Vorher und Nachher. Im Falle Dresdens war dieser Zeitpunkt irgendwann um die Wende zum 20. Jahrhundert erreicht. Nicht aus Nostalgie und nicht aus Zukunftsfeindlichkeit, sondern weil die Inhalte und Wirtschaftlichkeitserfordernisse der neuen Bauten die Filigranität und Skulpturalität des historischen Erscheinungsbildes tendenziell immer zu erschlagen drohten. Das begann mit der Kunstakademie und setzte sich mit dem Stadtspeicher und allen späteren Bauten des 20. Jahrhunderts fort. Allein wenn sich das Neue im Maßstab unterordnet und/oder ein besonderer Inhalt eine weitere künstlerische Akzentuierung in der notwendigen Qualität und Feinsinnigkeit erlaubt, können Abweichungen von der restriktiven Grundregel gerechtfertigt und produktiv für die Zukunft sein.

Mit der Fertigstellung der Frauenkirche ist das wichtigste Werk der Rekonstruktion der Dresdner Elbsilhouette vollendet. Mit dem Abbruch des Wolfschen Speichers kann die Nachwendezeit auf eine zwar nicht unwesentliche, aber doch noch nicht entscheidende Korrektur unvorteilhafter Eingriffe zurückblicken. Im Falle der Sächsischen Zeitung ist die Stadt durch die Sanierung des Gebäudes vorerst gescheitert. Hinsichtlich der wichtigsten Korrekturaufgabe, der Beseitigung der beiden Hochhausscheiben am Terrassenufer, hat sie nach langjährigen Bemühungen einen Teilerfolg erzielt.

Neue Gefährdungen des Erscheinungsbildes der Alt- und Gesamtstadt durch Hochhausbauten waren in den Nachwendejahren immer wieder abzuwehren. So scheiterten entsprechende Vorschäge für den Postplatz, das Lennédreieck oder aber Standorte an der Übigauer Brücke und auf der Südhöhe. Im Fall eines der ersten Projekte aus der unmittelbaren Nachwendezeit, der Bebauung einer ehemaligen Schokoladenfabrik mit dem »World Trade Center« an der Ammonstraße, wurde über zwei Jahre um die Höhe des Turmes heftig gerungen, der vom Waldschlösschenpavillon aus gesehen direkt hinter der noch nicht wieder sichtbaren Kuppel der Frauenkirche lag und von den Westhöhen direkt davor. Obwohl grundsätzliche Zustimmung durch die Stadt bereits signalisiert worden war, konnte er sukzessive – zuletzt durch einen vehementen Einspruch des Landeskonservators über den Innenminister – in seiner Höhenentwicklung reduziert werden. Während er in der Fernwirkung dadurch ein zwar etwas ärgerliches, aber nicht wesentlich störendes Element geblieben ist, wirkt die dickliche Rumpfgestalt aus der Nähe seltsam unproportioniert und die Dichte der Gesamtbebauung bis heute wie ein Fremdkörper in der locker bebauten Umgebung.

Faszinierendes ist hingegen bei den Neubauten auf den empfindlichsten Standorten unmittelbar an der Elbe geschehen. Der Wettbewerb für den Neuen Landtag konnte zugunsten eines Gebäudes von klassisch-moderner Eleganz in bester Miesscher Tradition entschieden werden, das sich in seiner gläsernen Klarheit und Kompromisslosigkeit so gut in die Elbsilhouette einfügte, dass nicht nur die Dresdner Sandsteintraditionalisten völlig überrascht waren, sondern auch die überregionale Fachpresse. Seine stadtkompositorische Wirkung konnte der Bau von Peter Kulka aber letztlich nur entfalten, weil der Abbruch des Wolfschen Speichers gegen Teile der Denkmalpflege durchgesetzt und das massive Ansiedlungsansinnen eines bekannten deutschen Hotelkonzerns auf dem Landtagsvorplatz abgewendet werden konnte.

Ebensoviel Glück hat Dresden mit den herausragenden Wettbewerbsentwürfen für die Neue Synagoge gehabt. Ausgelobt für einen Standort mit großer historischer Bindung durch die ehemals berühmte Semper-Synagoge, der aber durch die Straßenführungen der Nachkriegszeit lange für unbebau-

bar galt, wurde zwar nicht die skulpturalere Lösung des ersten Preises von Heinz Tesar realisiert, dafür aber die kubisch-steinerne des dritten Preises von Wandel-Hofer-Lorch, die sich mit ihrer feinsinnigen Verdrehung des »Kopfbaus« so selbstverständlich, bescheiden und doch souverän in das Panorama einfügt, als hätte sie immer dort gestanden. Eine im Nachhinein richtige Entscheidung des Bauherrn, die noch dazu alle Optionen für ein künftiges Belvedere auf der Brühlschen Terrasse offenhält.

Und auch das dritte große Projekt unmittelbar am Elbufer, der Neubau des Kongresszentrums, ist von einer herausragenden städtebaulichen Qualität. Storch+Ehlers ist es mit der großen Freitreppe und der eleganten Linienführung der gleichsam schwebenden Decks nicht nur gelungen, im guten Zusammenspiel mit dem Landtag den Erlweinspeicher eher beiläufig in eine zentrale Position zu rücken, sondern auch, eine überzeugende Verbindung zur Kuppel der Yenidze und dem Landschaftsraum des Großen Ostrageheges herzustellen. Obwohl der Bau durch die schwierigen Realisierungsbedingungen im architektonischen Detail nicht alle Erwartungen erfüllt, kann die städtebauliche Leistung nicht hoch genug bewertet werden, wenn man sich an die hohen und massiven Kongresshausentwürfe für diesen Standort aus der unmittelbaren Nachwendezeit erinnert.

Ob also die neue Synagoge, der neue Landtag oder das neue Kongresszentrum, ihnen allen ist gemein, dass sie mit künstlerischer Eigenständigkeit, ausgeprägtem städtebaulichen Einfühlungsvermögen und einem hohen architektonischen Qualitätsanspruch das Elbpanorama nicht nur bereichert und vervollständigt haben, sondern die Wirkung der historischen Ikonen in ihrem Zusammenspiel untereinander und mit der Stadt sichtlich gesteigert und erhoben haben. Die Moderne zeigt sich mit diesen Bauten von ihrer vornehmsten Seite, und es ist vielleicht der größte Erfolg der umfangreichen Bautätigkeit der Nachwendezeit, die prominentesten Bauplätze der Stadt an der weltbekannten Elbfront kultiviert und würdevoll ergänzt zu haben. Es sind Perlen dazugekommen, die den Edelsteinen einen wertvollen Rahmen geben und die schillernden Meteoriten ins Reich der Lächerlichkeit verweisen. Die Architektur des auslaufenden 20. Jahrhunderts kann sich mit diesen Bauten vor dem auslaufenden 19. Jahrhundert gut behaupten, ja, wird vielleicht in seiner von kritischer Reflexion, Distinktion und Respekt getragenen Haltung letztendlich darüber triumphieren.

152 | PETER NEUSSER | »Multiples« | Dresden, 2004
Fotoleuchtkasten, 98,6 x 128,6 cm | Besitz des Künstlers

Jutta Penndorf

Blickwechsel?

Der Verleger Rudolf Mayer antwortete auf eine Umfrage der Sächsischen Akademie der Künste, die Prager Straße stelle für ihn eine große versäumte Möglichkeit dar.

Wenn man in den 1970er und 80er Jahren vom Hauptbahnhof durch diese »Gegend« (Anton Schweighofer) in Richtung Kunst ging, zu den Sammlungen oder den Ausstellungen der Museen und Galerien, glaubte man manchmal, in einen Windkanal geraten zu sein, und die Böen trieben das Wasser über die Betonränder der Springbrunnen. Dann drängten sich die alten Stadtansichten in den Kopf, überfiel einen die Sehnsucht nach Belebtheit, Vielfalt, gewachsenen Strukturen. Schließlich das Denkmal: die Ruine der Frauenkirche. Steinhaufen mit aufragenden Mauerresten. Ein Wiederaufbau undenkbar. Obwohl Fritz Löffler ihn in seinem seit 1955 immer wieder aufgelegten Buch »Das alte Dresden« beschworen hatte. Die Idee, George Bährs Meisterwerk zu rekonstruieren, löste nicht nur Begeisterung aus, die Geste erschien manchem zu pathetisch oder zu pragmatisch, es gab so viel anderes zu tun, die Altstadt, die Neustadt, der Bahnhof, Hellerau. Was zuerst, wo sollte man anknüpfen, was sollte neu entwickelt werden? Heute weiß man, es musste sein. Das Schmerzgedächtnis der Mehrzahl der Dresdner insistierte auf Beseitigung eines Phantoms. Sieben Eingänge für die Bürger der Stadt hatte Bähr in seine Kirche gebaut, heilige Zahl und Ausdruck von Offenheit zugleich. Die Bürger haben es ihm gedankt. Und jetzt, da das Remake fertig ist, kann man sich ihm, zumal wenn man es von der Neustadt her sieht, im abendlichen Gegenlicht der Romantiker, schwer entziehen, erscheinen die eigenen Zweifel kleinlich. Und doch: Plötzlich ist die Prager Straße der authentische Ort.

Zum Fest der Kirchweihe »Der Blick auf Dresden«: Stadtansichten vom 16. Jahrhundert bis in die Gegenwart im dafür hergerichteten nahen Ausstellungsgebäude an der Brühlschen Terrasse. Dokumentarisches und Künstlerisches – Canaletto inklusive und als geheimes Zentrum. Der »Blickwechsel« von 2005 ist der Ausstellung gleichsam als Supplement beigegeben – Inspiration vielleicht, auch künftig Fotografen zum Blick auf die Stadt einzuladen.

Blickwechsel? Die sechs Fotografen aus Ost und West, mit Dresden verbunden, lichten Häuser (oder Teile von ihnen) und Stadtlandschaften ab, objektivieren und interpretieren. Stets ist die Geschichte präsent. Die barocke Altstadtsilhouette liegt wie ein Fond unter den Arbeiten, selbst in der Verweigerung.

Volker Kreidler blickt von Südosten, vom Dach des Landhauses, auf die Frauenkirche, auf die Hinterseite der berühmten Ansichten von der Elbe her und erfasst an einem Tag der Ruhe den Augenblick im Bauablauf, da die Kirche fast fertiggestellt ist und ihre Umgebung einem schnellen Wandel unterliegt – der Abriss des Polizeigebäudes hat begonnen, noch verstellt es als Ruine den Blick auf die Frauenkirche, ihr Denkmal assoziierend (Abb. 153).

Auch Walter Niedermayr setzt sich mit der Silhouette auseinander. Er fotografiert vom Dach des neuen Kongresszentrums (Abb. 154). Die technischen Aufbauten darauf und die sachliche, transparente Architektur des Landtags schieben sich vor das klassische Motiv. Der Künstler trennt das Bild durch Spatien, Durchschüsse, zwischen den Sequenzen. Im Gegensatz zu den fotografischen Panoramen des 19. Jahrhunderts, in denen die Einzelaufnahmen perfekt aneinander anschließen, komponiert er ein Triptychon mit Verschiebungen: Die Ränder doppeln sich, ein Turm, ein Kran erscheinen zweifach. Die Irritation suggeriert Erschütterungen, das Bild stellt die Wirklichkeit in Frage.

Frank-Heinrich Müller unternimmt eine Expedition in die Stadt, »hindsight«: Prager Straße, Elbufer zwischen Marienbrücke und Carolabrücke, Robotron-Gelände und Orangerie An der Herzogin Garten (Abb. 157). 24 Fotografien, je ein Bildpaar von zwölf Orten, ergeben ein Mosaik aus Stadträumen und Fassadendetails. Bei den Ansichten vom selben Standpunkt schafft er eine räumliche Beziehung, indem er die Kamera um 180 Grad dreht, um dann aus beiden Ansichten ein Paar zu bilden. Müller dokumentiert die zweifache Zerstörung des Stadtorganismus, das harte Hineinsetzen der rechtwinkligen Bauklötze in die sanfte Landschaft und in die erinnerte barocke Pracht, und andererseits die Geschichtlichkeit auch dieser Bauperiode der Stadt, den differenziert zu betrachtenden, aber letztlich missglückten Versuch, späten Anschluss an die Moderne zu gewinnen.

In der Reihe von insgesamt fünf Fotografien Michael Langes, von denen drei für die Ausstellung ausgewählt wurden, geht es ebenfalls um diese Überlegungen (Abb. 160). Drei Details, aus Synagoge, Plattenbau, Kaufhaus, stehen für die neue und neueste Architektur (wobei die Synagoge in ihrer noblen Zurückhaltung zu den glücklichen Beispielen zählt).

Jean-Christophe Ammann hob in einem Text über Günther Förgs Architekturfotografien den Unterschied zwischen Gesehenem und Sichtweise hervor. Dass es Dopplungen gibt bei der Motivwahl der Künstler, hat mit der Reflexion des schnellen Errichtens wie Verschwindens zeitgenössischer Architektur zu tun: Bei beiden, Müller und Lange, kommt die Fassade des zum Abriss bestimmten Kaufhauses vor, und auch Müller wählt auf einem der Fotos den Blick auf die Frauenkirche von Südosten, jahreszeitlich etwas später als Volker Kreidler: Der Platz ist schon beräumt.

Matthias Hoch begreift Gebautes als soziale Kunst, als Widerschein einer konkreten historischen Situation an einem bestimmten Ort, die er in Beziehung setzt zu Parallelentwicklungen andernorts auf der Welt. Ihn interessiert die Außenhaut der Frauenkirche im Jahre 2005, die Frage, ob die logistische und technische Leistung, die verwertbaren originalen Steine in den Neubau zu integrieren, dem Bau eine höhere Authentizität gibt. Nichts lenkt ab von der Fragestellung, keine Dämmerung, kein Licht in den Fenstern. Der dem Künstler immer wieder attestierte nüchterne, auf Realität insistierende Blick ist ein forschender, den Gegenstand in seiner Komplexität erfassender präziser Blick. Diese Sichtweise spiegeln die Bilder von klarer, strenger Schönheit wider.

Ricarda Roggan nennt ihre Bilder ATTIKA. Auf Schweizerdeutsch bedeutet das Wort Dachgeschoss. Es ist kein Mensch vorstellbar in diesen zweifellos existierenden und doch seltsam irrealen Räumen im Dämmerlicht. Die Fotografien rufen Assoziationen von Verdunklung, Vertreibung und Klaustrophobischem hervor.

Der amerikanische Fotograf Minor White hat für das »Ungreifbare« ein Paradoxon zu Hilfe gezogen: »Und das magische Paradoxon für unverwechselbare Photographie besteht darin, daß man den ›Spiegel mit Gedächtnis‹ so handhabt, als wäre er eine Fata Morgana, als wäre die Kamera eine metamorphotische Maschine und die Photographie eine Metapher ... Hat sich der Photograph einmal aus der Tyrannei der Flächen und Strukturen, der Inhalte und Formen befreit, kann er sich bei der Suche nach poetischer Wahrheit dieser Materialien durchaus wieder bedienen.«

153 | Volker Kreidler | 01-05-2005 | Dresden, 2005
Fotografie, 90 x 160 cm | Besitz des Künstlers
Gefördert durch die Kulturstiftung des Freistaates Sachsen

154 | Walter Niedermayr | Dresden IX. 2005 | Dresden, 2005
Fotografie, 131 x 316 cm | Besitz des Künstlers
Gefördert durch die Kulturstiftung des Freistaates Sachsen

155 | MATTHIAS HOCH | Dresden #1, 2005 | Dresden, 2005
Fotografie, 150 x 190 cm | courtesy Dogenhaus Galerie Leipzig
Gefördert durch die Kulturstiftung des Freistaates Sachsen

156 | MATTHIAS HOCH
Dresden #2, 2005 | Dresden, 2005
Fotografie, 100 x 85 cm
courtesy Dogenhaus Galerie Leipzig
Gefördert durch die Kulturstiftung des
Freistaates Sachsen

157 | Frank-Heinrich Müller | hindsight // im Nachhinein | Dresden, 2005
Fotografien, 82 x 500 cm
Leipzig, Besitz des Künstlers | www.photographiedepot.de
Gefördert durch die Kulturstiftung des Freistaates Sachsen

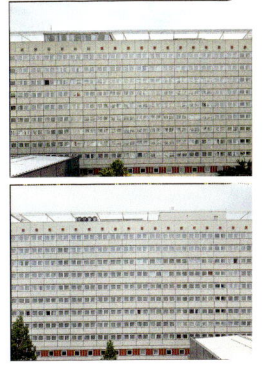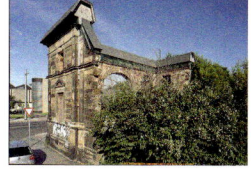

158 | Ricarda Roggan | ²Attika 2² | Dresden, 2005
C-Print, 160 x 194 cm | courtesy Galerie EIGEN + ART Leipzig/Berlin
Gefördert durch die Kulturstiftung des Freistaates Sachsen

159 | Ricarda Roggan | ²Attika 3² | Dresden, 2005
C-Print, 160 x 194 cm | courtesy Galerie EIGEN + ART Leipzig/Berlin
Gefördert durch die Kulturstiftung des Freistaates Sachsen

160 | MICHAEL LANGE | Fassaden I-V (Ausschnitt) | Dresden, 2005
Drei Fotografien à 70 x 56 cm | Besitz des Künstlers
Gefördert durch die Kulturstiftung des Freistaates Sachsen

161 | Ralf Kerbach | Dresden bleifarben | Dresden, 1996
Öl auf Leinwand, 135 x 155 cm | Biesenthal, Dresden, Prof. Ralf Kerbach

Von dem Dach des 2005 abgerissenen Scheibenhochhauses am Terrassenufer aus malte Kerbach den Blick auf die Elbe und die Augustusbrücke.

162 | EDMUND KESTING | Panorama von Dresden | Dresden, 1930er Jahre
Fotografie
Dresden, Sächsische Landesbibliothek – Staats- und Universitätsbibliothek Dresden,
Fotothek (1998.D. 1/ 15)

Auch die Fotografie als Leitmedium des 19. und 20. Jahrhunderts setzte sich mit
dem »Blick auf Dresden« auseinander. Der Dresdner Fotograf und Maler
Edmund Kesting wählte dafür erstaunlich »romantische« Lösungen und Blickwinkel.

Physiognomie und genetischer Code.
Silhouette und Gesamtkunstwerk

Ein Besuch in Dresden im Jahre 1996 hat Umberto Eco angeregt, über »Grund-
züge einer Stadtpsychologie« nachzudenken: »Die Dresdner fragen einen
gar nicht, ob einem die Stadt gefällt. Sie sagen es einem. Das bringt mich auf
den Gedanken, daß man die Städte normalerweise in zwei Kategorien ein-
teilen kann: in die selbstsicheren und die anderen ... In den selbstsicheren
Städten kommt es den Leuten gar nicht in den Sinn, den Besucher zu fragen,
wie er ihre Stadt findet. Einige verkaufen schamlos ihren Mythos (›Paris, la
ville lumière‹ – ›Quanto sei bella Roma‹ – ›New York, New York‹), aber sie
verlangen keine Konsensbekundungen. Sie setzen stillschweigend voraus,
daß man überwältigt ist, und wenn nicht, hat man eben Pech gehabt.«[1]

Ja, die Dresdner sind in bemerkenswerter Weise selbstsicher, was die Über-
zeugung von der ästhetischen Ausstrahlungskraft ihrer Stadt anbelangt.
Diese Selbstsicherheit beruht auf Erfahrungen und einem durch Jahrhunderte gewachsenen Selbstbewusstsein. Ein solches Selbstbewusstsein entsteht durch die prägende Kraft der Schönheit einer Stadtgestalt. Der Besucher zeigt sich von ihr überwältigt, dem Bewohner prägt sie sich als eine
Art genetischer Code ein. Erich Kästner beschreibt das so: »Wenn es zutref-
fen sollte, daß ich nicht nur weiß, was schlimm und häßlich, sondern auch,
was schön ist, so verdanke ich diese Gabe dem Glück, in Dresden aufgewachsen zu sein. Ich mußte, was schön sei, nicht erst aus Büchern lernen. Nicht
in der Schule, und nicht auf der Universität. Ich durfte die Schönheit einat-
men wie Försterkinder die Waldluft.«[2]

Dresden gibt ein Beispiel für die Kraft der Schönheit über Zerstörungen
hinweg. Ich erinnere mich, wie mein Großvater mich, 1944 geboren, an die
Hand nahm und durch die zerstörte Stadt führte und ihre Bauten und Anlagen erläuterte, als seien sie nicht zerstört. Die furchtbaren Verwüstun-
gen, die die alliierten Luftangriffe im Februar 1945 anrichteten, haben bei
allem tiefen Schmerz die Liebe der Dresdner zu ihrer Stadt noch vertieft.
Aus dem Trauma der Zerstörung hat sich eine ganz eigene, fest im kollektiven Bewusstsein verankerte Gedenkkultur entwickelt, die Trauer und Trost
miteinander zu verbinden verstand. Das Dresdner Gedenken stellt die Trauer
und das Leid der Opfer in den Mittelpunkt, sucht nach geistlicher Deutung

und gibt Hassgefühlen gegenüber den Zerstörern keinen Raum. Jede aufrechnende Instrumentalisierung ist ihm zuwider. Daraus erwuchs neuer Zukunftswille.

Auf diese Weise lebte die Aura der unzerstörten Stadt auch im Bewusstsein der Nachgeborenen fort. Michael Wüstefeld, 1951 in Dresden geboren, dichtete:

> Aus Erinnerung
> bau ich die Stadt
> Aus meinen Augen
> ein Bild
> Aus Träumen
> schreib ich den Plan
> Aus meinem Herzen
> alles Blut.[3]

Und Durs Grünbein, 1962 in Dresden geboren, stellt in seinem Via Lewandowsky gewidmeten, den Geist der bleiernen 8oer Jahre des vorigen Jahrhunderts atmenden »Gedicht über Dresden« fest:

> ... Ein *Gesamtkunstwerk*
> Singt unter Trümmern noch in höchsten Tönen.[4]

Das besondere am Dresdner Gesamtkunstwerk ist, dass es nie nach einem ganzheitlichen Gestaltungskonzept angelegt worden ist wie etwa das Dessau-Wörlitzer Gartenreich. Das Gesamtkonzept war gleichsam vorgegeben durch den landschaftlichen Rahmen mit Fluss und Hang. Das schuf einen gewissen respektvollen Grundkonsens. So sehr dieser Grundkonsens immer neu in Frage gestellt wurde und neu erstritten werden musste, so sehr hat er dazu beigetragen, dass in Dresden »immer mit Anstand weitergebaut worden ist«[5], und heute die Kernzone einer lebendigen Landeshauptstadt als eine »sich fortentwickelnde Kulturlandschaft« durch Aufnahme in die Weltkulturerbeliste der UNESCO – gerade rechtzeitig zur Weihe der wiedererstandenen Frauenkirche – geadelt worden ist.

Zentrum des Dresdner Gesamtkunstwerks ist seine Silhouette als Physiognomie der Stadt. Je charakteristischer sie sich ausprägte, um so mehr wurde sie semiotisch gedeutet. Sie wurde intuitiv als ein zu schützendes originäres Zeichen empfunden. Höhepunkt der Silhouette und Krönung der Stadt aber war das Kuppelwunder der Frauenkirche als ein singuläres Bauwerk von europäischem Rang. Sie wurde die Seele der Stadt. Deshalb musste ihr Zusammenstürzen als besonders schmerzlich empfunden werden. Deshalb blieb ihre Ruine – anders als andere rekonstruierbare Ruinen der Innenstadt – unangetastet. Deshalb wurde diese Ruine zentraler Ort des Gedenkens an die Bombenopfer als Mahnmal gegen alle Verdrängungs- und Instrumentalisierungsbemühungen. Deshalb wurde sie zum Ausgangspunkt stillen Protestes gegen die SED-Diktatur, der sich zur friedlichen Revolution des Oktober 1989 entwickelte.

Deshalb aber auch konnte aus der schmerzenden Leerstelle in der Silhouette über der Ruine der Frauenkirche ein so zäher Wiederaufbauwille wachsen, jahrzehntelang überdeckt von trostloser DDR-Realität, um so kraftvoller hervorbrechend mit dem »Ruf aus Dresden«, 1990 ausgesandt mit der unbändigen Hoffnung der Revolutionszeit. Im Jahre 1981, als eine verfehlte Wohnungsbaupolitik auch in Dresden gewaltige Neubauwucherungen am Stadtrand entstehen und ganze Altbauquartiere verfallen ließ, erschien Fritz Löfflers, des großen Kunstwissenschaftlers und Denkmalpflegers, legendäres Werk »Das alte Dresden«, das so viel zur Identitätswahrung der Dresdner beigetragen hat, in neubearbeiteter und erweiterter Fassung. Unter dem Stichwort »Frauenkirche« findet man die Bemerkung: »... archäologische Wiederherstellung zur Rekonstruktion der Stadtsilhouette geplant«.[6] Den Leinenband ziert ein Grundriss der Frauenkirche.

Mit der Frauenkirche erhält die Silhouette Dresdens wieder ihre Krönung; die Stadt erhält ihre alte, neue Seele zurück. Welche in die Zukunft wirkende Kraft die Schönheit einer Stadtphysiognomie und die Überzeugungskraft einer Kirchengestalt entfalten können, ist das heimliche Thema dieser Ausstellung.

Anmerkungen

1   Umberto Eco, Sämtliche Glossen und Parodien 1963–2000,
    Frankfurt/Main o. J., S. 472.
2   Erich Kästner, Als ich ein kleiner Junge war, in: Erich Käst-
    ner, Werke, Bd. 7, München und Wien 1998, S. 39.
3   Zit. n.: Zauberort. Dresden im Gedicht, hrsg. von Klaus
    Stiebert, Dresden 2004, S. 129.
4   Ebd., S. 136.
5   Gerhard Glaser, langjähriger sächsischer Landeskonserva-
    tor, in: Sächsische Zeitung vom 8. Juli 2004.
6   Fritz Löffler, Das alte Dresden. Geschichte seiner Bauten.
    6. Aufl., Leipzig 1981, S. 490.

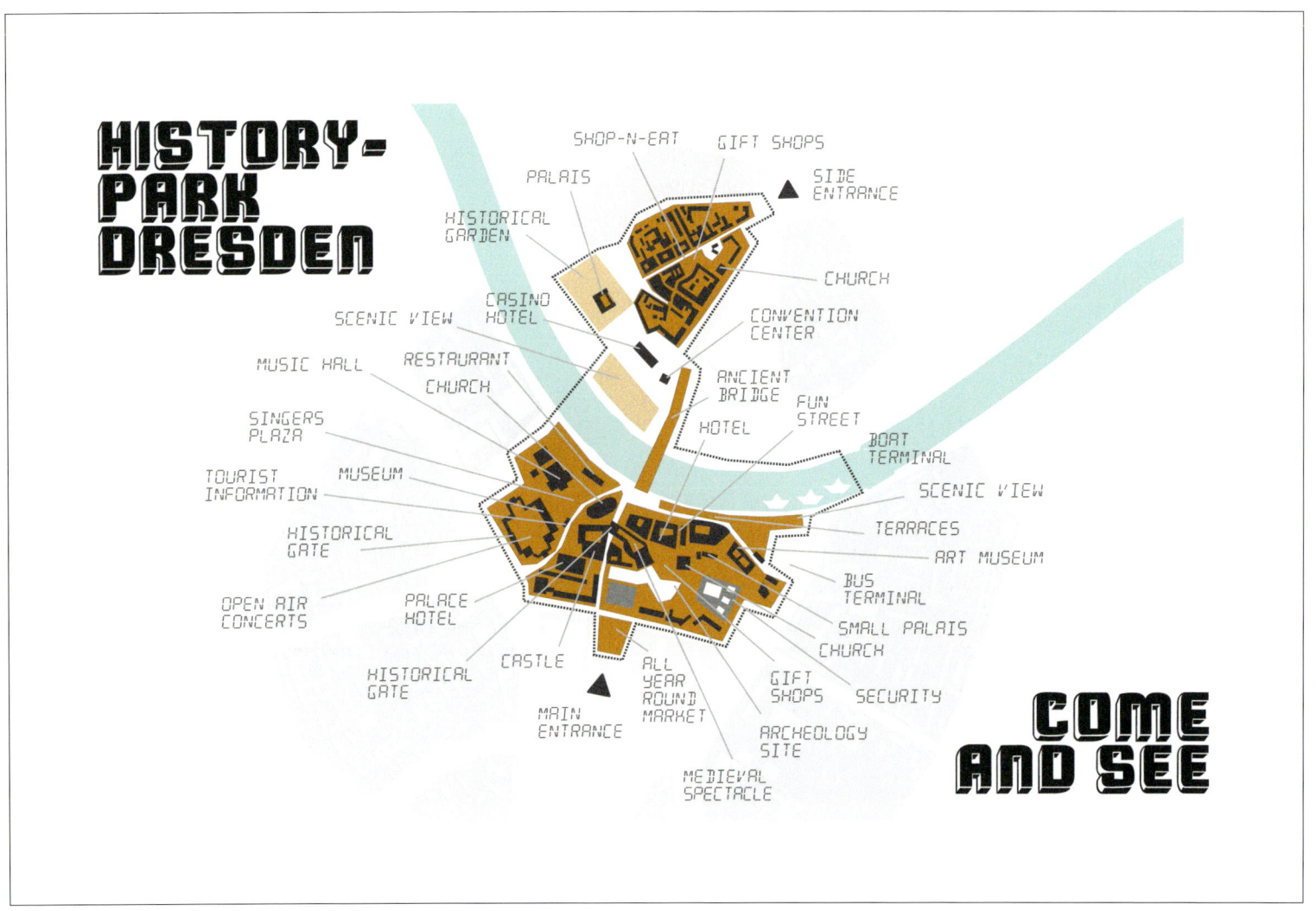

HISTORY-PARK DRESDEN

SHOP-N-EAT
GIFT SHOPS
PALAIS
SIDE ENTRANCE
HISTORICAL GARDEN
CHURCH
SCENIC VIEW
CASINO HOTEL
CONVENTION CENTER
MUSIC HALL
RESTAURANT
CHURCH
ANCIENT BRIDGE
FUN STREET
SINGERS PLAZA
HOTEL
BOAT TERMINAL
TOURIST INFORMATION
MUSEUM
SCENIC VIEW
HISTORICAL GATE
TERRACES
ART MUSEUM
OPEN AIR CONCERTS
PALACE HOTEL
BUS TERMINAL
SMALL PALAIS
CHURCH
HISTORICAL GATE
CASTLE
ALL YEAR ROUND MARKET
GIFT SHOPS
SECURITY
MAIN ENTRANCE
ARCHEOLOGY SITE
MEDIEVAL SPECTACLE

COME AND SEE

163 | Michael Grzesiak von urbikon.com | DresdenHistoryPark | Leipzig, 2004
Grafik, 80 x 120 cm | Berlin, Leipzig, Michael Grzesiak von urbikon.com

Konzeptioneller Ausgangspunkt der Grafik ist die urbane Bedeutung eines restriktiven kulturhistorischen Areals als Kern einer Innenstadt im 21. Jahrhundert nach dem Motto: Dresden vermietet sein Wohnzimmer an Besucher.

Katalog

Dieser Katalog verzeichnet die Exponate der Ausstellung in chronologischer Reihenfolge. Die Zählung entspricht nicht den Abbildungsnummern.

1 GABRIEL TOLA (Gabriele Thola) | Neustadt und Altendresden von Osten. Dresden, um 1570. Federzeichnung in Sepia, 25 x 196,5 cm. Dresden, Museen der Stadt Dresden, Städtische Galerie Dresden, Kunstsammlung (1977/k 196). Abb. S. 31

2 GEORG BRAUN / FRANZ HOGENBERG | Dresden und Leipzig. Aus: Civitas orbis Terrarum, Bd. 1, Köln 1572, S. 28. Kolorierter Kupferstich, 33 x 47 cm. Dresden, Sächsische Landesbibliothek – Staats- und Universitätsbibliothek Dresden (Geogr. A 223-1). Abb. S. 30

3 GEORG BRAUN / FRANZ HOGENBERG | Dresden und Leipzig. Einzelblatt. Aus: Civitas orbis Terrarum, Bd. 1, Köln 1572, S. 28. Kupferstich, 33,3 x 47,7 cm. Dresden, Kupferstich-Kabinett, Staatliche Kunstsammlungen Dresden (Sax.top I, 2, 10 A 131354)

4 PHILIPP GALLE, NACH HEINRICH VAN CLEEF | Dresden vom Neustädter Ufer. Antwerpen, um 1587. Kupferstich, 17,3 x 24,3 cm. Dresden, Sächsische Landesbibliothek – Staats- und Universitätsbibliothek Dresden, Kartensammlung (B 1447). Abb. S. 28

5 PHILIPP GALLE, NACH HEINRICH VAN CLEEF | Dresden vom Neustädter Ufer. Antwerpen, um 1587. Kupferstich, 22,8 x 28,2 cm. Dresden, Kupferstich-Kabinett, Staatliche Kunstsammlungen Dresden, Sammlung Bienert, im Landesamt für Denkmalpflege Sachsen (M2 K26 B64)

6 CHRISTOPH SCHISSLER D.Ä. | Quadratum Geometricum (Messquadrat). Augsburg, 1587. Messing, graviert, gepunzt, ursprünglich vergoldet, 37,5 x 37,5 cm. Dresden, Mathematisch-Physikalischer Salon, Staatliche Kunstsammlungen Dresden (C I 1). Abb. S. 52

7 ANONYM, GEDRUCKT BEI GIMEL BERGEN | Ansicht von Dresden mit Kreuzkirche, Schloss und Brücke. Einzelblatt. Dresden, um 1587. Holzschnitt, 8 x 10 cm. Dresden, Sächsische Landesbibliothek – Staats- und Universitätsbibliothek Dresden, Kartensammlung (B 1436). Abb. S. 79

8 ANONYM, GEDRUCKT BEI GIMEL BERGEN | Ansicht von Dresden mit Kreuzkirche, Schloss und Brücke. Aus: Daniel Greiser, Historia und Beschreibungen ..., Dresden, 1587. Holzschnitt, 8 x 10 cm. Dresden, Sächsische Landesbibliothek – Staats- und Universitätsbibliothek Dresden (Biogr.er. D. 702)

9 SEBASTIAN MÜNSTER | Dresden. Aus: Cosmographia Universalis, Basel 1592, S. ccccxxvii. Holzschnitt, 12,5 x 15 cm. Dresden, Sächsische Landesbibliothek – Staats- und Universitätsbibliothek Dresden (Geogr. A 128 und Geogr. A 129). Abb. S. 34

10 ABRAHAM SAUR | Die Statt Dresden. Aus: Theatrum vrbivm, Frankfurt am Main 1610, S. 233. Holzschnitt, 7 x 9,5 cm. Dresden, Sächsische Landesbibliothek – Staats- und Universitätsbibliothek Dresden (Geogr. A 1316). Abb. S. 34

11 ABRAHAM SAUR | Die Statt Dresden. Aus: Theatrum vrbivm, Frankfurt am Main 1610, S. 233. Holzschnitt, 7 x 9,5 cm. Augsburg, Stadt- und Staatsbibliothek Augsburg (Gs 8373)

12 HANS ERICH FRIESE | Radmantel von Johann Georg I., Dresden 1611. Seidenatlas, farbige Seide, Gold- und Silberstickerei, Dm. 197 cm. Dresden, Rüstkammer, Staatliche Kunstsammlungen Dresden (I 8). Abb. S. 42

13 ANONYM | Pulverflasche und Radschlüssel. Leipzig, 1623. Körper Elfenbein, Beschläge: Silber, graviert; Fessel: grüne Seide und Goldgespinst, 7 x 5 cm. Dresden, Rüstkammer, Staatliche Kunstsammlungen Dresden (X 759). Abb. S. 46

14 WOLFGANG KILIAN | Arbor Genealogica Electorvm et Dvcvm Saxoniae. Augsburg 1625, Rückeinband. Kupferstich, 26,5 x 32 cm. Dresden, Sächsische Landesbibliothek – Staats- und Universitätsbibliothek Dresden (H. Sax. C 17). Abb. S. 41

15 WOLFGANG KILIAN | Arbor Genealogica Electorvm et Dvcvm Saxoniae. Augsburg 1625, Rückeinband. Kupferstich, 26,3 x 31 cm. Augsburg, Stadt- und Staatsbibliothek Augsburg (46 / 2,16)

16 PIETER HENDRICKSZ. SCHUT | Dressden. Amsterdam, um 1640. Kolorierte Radierung, 26 x 28,2 cm. Dresden, Kupferstich-Kabinett, Staatliche Kunstsammlungen Dresden (Sax.top I, 3, 12 A 131378). Abb. S. 36

17 ANONYM | Ansicht Dresdens von der Altstädter Seite, vor 1700. Öl auf Leinwand, 68 x 106,5 cm. Dresden, Schlösser und Gärten in Dresden, Schloss und Park Pillnitz (SGD 169). Abb. S. 68

18 MATTHÄUS MERIAN D.Ä. | Prospect der Brücken zu Dresden. Einzelblatt. Aus: Topographia Superioris Saxoniae, Thüringiae, Misniae et Lusatiae, Frankfurt am Main 1650, zwischen S. 50 und 51. Kupferstich, 28,5 x 77,5 cm. Dresden, Sächsische Landesbibliothek – Staats- und Universitätsbibliothek Dresden, Kartensammlung (B 1440 und B 1441). Abb. S. 37

19 MATTHÄUS MERIAN D.Ä. | Dresden. Einzelblatt. Aus: Topographia Superioris Saxoniae, Thüringiae, Misniae et Lusatiae, Frankfurt am Main 1650, S. 46. Kupferstich, 12 x 37,2 cm. Dresden, Sächsische Landesbibliothek – Staats- und Universitätsbibliothek Dresden, Kartensammlung (B 1439). Abb. S. 37

20 MONOGRAMMIST SL. VERLEGER: PAUL FÜRST | Electoralis Civitas Dresda. Abbildung der weltberühmten Stadt Dresden. Nürnberg, 1650. Radierung, 23 x 37,6 cm. Dresden, Kupferstich-Kabinett, Staatliche Kunstsammlungen Dresden (Sax.top I, 5, 1 A 131452 und Sax.top I, 5, 1 A 131453). Abb. S. 38

21 DANIEL BRETTSCHNEIDER | Porträt Johann Georgs I. mit der Ansicht von Dresden. Dresden, um 1650. Tempera auf Holz, 15,2 x 9,8 cm. Dresden, Rüstkammer, Staatliche Kunstsammlungen Dresden (H 207). Abb. S. 44

22 EBERHARDT KIESER / DANIEL MEISNER | Vera Amicitia. Dresden in Meisen. Aus: Sciographia cosmica, Nürnberg 1678, S. B 16. Kupferstich, 9 x 15 cm. Dresden, Sächsische Landesbibliothek – Staats- und Universitätsbibliothek Dresden (Geogr. A 564-1). Abb. S. 35

23 EBERHARDT KIESER / DANIEL MEISNER | Vera Amicitia. Dresden in Meisen. Einzelblatt. Aus: Sciagraphia cosmica, Nürnberg 1678, S. B 16. Kupferstich, 13 × 16,4 cm. Dresden, Kupferstich-Kabinett, Staatliche Kunstsammlungen Dresden, Sammlung Bienert, im Landesamt für Denkmalpflege Sachsen (M2 K6 B33)

24 JOHANN ALEXANDER BOENER | Titelkupfer zu Anton Weck, Der Chur-Fürstlichen Sächsischen weitberuffenen Residentz- und Haupt-Vestung Dresden. Nürnberg, 1680. Kupferstich, 31 × 20 cm. Dresden, Kupferstich-Kabinett, Staatliche Kunstsammlungen Dresden (Sax.top I 3, 7 A 131373). Abb. S. 38

25 JOHANN ALEXANDER BOENER | Titelkupfer zu Anton Weck, Der Chur-Fürstlichen Sächsischen weitberuffenen Residentz- und Haupt-Vestung Dresden. Nürnberg, 1680. Kupferstich, 31 × 20 cm. Dresden, Stadtarchiv Dresden (Sign. 78.87)

26 ANONYM | Der Diana Aufzug mit der Jägerey aus dem Churf: Sächs: Jäger=Haus, durch Altdendreßden über die Elb: Brücke dem Churf: Stall-Gebäude vorbey über den Marck bis an die Moritz-Strasse. Einzelblatt. Aus: Gabriel Tzschirmer, Die Durchlauchtigste Zusammenkunft, Nürnberg 1680, S. 316. Kupferstich, 50,5 × 173,8 cm. Dresden, Sächsische Landesbibliothek – Staats- und Universitätsbibliothek Dresden, Kartensammlung (B 1617). Abb. S. 51

27 ANONYM | Der Diana Aufzug mit der Jägerey aus dem Churf: Sächs: Jäger=Haus, durch Altdendreßden über die Elb: Brücke dem Churf: Stall-Gebäude vorbey über den Marck bis an die Moritz-Strasse. Aus: Gabriel Tzschirmer, Die Durchlauchtigste Zusammenkunft, Nürnberg 1680, S. 316. Kupferstich, 51 × 175 cm. Augsburg, Stadt- und Staatsbibliothek Augsburg (2° Bio 159)

28 ANONYM | Klippe zur Erinnerung an die Pest 1681. Post Nvbilia Phoebvs 1680. Rs. Nvlla calamitas Sola: In memor: temp: Pestus 1681. Dresden, 1681. Silber, 7,22 × 7,92 cm. Dresden, Münzkabinett, Staatliche Kunstsammlungen Dresden (5476). Abb. S. 133

29 ANONYM | Altendresden im Feuer gestanden. Dresden, nach 1685. Öl auf Leinwand, 64 × 72 cm. Dresden, Museen der Stadt Dresden, Städtische Galerie Dresden, Kunstsammlung (1979/k 5). Abb. S. 69

30 JOHANN BENSHEIMER | Cimelium geographicum. Deutschland, 1687. Kupferstich, 18 × 14,8 cm. Dresden, Kupferstich-Kabinett, Staatliche Kunstsammlungen Dresden (Sax.top VI 1, 1 A 132706). Abb. S. 40

31 ANONYM | Humpen mit der Ansicht von Dresden. Sachsen, 1688. Hellhornfarbenes Glas, Emailmalerei, Reste von Vergoldung, H. 36,5 cm. Dresden, Kunstgewerbemuseum, Staatliche Kunstsammlungen Dresden (37082). Abb. S. 39

32 ANONYM | Theodolit. Deutschland, um 1700. Messing, graviert, 24 × 25 cm, Dm. 24 cm. Dresden, Mathematisch-Physikalischer Salon, Staatliche Kunstsammlungen Dresden (C III c 19). Abb. S. 55

33 ANONYM | Reißzeug, Deutschland, um 1580. Bestehend aus: Korrektur- oder Radiermesser, Messing, vergoldet, Stahl, L. 16 cm (A I 27); Reißfeder, Messing, vergoldet, Stahl, L. 13,2 cm (A I 20); Reißfeder, Messing, vergoldet, Stahl, L. 12,7 cm (A I 18); Dresden, Mathematisch-Physikalischer Salon, Staatliche Kunstsammlungen Dresden. Abb. S. 57

34 GABRIEL BODENEHR | Die Königlich- und Churfürstliche sächsische Residenzstadt Dresden. Einzelblatt. Vermutlich aus: Europens Pracht und Macht in 200 Kupferstücken. o. J. (1721). Kupferstich, 17,5 × 33 cm. Dresden, Sächsische Landesbibliothek – Staats- und Universitätsbibliothek Dresden, Kartensammlung (B 1451). Abb. S. 12

35 PETER SCHENK | Dresde, een Kurfürstliche Stadt in Saxen gelegen. Amsterdam, 1702. Radierung, 21,6 × 27 cm. Dresden, Kupferstich-Kabinett, Staatliche Kunstsammlungen Dresden (Sax.top I, 3, 40 A 1952-43)

36 G. A. GÜNTHER | Geschützaufsatz. Deutschland, um 1725. Messing, graviert, Eisen, 16,1 × 17,4 cm, T. 20,8 cm. Dresden, Mathematisch-Physikalischer Salon, Staatliche Kunstsammlungen Dresden (C V 67). Abb. S. 129

37 JOHANN CHRISTIAN CRELL | Titelkupfer zu: Das fast auf dem höchsten Gipfel seiner Vollkommenheit und Glückseligkeit prangende Köngliche Dreßden in Meissen, oder JCCANDERS kurze, derer in dieser Welt-bekannten Wittekindischen Residenz berühmten Gebäude, Merckwürdigkeiten und Gewohnheiten. Leipzig 1726. Kupferstich, 13,2 × 7,5 cm. Dresden, Sächsische Landesbibliothek – Staats- und Universitätsbibliothek Dresden (H.Sax. G 607 und H.Sax. G 461). Abb. S. 40

38 JOHANN ALEXANDER THIELE | Vue de la Ville Royale et Electorale de Dresde. Dresden, 1726. Radierung, 36,5 × 54,8 cm. Dresden, Kupferstich-Kabinett, Staatliche Kunstsammlungen Dresden (Sax.top I, 4, 2a A 131407 und Sax.top I, 4, 2 A 131406). Abb. S. 76

39 ADAM FRIEDRICH ZÜRNER | Karte des Meißnischen Kreises. Dresden, um 1730. Aquarellierte Zeichnung, 93 × 112 cm. Dresden, Sächsisches Hauptstaatsarchiv Dresden (12884 Karten und Risse Schr. II F 36 Nr 18 i Schr. XVIII). Abb. S. 58

40 SIGNIERT: AR [MIT KRONE] VII | Handelle. Sachsen, um 1730. Messing und Eisen, L. 57,2 cm (entspricht der alten Dresdner Elle aus dem Dreißigjährigen Krieg). Dresden, Mathematisch-Physikalischer Salon, Staatliche Kunstsammlungen Dresden (B I 153). Abb. S. 55

41 CHRISTIAN WILHELM ERNST DIETRICH (ZUGESCHRIEBEN) | Sänfte mit der Ansicht von Dresden. Dresden (?), um 1740 (?). Bemalte Holztür, 171 × 85,5 × 96 cm. Moritzburg, Staatliche Schlösser, Burgen und Gärten Sachsen, Schloss Moritzburg und Fasanenschlösschen (899/86). Abb. S. 73

42 ANONYM | Dresden, Sicht von der Neustadt aus. Deutschland, um 1734 (?). Kupferstich, 14,8 × 19,5 cm. Dresden, Kupferstich-Kabinett, Staatliche Kunstsammlungen Dresden, Sammlung Bienert, im Landesamt für Denkmalpflege Sachsen (M2 K19 B44). Abb. S. 13

43 CHRISTIAN WILHELM ERNST DIETRICH | Blick auf Dresden. Dresden, 1735. Öl auf Leinwand, 63 × 80 cm. Stockholm, Nationalmuseum Stockholm (M 263). Abb. S. 71

44 JOHANN ALEXANDER THIELE | Prospect von Dresden vom Wege nach Bautzen aufgenommen. Dresden, vor 1740. Öl auf Leinwand, 105 × 150 cm. Schwerin, Staatliches Museum Schwerin (Gal. Nr. 737). Abb. S. 66

45 JOHANN GOTTFRIED ZIMMER | Schrittzähler. Schloss Reinharz, 1741. Messing, vergoldet, Silber, Birnbaumgehäuse, Dm. 6,7 cm, T. 1,5 cm. Dresden, Mathematisch-Physikalischer Salon, Staatliche Kunstsammlungen Dresden (C III a 5). Abb. S. 53

46   JOHANN ALEXANDER THIELE | Brühlsche Terrasse. Dresden, 1742. Lavierte Federzeichnung, 31,2 x 55,8 cm. Dresden, Sächsisches Hauptstaatsarchiv Dresden (13410 Bilder, Fach 193 Nr. 3). Abb. S. 67

47   JOHANN ALEXANDER THIELE | Ansicht von Dresden mit der Augustusbrücke. Dresden, 1746. Öl auf Leinwand, 104 x 153 cm. Dresden, Gemäldegalerie Alte Meister, Staatliche Kunstsammlungen Dresden (Gal. Nr. 3660). Abb. S. 70

48   BERNARDO BELLOTTO, GEN. CANALETTO | Dresden vom rechten Elbufer oberhalb der Augustusbrücke. Dresden, 1747. Öl auf Leinwand, 132 x 236 cm. Dresden, Gemäldegalerie Alte Meister, Staatliche Kunstsammlungen Dresden (Gal. Nr. 602). Abb. S. 74

49   BERNARDO BELLOTTO, GEN. CANALETTO | Dresden vom rechten Elbufer unterhalb der Augustusbrücke. Dresden, 1748. Öl auf Leinwand, 133 x 237 cm. Dresden, Gemäldegalerie Alte Meister, Staatliche Kunstsammlungen Dresden (Gal. Nr. 606). Abb. S. 75

50   ANONYM | Tabatière mit Stadtsilhouette von Dresden. Meißen, um 1755. Porzellan, 3,7 x 7,8 x 6,2 cm. Dresden, Porzellansammlung, Staatliche Kunstsammlungen Dresden (P.E. 1827). Abb. S. 79

51   MATTHIAS SEUTTER | Dresda ad Albim, um 1755. Kolorierter Kupferstich, 48 x 55 cm. Dresden, Sächsische Landesbibliothek – Staats- und Universitätsbibliothek Dresden, Kartensammlung (A 16743 und A 14281). Abb. S. 65

52   ANONYM | Prospect der Churfürstlichen Residenzstadt Dresden. Deutschland, um 1760. Radierung, 14,3 x 25 cm. Dresden, Kupferstich-Kabinett, Staatliche Kunstsammlungen Dresden (Sax.top I, 4, 1 A 131403). Abb. S. 81

53   ANONYM | Königliche und Churfürstliche Residenzstadt Dresden. Deutschland, um 1760. Radierung, 18 x 31 cm. Dresden, Kupferstich-Kabinett, Staatliche Kunstsammlungen Dresden (Sax.top I, 5, 11 A 131459). Abb. S. 128

54   BERNARDO BELLOTTO, GEN. CANALETTO | Ruinen der Pirnaischen Vorstadt. Dresden, um 1766. Öl auf Leinwand, 80 x 122 cm. Troyes, Conservation des Musées d'Art et d'Histoire (850.1.4). Abb. S. 126

55   BERNARDO BELLOTTO, GEN. CANALETTO | Ruinen der Pirnaischen Vorstadt. Dresden, 1766. Radierung, 53 x 65 cm. Dresden, Kupferstich-Kabinett, Staatliche Kunstsammlungen Dresden (A 1964-661 und A 1978–72). Abb. S. 127

56   J. F. HALCKE | Sammelbild. Deutschland, 1794. Aquarellierte Zeichnung, 51,8 x 72,8 cm. Dresden, Kupferstich-Kabinett, Staatliche Kunstsammlungen Dresden (Sax.top I-IV, 2 C 4334). Abb. S. 107

57   ANONYM | Königliche und Churfürstliche Residenzstadt Dresden, um 1760. Deutschland, 19. Jahrhundert. Lithografie, 19,8 x 30,5 cm. Dresden, Kupferstich-Kabinett, Staatliche Kunstsammlungen Dresden (Sax.top I, 5, 14 A 131462)

58   ADRIAN ZINGG | Dresden vom Pieschner Winkel. Dresden, um 1800. Radierung, Sepia getönt, 32 x 46,5 cm. Dresden, Museen der Stadt Dresden, Städtische Galerie Dresden, Kunstsammlung (1978/k 204). Abb. S. 83

59   ADRIAN ZINGG | Dresden vom Pieschner Winkel. Dresden, um 1800. Getönte Radierung, 16,8 x 22,5 cm. Dresden, Kupferstich-Kabinett, Staatliche Kunstsammlungen Dresden (Sax.top I 3, 21 A 131932)

60   ANONYM | Der Brand von Neustadt. Deutschland, um 1802. Kolorierte Aquatinta, 11,1 x 15,6 cm. Dresden, Kupferstich-Kabinett, Staatliche Kunstsammlungen Dresden (Sax.top I 4, 51 A 131449). Abb. S. 133

61   KARL FRIEDRICH SCHINKEL | Fernblick auf Dresden. Deutschland, nach 1803. Aquarellierte Zeichnung, 29,2 x 30,3 cm. Berlin, Staatliche Museen zu Berlin, Kupferstichkabinett (SM 1b / 17). Abb. S. 87

62   ANONYM | Handwerkskundschaft. Dresden, um 1805. Stahlstich, 35,3 x 44 cm. Dresden, Sächsisches Hauptstaatsarchiv Dresden (13410 Bilder, F. 164. Nr. 40 b und c). Abb. S. 98

63   ANONYM | Vue de Dresde prise de la route de Bautzen. Deutschland, um 1810. Kolorierte Radierung, 29,2 x 41 cm. Dresden, Kupferstich-Kabinett, Staatliche Kunstsammlungen Dresden (Sax.top I 7, 10 A 131480). Abb. S. 94

64   WERKSTATT SAMUEL MOHN | Becher mit Stadtsilhouette von Dresden. Dresden, 1813. Farbloses Glas, Silbergelbätze, Transparentmalerei, H. 10,3 cm. Prag, Umeleckoprumyslove Muzeum (17.707). Abb. S. 15

65   ANONYM | Die Dresdner Brücke nach der Sprengung. Deutschland, nach 1813. Lithografie, 20,2 x 30,8 cm. Dresden, Sächsische Landesbibliothek – Staats- und Universitätsbibliothek Dresden, Kartensammlung (B 3519). Abb. S. 132

66   ANONYM | Dresden vom Ostragehege. Dresden, 1814. Kolorierte Lithografie, 22 x 32,2 cm. Dresden, Kupferstich-Kabinett, Staatliche Kunstsammlungen Dresden (Sax.top I 4, 26 A 1953-263). Abb. S. 80

67   ANONYM | Ansicht von Dresden aus dem Gehege. Dresden, um 1820. Kolorierte Radierung, 38,7 x 52,2 cm. Dresden, Kupferstich-Kabinett, Staatliche Kunstsammlungen Dresden (Sax.top I 4, 53 A 131450). Abb. S. 97

68   JOHANN CARL AUGUST RICHTER | Dresden gegen Mitternacht. Dresden, um 1820. Kolorierte Umrissradierung, 10,7 x 15,8 cm. Dresden, Kupferstich-Kabinett, Staatliche Kunstsammlungen Dresden (A 155179). Abb. S. 108

69   JOHANN CARL AUGUST RICHTER | Dresden gegen Abend. Dresden, um 1820. Kolorierte Umrissradierung, 12 x 17,2 cm. Dresden, Kupferstich-Kabinett, Staatliche Kunstsammlungen Dresden (A 166178). Abb. S. 108

70   JOHANN CARL AUGUST RICHTER | Blick elbabwärts ohne Marienbrücke. Dresden, um 1820. Kolorierte Umrissradierung, 10,7 x 15,8 cm. Dresden, Kupferstich-Kabinett, Staatliche Kunstsammlungen Dresden (1912-80). Abb. S. 108

71   JOHANN CARL AUGUST RICHTER | Die Dresdner Brücke mit Gondeln. Dresden, um 1820. Kolorierte Umrissradierung, 10,7 x 15,8 cm. Dresden, Kupferstich-Kabinett, Staatliche Kunstsammlungen Dresden (Mappe Richter, Karton 8, links unten). Abb. S. 109

72   Carl Gustav Carus | Blick auf Dresden bei Sonnenuntergang. Dresden, 1822. Öl auf Leinwand, 22 x 30,5 cm. Chemnitz, Kunstsammlungen Chemnitz (211). Abb. S. 85

73   Carl August Richter | Umsicht von der Kuppel der Frauenkirche. Dresden, 1824. Kolorierte Radierung, 57,5 x 61 cm. Dresden, Kupferstich-Kabinett, Staatliche Kunstsammlungen Dresden (B 2106,4). Abb. S. 10

74   Caspar David Friedrich | Abend October 1824. Deutschland, 1824. Öl auf Leinwand, 20,8 x 24,7 cm. Privatbesitz. Abb. S. 85

75   Carl Gustav Carus | Kahnfahrt auf der Elbe. Dresden, 1827. Öl auf Leinwand, 29 x 21 cm. Düsseldorf, Stiftung museum kunst palast (130). Abb. S. 24

76   Carl Robert Croll | Blick durch ein Bogenfenster. Dresden, um 1830. Bleistift, 16,6 x 24,1 cm. Dresden, Kupferstich-Kabinett, Staatliche Kunstsammlungen Dresden (C 1949-238). Abb. S. 92

77   Anonym | Kaffeekanne mit Stadtsilhouette von Dresden. Deutschland, nach 1830. Porzellan, H. 27,5 cm. Dresden, Porzellansammlung, Staatliche Kunstsammlungen Dresden (P. E. 6775). Abb. S. 99

78   Christian Friedrich Gille | Altstädter Ufer. Dresden, um 1835/40. Öl auf Pappe, 23,3 x 32,8 cm. Freital, Städtische Sammlungen Freital (K/V/63/639). Abb. S. 86

79   Johan Christian Clausen Dahl | Blick auf Dresden bei Vollmond. Dresden, 1839. Öl auf Leinwand, 78 x 130 cm. Dresden, Galerie Neue Meister, Staatliche Kunstsammlungen Dresden (Gal. Nr. 2206 D). Abb. S. 82

80   Theobald Oer | Ansicht von Dresden. Deutschland, 1840. Öl auf Leinwand, 37 x 56,7 cm. Dortmund, Museum für Kunst und Kulturgeschichte der Stadt Dortmund (C 5271). Abb. S. 89

81   Johan Christian Clausen Dahl (zugeschrieben) | Türme im Mondlicht. Dresden, um 1850. Kohle, Kreide, 28,5 x 41,8 cm. Dresden, Kupferstich-Kabinett, Staatliche Kunstsammlungen Dresden (C 1960-131). Abb. S. 86

82   C. Rohrsdorf | Ansicht von Dresden aus dem Gehege. Dresden, Mitte 19. Jahrhundert. Kolorierte Lithografie, 25,8 x 33 cm. Dresden, Kupferstich-Kabinett, Staatliche Kunstsammlungen Dresden (Sax.top I 4, 26 A 131427). Abb. S. 103

83   Robert Geissler | Dresden vom Waldschlösschen. Dresden, Mitte 19. Jahrhundert. Lithografie, 17,5 x 52,2 cm. Dresden, Kupferstich-Kabinett, Staatliche Kunstsammlungen Dresden (Sax.top I, 3, 37 A 131400). Abb. S. 101

84   Johann Carl August Richter | Blick elbabwärts mit Marienbrücke. Dresden, um 1850. Kolorierte Umrissradierung, 10,7 x 15,8 cm. Dresden, Kupferstich-Kabinett, Staatliche Kunstsammlungen Dresden (1919-79). Abb. S. 109

85   Johann Carl August Richter | Die Augustusbrücke mit Dampfschiff. Dresden, um 1850. Kolorierte Umrissradierung, 10,7 x 15,8 cm. Dresden, Kupferstich-Kabinett, Staatliche Kunstsammlungen Dresden (1912-62). Abb. S. 109

86   Carl Wilhelm Arldt | Sammelbild mit 23 Ansichten von Dresden und Umgebung. Dresden, um 1850. Lithografie, 38 x 46 cm. Dresden, Kupferstich-Kabinett, Staatliche Kunstsammlungen Dresden (Sax.top I, 2, 5 A 1983-1274). Abb. S. 99

87   Otto Wagner / Ernst Christian Schmidt | Sammelbild mit 13 Ansichten von Dresden. Dresden, um 1850. Kolorierte Radierung, 24,5 x 30 cm. Dresden, Kupferstich-Kabinett, Staatliche Kunstsammlungen Dresden (Sax.top I, 2, 7 A 1902-352). Abb. S. 100

88   Wilhelm Bässler | Brühlsche Terrasse mit Belvedere. Dresden, um 1850. Kolorierte Lithografie, 40 x 43 cm. Dresden, Sächsisches Hauptstaatsarchiv Dresden (12674 Nachlass Ernst, 659/ 1, Nr. 8). Abb. S. 100

89   Adolph Eltzner / Heinrich Walter | Dresden vom Ballon gesehen. Dresden, um 1852. Kolorierte Lithografie, 51,8 x 71,5 cm. Dresden, Museen der Stadt Dresden, Städtische Galerie Dresden, Kunstsammlung (1980/k 2471). Abb. S. 6

90   Adolph Eltzner / Heinrich Walter | Dresden vom Ballon gesehen. Dresden, um 1852. Kolorierte Lithografie, 47,8 x 65,5 cm. Dresden, Kupferstich-Kabinett, Staatliche Kunstsammlungen Dresden, Sammlung Bienert, im Landesamt für Denkmalpflege Sachsen (M3 K3 B4)

91   Hermann Krone | Lehrtafel 29: Blick auf die Brühlsche Terrasse mit Belvedere und Blick über die Brücke. Dresden, 1855. Fotografien, 94 x 67 cm. Dresden, Hermann-Krone-Sammlung. Technische Universität Dresden. Institut für Angewandte Photophysik (Lehrtafel 29). Abb. S. 105

92   Christian Friedrich Gille | Gondelhafen. Dresden, um 1856. Bleistift, 12,2 x 17,2 cm. Dresden, Kupferstich-Kabinett, Staatliche Kunstsammlungen Dresden, Sammlung Bienert, im Landesamt für Denkmalpflege Sachsen (M11 K16 B78). Abb. S. 89 und S. 93

93   Hermann Krone | Lehrtafel 25: Blick entlang der Brühlschen Terrasse zur Hofkirche und Blick vom Neustädter Ufer zur Augustusbrücke. Dresden, 1857. Fotografien, 94 x 67 cm. Dresden, Hermann-Krone-Sammlung. Technische Universität Dresden. Institut für Angewandte Photophysik (Lehrtafel 25)

94   Hermann Krone | Blick von der Marienbrücke nach der Altstadt. Dresden, um 1863. Stereo-Fotografie. Dresden, Hermann-Krone-Sammlung. Technische Universität Dresden. Institut für Angewandte Photophysik (N 0360. Kronenummer 36 D; 446 (Ausdruck 2005)). Abb. S. 140

95   Gustav Täubert / Hans A. Willard | Dresden gen Westen. Deutschland, um 1860. Kolorierte Lithografie, 34,1 x 47,3 cm. Dresden, Städtische Galerie Dresden, Kunstsammlung (1980/k 1607). Abb. S. 106

96   Anonym | Actie des Actien – Vereins Zoologischer Garten zu Dresden. Dresden, 1861. Kolorierter Stahlstich, 33,8 x 21,4 cm. Dresden, Stadtarchiv Dresden (9.2.6. Nr. 524). Abb. S. 102

97   Franz Wilhelm Leuteritz | Blick vom Quandtschen Garten. Dresden, 1865. Öl auf Leinwand, 70 x 94,5 cm. Dresden, Städtische Galerie Dresden, Kunstsammlung (1978/k 441). Abb. S. 91

98 CHRISTIAN FRIEDRICH GILLE | Erntearbeiter vor Dresden. Dresden, 1866. Öl auf Pappe, 26,5 x 39 cm. Dresden, Galerie Neue Meister, Staatliche Kunstsammlungen Dresden (Gal. Nr. 2233 L). Abb. S. 88

99 FRANZ WILHELM LEUTERITZ | Blick auf die Albrechtsschlösser bei Dresden. Dresden, 1868. Öl auf Leinwand, 60 x 84 cm. Freital, Städtische Sammlungen Freital, Stiftung Friedrich Pappermann (Inv. Nr. 114). Abb. S. 90

100 ANONYM | Achtteiliges Frühstücksservice. Deutschland, um 1870. Porzellan. Ahlen, Graf Schall-Riaucour. Abb. S. 15

101 ANONYM | Ufer unter dem italienischen Dörfchen. Dresden, um 1870. Kolorierte Lithografie, 16,4 x 26,5 cm. Dresden, Kupferstich-Kabinett, Staatliche Kunstsammlungen Dresden (Sax.top I 4, 25 A 131428). Abb. S. 62

102 ANONYM | 11. DEUTSCHEN FEUERWEHRTAG DRESDEN DEN 17. 18. 19. JULI 1880. Dresden, 1880. Zinn, Dm. 4,12 cm. Dresden, Münzkabinett, Staatliche Kunstsammlungen Dresden (6290). Abb. S. 99

103 GUSTAV FRIEDRICH KLEMM | Der Horizont von Dresden. Dresden, 03. Nov. 1826. Lavierte Federzeichnung, 21,3 x 25,3 cm. Dresden, Sächsische Landesbibliothek – Staats- und Universitätsbibliothek Dresden, Kartensammlung (B 1481). Abb. S. 92

104 ERMENEGILDO ANTONIO DONADINI | Dresden. Dresden, nach 1894. Fotografie. Dresden, Sächsische Landesbibliothek – Staats- und Universitätsbibliothek Dresden, Fotothek (43489; Abzug 2005). Abb. S. 20

105 PAUL BAUM | Augustusbrücke mit Frauenkirche. Dresden, um 1895. Aquarellierte Zeichnung, Kohle, 40,2 x 60,5 cm. Dresden, Kupferstich-Kabinett, Staatliche Kunstsammlungen Dresden (C 1896-11). Abb. S. 119

106 PAUL BAUM | Augustusbrücke. Dresden, um 1895. Aquarellierte Zeichnung, Kohle, 28,1 x 60,3 cm. Dresden, Kupferstich-Kabinett, Staatliche Kunstsammlungen Dresden (C 1896-12)

107 WILHELM SCHILLER & SOHN | Zwei Wandteller mit Stadtansichten von Dresden. Dresden, Ende 19. Jahrhundert. Steingut mit farbiger Bemalung, Dm. 52 cm. Dresden, Stadtmuseum Dresden (1980/236 a und b). Abb. S. 98

108 GOTTHARDT KUEHL | Augustusbrücke bei Schnee. Dresden, vor 1899. Öl auf Leinwand, 75,5 x 110 cm. Dresden, Galerie Neue Meister, Staatliche Kunstsammlungen Dresden (Gal. Nr. 2324). Abb. S. 117

109 GOTTHARDT KUEHL | Blick aus dem Atelier. Dresden, 1899. Mischtechnik auf Pappe, 38,5 x 30,5 cm. Dresden, Galerie Neue Meister, Staatliche Kunstsammlungen Dresden (Gal. Nr. 2854). Abb. S. 113

110 R. DILLER | Medaille des Vereins für Historische Waffenkunde. Deutschland, 1900. Silber, Dm. 4,23 cm. Dresden, Münzkabinett, Staatliche Kunstsammlungen Dresden (5444). Abb. S. 117

111 GOTTHARDT KUEHL | Ansicht oberhalb der Augustusbrücke. Dresden, 1902. Öl auf Leinwand, 126 x 201,5 cm. Dresden, Städtische Galerie Dresden, Kunstsammlung (1978/k 108). Abb. S. 23

112 FRITZ BLEYL | Augustusbrücke in Dresden. Dresden, 1904. Schwarze und farbige Kreide, 19 x 29 cm. Zwickau, Städtische Museen Zwickau, Kunstsammlungen (V/67/123/K2).

113 FRITZ BLEYL | Augustusbrücke in Dresden mit Frauenkirche. Dresden, 1906. Lithografie, 48,5 x 39,2 cm. Zwickau, Städtische Museen Zwickau, Kunstsammlungen (V/67/96/c/K2 und V/67/96/b/K2). Abb. S. 121

114 ANONYM | Interimsbrücke. Dresden, 1907. Fotografie. Dresden, Sächsische Landesbibliothek – Staats- und Universitätsbibliothek Dresden, Fotothek (269746; Abzug 2005). Abb. S. 134

115 GOTTHARDT KUEHL | Der Brückenbau. Dresden, 1910. Öl auf Leinwand, 130 x 100 cm. Dresden, Galerie Neue Meister, Staatliche Kunstsammlungen Dresden (Gal. Nr. 2324 A). Abb. S. 112

116 ERNST LUDWIG KIRCHNER | Dresden (Augustusbrücke, Hofkirche, Frauenkirche). Dresden, 1910. Aquarell, Kreide und Bleistift auf Papier, 36,5 x 37,5 cm. Berlin, W. Wittrock Kunsthandel. Abb. S. 118

117 ADOLPH MICHALSKY | Dresden 1911. Dresden, 1911. Fotogravure, 44 x 60,5 cm. Dresden, Städtische Galerie Dresden, Kunstsammlung (1977/k 465)

118 ADOLPH MICHALSKY | Dresden. Dresden, um 1911. Aquarellierte Federzeichnung, 51,5 x 86,5 cm. Dresden, Städtische Galerie Dresden, Kunstsammlung (1980/k 2483). Abb. S. 100

119 FRITZ BLEYL | Dresden (Blick auf Frauenkirche und Hofkirche). Dresden, 1912. Wasserfarben über Bleistift auf Papier, 31,8 x 61,5 cm. Zwickau, Städtische Museen Zwickau, Kunstsammlungen (2003/4K2). Abb. S. 120

120 VERLAG: A. DESBARATS | Postkarte: Dresden. Dresden, um 1915. Kolorierte Fotografie, 10 x 15 cm. Dresden, Stadtarchiv Dresden (GA-024). Abb. S. 104

121 OSKAR KOKOSCHKA | Dresden, Augustusbrücke mit Dampfboot (II). Dresden, 1923. Öl auf Leinwand, 65 x 95,5 cm. Eindhoven, Collection van Abbemuseum, Eindhoven (Inv. Nr. 1.0195). Abb. S. 110

122 VERLAG: STENGEL | Postkarte: Dresden – Altstadt von der Marienbrücke. Deutschland, um 1926. Fotografie, 10 x 15 cm. Dresden, Stadtarchiv Dresden (GA-021). Abb. S. 104

123 WALTER MÖBIUS | Blick auf Dresden mit Heizkraftwerk. Dresden, 1928. Fotografie. Dresden, Sächsische Landesbibliothek – Staats- und Universitätsbibliothek Dresden, Fotothek (M 2; Abzug 2005). Abb. S. 14

124 CONRAD FELIXMÜLLER | Liebespaar vor Dresden. Dresden, 1928. Öl auf Leinwand, 161 x 103 cm. Dresden, Galerie Neue Meister, Staatliche Kunstsammlungen Dresden (Gal. Nr. 3684). Abb. S. 125

125   RICHARD MÜLLER | Blick aus dem Atelierfenster. Dresden, 1929. Öl auf Leinwand, 161 x 125 cm. Dresden, Galerie Neue Meister, Staatliche Kunstsammlungen Dresden (Gal. Nr. 3140). Abb. S. 124

126   CONRAD FELIXMÜLLER | Zeichner vor Dresden (Selbstbildnis). Dresden, 1930. Holzschnitt, 50,2 x 40,6 cm. Berlin, Staatliche Museen zu Berlin, Kupferstichkabinett (AM 289-1973).

127   CONRAD FELIXMÜLLER | Zeichner vor Dresden (Selbstbildnis). Dresden, 1930. Holzschnitt, 50,2 x 40,6 cm. Altenburg, Lindenau-Museum Altenburg (C 12808). Abb. S. 121

128   VERLAG: A.& R. ADAM | Postkarte: Dresden. Deutschland, um 1935. Fotografie, 10 x 15 cm. Dresden, Stadtarchiv Dresden (GA-016). Abb. S. 105

129   ANONYM | Postkarte: Blick von der Freitreppe des Japanischen Palais. Deutschland, 1930er Jahre. Fotografie, 10 x 15 cm. Dresden, Stadtarchiv Dresden (GA-053). Abb. S. 104

130   WALTER HAHN | Blick vom Gesamtministerium. Dresden, 1938. Fotografie. Dresden, Sächsische Landesbibliothek – Staats- und Universitätsbibliothek Dresden, Fotothek (312129; Abzug 2005). Abb. S. 22

131   FRITZ BECKERT | Dresdner Türme. Dresden, 1940. Öl auf Leinwand, 105 x 160 cm. Dresden, Galerie Neue Meister, Staatliche Kunstsammlungen Dresden (Gal. Nr. 2590 A). Abb. S. 115

132   FRITZ BECKERT | Blick vom Schlossturm. Dresden, 1944. Öl auf Hartfaser, 40,5 x 55,5 cm. Dresden, Galerie Neue Meister, Staatliche Kunstsammlungen Dresden (Gal. Nr. 87 / 44). Abb. S. 114

133   F. W. HÖRNLEIN | Ehrendenkmünze der Landeshauptstadt Dresden. Dresden, 1944. Kupfer, Dm. 7,2 cm. Dresden, Münzkabinett, Staatliche Kunstsammlungen Dresden (90 / 713). Abb. S. 81

134   WLADIMIR BOGATKIN | Blick über die zerstörte Carolabrücke, 1945. Bleistiftzeichnung, 20,7 x 29,8 cm. Dresden, Kupferstich-Kabinett, Staatliche Kunstsammlungen Dresden (C 1966, 108). Abb. S. 130

135   WLADIMIR BOGATKIN | Blick auf die zerstörte Marienbrücke. Dresden, 1945. Bleistiftzeichnung, 20,7 x 29,8 cm. Dresden, Kupferstich-Kabinett, Staatliche Kunstsammlungen Dresden (C 1966, 107)

136   EDMUND KESTING | Dresden 1945. Dresden, 1945. Aquarell, Feder in schwarz und blau, 40 x 30,9 cm. Chemnitz, Kunstsammlungen Chemnitz (Z 1966). Abb. S. 136

137   WILHELM RUDOLPH | Ruine der Frauenkirche. Dresden, um 1945. Federzeichnung mit Tusche, 29 x 39 cm. Dresden, Kupferstich-Kabinett, Staatliche Kunstsammlungen Dresden (C 1959-5). Abb. S. 129

138   WILHELM RUDOLPH | Ruine der Frauenkirche. Dresden, um 1945. Federzeichnung, 30,6 x 43,8 cm. Dresden, Kupferstich-Kabinett, Staatliche Kunstsammlungen Dresden (C 1959-83)

139   WILHELM RUDOLPH | Ruine der Frauenkirche. Dresden, nach 1945. Lithografie, 32 x 43,8 cm. Dresden, Kupferstich-Kabinett, Staatliche Kunstsammlungen Dresden (B 1946-58)

140   EDMUND KESTING | Ruine der Frauenkirche. Dresden, 1946. Aquarell, Tusche, Bleistift, 39,9 x 30,9 cm. Erfurt, Angermuseum Erfurt (IX.224)

141   EDMUND KESTING | Panorama von Dresden. Dresden, 1930er Jahre. Fotografie. Dresden, Sächsische Landesbibliothek – Staats- und Universitätsbibliothek Dresden, Fotothek (1998.D. 1/ 15). Abb. S. 167

142   GEORG NERLICH | Aufbau der Augustusbrücke. Dresden, 1948. Öl auf Leinwand, 70,4 x 100 cm. Dresden, Städtische Galerie Dresden, Kunstsammlung (1948/ 13). Abb. S. 151

143   THEODOR ROSENHAUER | Augustusbrücke. Dresden, 1951. Öl auf Leinwand, 60 x 90 cm. Dresden, Galerie Neue Meister, Staatliche Kunstsammlungen Dresden (Gal. Nr. 2764). Abb. S. 150

144   BERNHARD KRETZSCHMAR | Brühlsche Terrasse in Dresden. Dresden, 1951. Öl auf Sperrholz, 43,5 x 78,5 cm. Berlin, Stiftung Archiv der Akademie der Künste, Kunstsammlungen (E 15). Abb. S. 115

145   WILHELM RUDOLPH | Das zerstörte Dresden. Dresden, 1952. Öl auf Leinwand, 110 x 150 cm. Dresden, Galerie Neue Meister, Staatliche Kunstsammlungen Dresden (Gal. Nr. 2986). Abb. S. 129

146   HERBERT SCHNEIDER | Silhouette mit eingezeichneter Dominante von Osten gesehen. Dresden, 1954. Fotomontage, 40 x 50 cm. Dresden, Landesamt für Denkmalpflege Sachsen. Nachlass H. Schneider Präsentationsmappe 1954, Bild 15. Abb. S. 145

147   HERBERT SCHNEIDER | Silhouette mit eingezeichneter Dominante von Nord-Westen gesehen. Dresden, 1954. Fotomontage, 40 x 50 cm. Dresden, Landesamt für Denkmalpflege Sachsen. Nachlass H. Schneider Präsentationsmappe 1954, Bild 16

148   HERMANN GLÖCKNER | Farbentwurf für das Wandbild im Kulturhaus Dresden-Niedersedlitz. Dresden, 1954. Graphit und Tempera auf Zeichenkarton, 32,2 x 86 cm. Dresden, Nachlass Hermann Glöckner. Abb. S. 153

149   WINFRIED DIERSKE | Stadtansicht. Dresden, 1962. Öl auf Pappe, 25,7 x 43,6 cm. Dresden, Privatbesitz. Abb. S. 122

150   ANONYM | Blick durch Bogen der Carolabrücke auf Terrassenufer. Deutschland, 1969. Fotografie. Dresden, Sächsische Landesbibliothek – Staats- und Universitätsbibliothek Dresden, Fotothek (154521; Abzug 2005). Abb. S. 141

151   CHRISTIAN BORCHERT | Kulisse zum Film »5 Tage – 5 Nächte«. Deutschland, 1960er Jahre. Fotografie, 24,8 x 37,8 cm. Dresden, Kupferstich-Kabinett, Staatliche Kunstsammlungen Dresden (D 2001-27). Abb. S. 131

152   MAX UHLIG | Blick auf Dresden. Dresden, 1970. Lithografie, 31,1 x 43 cm. Dresden, Kupferstich-Kabinett, Staatliche Kunstsammlungen Dresden (B 1970-63, Mappe 3, 1). Abb. S. 146

153   MAX UHLIG | Hofkirche. Dresden, 1970. Lithografie, 370 x 50 cm. Dresden, Kupferstich-Kabinett, Staatliche Kunstsammlungen Dresden (B 1970–63; Mappe 3, 1)

154   VERLAG: VEB BILD UND HEIMAT | Postkarte: Dresden. Reichenbach, 1970. Fotografie, 10 x 15 cm. Dresden, Stadtarchiv Dresden (GA-040)

155   ERNST HASSEBRAUK | Blick auf die Brühlsche Terrasse. Dresden, 1970er Jahre. Tusche auf Papier, 69,5 x 100,5 cm. Dresden, Kupferstich-Kabinett, Staatliche Kunstsammlungen Dresden (C 1986-170). Abb. S. 147

156   ERNST HASSEBRAUK | Die Brühlsche Terrasse. Dresden. Feder in Tusche, Filzstift, 42 x 56 cm. Dresden, Kupferstich-Kabinett, Staatliche Kunstsammlungen Dresden (C 1974-239)

157   ERNST HASSEBRAUK | Dresden. Dresden, 1971. Öl auf Leinwand, 90 x 120 cm. Dresden, Galerie Neue Meister, Staatliche Kunstsammlungen Dresden (Gal. Nr. 86/37). Abb. S. 148

158   VERLAG: BRÜCK & SOHN | Postkarte: Dresden im neuen Gewand. Deutschland, 1972. Fotografie, 10 x 15 cm. Dresden, Stadtarchiv Dresden (GA-073). Abb. S. 141

159   PETER GÖTZ GÜTTLER | 25 JAHRE DDR PRAGER STRASSE DRESDEN. Rs. STAATL. KUNSTSAMMLUNGEN DRESDEN. SEMPERBAU 1847–55. Dresden, 1974. Weißmetall, Dm. 6,15 cm. Dresden, Münzkabinett, Staatliche Kunstsammlungen Dresden (75/140). Abb. S. 141

160   VERLAG: FRIEDRICH KAISER & SOHN | Postkarte: Dresden. Freital, 1980. Fotografie, 10 x 15 cm. Dresden, Stadtarchiv Dresden (GA-062). Abb. S. 141

161   VERLAG: VEB FOTO-VERLAG | Postkarte: Grüße aus Dresden. Erlbach, 1982. Fotografie, 10 x 15 cm. Dresden, Stadtarchiv Dresden (GA-063). Abb. S. 141

162   JÜRGEN SCHIEFERDECKER | Warten auf Grün. Dresden 1985. Collage, 68,5 x 51,5 cm. Dresden, Prof. Jürgen Schieferdecker. Abb. S. 153

163   SIEGFRIED KLOTZ | Blick von der Marienbrücke. Dresden, 1990. Öl auf Leinwand, 60 x 90 cm. Stuttgart, Privatbesitz. Abb. S. 116

164   ANONYM | DEUTSCHER·TISCHLERTAG·DRESDEN 1994 | Dresden, 1994. Messing, Dm. 4,01 cm. Dresden, Münzkabinett, Staatliche Kunstsammlungen Dresden (94/485). Abb. S. 153

165   RALF KERBACH | Dresden bleifarben. Dresden, 1996. Öl auf Leinwand, 135 x 155 cm. Biesenthal, Dresden, Prof. Ralf Kerbach. Abb. S. 166

166   RALF KERBACH | Serie »Dresden«. Dresden, 1996/97. Öl auf Pappe, 30 x 40 cm. Biesenthal, Dresden, Prof. Ralf Kerbach

167   PETER NEUSSER | »Multiples«. Dresden, 2004. Fotoleuchtkasten, 98,6 x 128,6 cm. Besitz des Künstlers. Abb. S. 156

168   MICHAEL GRZESIAK VON URBIKON.COM | DresdenHistoryPark. Leipzig, 2004. Grafik, 80 x 120 cm. Berlin, Leipzig, Michael Grzesiak von urbikon.com. Abb. S. 170

169   VOLKER KREIDLER | 01-05-2005. Dresden, 2005. Fotografie, 90 x 160 cm. Besitz des Künstlers. Gefördert durch die Kulturstiftung des Freistaates Sachsen. Abb. S. 159

170   FRANK-HEINRICH MÜLLER | hindsight // im Nachhinein. Dresden, 2005. Fotografien, 82 x 500 cm. Besitz des Künstlers. Gefördert durch die Kulturstiftung des Freistaates Sachsen. www.photographiedepot.de. Abb. S. 162–163

171   RICARDA ROGGAN | ^{2}ATTIKA 3^2. Dresden, 2005. C-Print, 160 x 194 cm. courtesy Galerie EIGEN + ART Leipzig/Berlin. Gefördert durch die Kulturstiftung des Freistaates Sachsen. Abb. S. 164

172   RICARDA ROGGAN | ^{2}ATTIKA 3^2. Dresden, 2005. C-Print, 160 x 194 cm. courtesy Galerie EIGEN + ART Leipzig/Berlin. Gefördert durch die Kulturstiftung des Freistaates Sachsen. Abb. S. 164

173   MATTHIAS HOCH | Dresden #1, 2005. Dresden, 2005. Fotografie, 150 x 190 cm. courtesy Dogenhaus Galerie Leipzig. Gefördert durch die Kulturstiftung des Freistaates Sachsen. Abb. S. 161

174   MATTHIAS HOCH | Dresden #2, 2005. Dresden, 2005. Fotografie, 100 x 85 cm. courtesy Dogenhaus Galerie Leipzig. Gefördert durch die Kulturstiftung des Freistaates Sachsen. Abb. S. 161

175   MICHAEL LANGE | Fassaden I-V (Ausschnitt). Dresden, 2005. Drei Fotografien à 70 x 56 cm. Besitz des Künstlers. Gefördert durch die Kulturstiftung des Freistaates Sachsen. Abb. S. 165

176   WALTER NIEDERMAYR | DRESDEN IX 2005. Dresden, 2005. Fotografie, 131 x 316 cm. Besitz des Künstlers. Gefördert durch die Kulturstiftung des Freistaates Sachsen. Abb. S. 160

Leihgeber und Förderer

Wir danken den Leihgebern

Ahlen, Graf von Schall-Riaucour

Altenburg, Lindenau-Museum Altenburg

Augsburg, Stadt- und Staatsbibliothek Augsburg

Berlin, Staatliche Museen zu Berlin, Kupferstichkabinett

Berlin, Stiftung Archiv der Akademie der Künste, Kunstsammlung

Berlin, W. Wittrock Kunsthandel

Berlin, Leipzig, Michael Grzesiak von urbikon.com

Biesenthal, Dresden, Prof. Ralf Kerbach

Chemnitz, Kunstsammlungen Chemnitz

Dortmund, Museum für Kunst und Kulturgeschichte der Stadt Dortmund

Dresden, Gemäldegalerie Alte Meister, Staatliche Kunstsammlungen Dresden

Dresden, Galerie Neue Meister, Staatliche Kunstsammlungen Dresden

Dresden, Hermann-Krone-Sammlung. Technische Universität Dresden. Institut für Angewandte Photophysik

Dresden, Kunstgewerbemuseum, Staatliche Kunstsammlungen Dresden

Dresden, Kupferstich-Kabinett, Staatliche Kunstsammlungen Dresden

Dresden, Kupferstich-Kabinett, Staatliche Kunstsammlungen Dresden Sammlung Bienert im Landesamt für Denkmalpflege Sachsen

Dresden, Landesamt für Denkmalpflege Sachsen

Dresden, Mathematisch-Physikalischer Salon, Staatliche Kunstsammlungen Dresden

Dresden, Münzkabinett, Staatliche Kunstsammlungen Dresden

Dresden, Nachlass Hermann Glöckner

Dresden, Porzellansammlung, Staatliche Kunstsammlungen Dresden

Dresden, Rüstkammer, Staatliche Kunstsammlungen Dresden

Dresden, Sächsisches Hauptstaatsarchiv Dresden

Dresden, Sächsische Landesbibliothek – Staats- und Universitätsbibliothek Dresden

Dresden, Stadtarchiv Dresden

Dresden, Museen der Stadt Dresden, Stadtmuseum Dresden

Dresden, Museen der Stadt Dresden, Städtische Galerie Dresden, Kunstsammlung

Dresden, Prof. Jürgen Schieferdecker

Dresden, Schlösser und Gärten in Dresden, Schloss und Park Pillnitz

Düsseldorf, Stiftung museum kunst palast

Eindhoven, Collection van Abbemuseum

Erfurt, Angermuseum Erfurt

Freital, Städtische Sammlungen Freital

Freital, Städtische Sammlungen Freital, Stiftung Friedrich Pappermann

Moritzburg, Staatliche Schlösser, Burgen und Gärten Sachsen, Schloss Moritzburg und Fasanenschlösschen

Leipzig, courtesy Galerie EIGEN + ART Leipzig/Berlin

Leipzig, courtesy Dogenhaus Galerie Leipzig

Prag, Umeleckoprumyslove Muzeum Praha

Schwerin, Staatliches Museum Schwerin

Stockholm, Nationalmuseum Stockholm

Troyes, Conservation des Musées d'Art et d'Histoire

Zwickau, Städtische Museen Zwickau, Kunstsammlungen

Sowie weitere private Leihgeber

Wir danken den Förderern

Gefördert von der

Kulturstiftung Dresden der Dresdner Bank

Freundeskreis der KulturStiftung der Länder e.V.

KULTURSTIFTUNG DES FREISTAATES SACHSEN

Bildnachweis

Umschlagabbildung

CARL GUSTAV CARUS | Blick auf Dresden bei Sonnenuntergang. Dresden, 1822. Öl auf Leinwand, 22 x 30,5 cm. Kunstsammlungen Chemnitz (211). Detail aus Abb. 68

Lindenau-Museum Altenburg (Abb. 120, Foto: Sinterhauf); Bildarchiv Preußischer Kulturbesitz, Berlin (Abb. 71); Stiftung Archiv der Akademie der Künste, Kunstsammlung, Berlin (Abb. 111); W. Wittrock Kunsthandel, Berlin (Abb. 116, Foto: Jens Willebrand); Kunstsammlungen Chemnitz (Abb. 68, Foto: PUNCTUM/Bertram Kober; Abb. 136, Foto: László Tóth, Chemnitz); Museum für Kunst und Kulturgeschichte der Stadt Dortmund (Abb. 73); Gemäldegalerie Alte Meister, Staatliche Kunstsammlungen Dresden (Abb. 54, 57, 58, Fotos: Elke Estel und Hans-Peter Klut, Dresden); Galerie Neue Meister, Staatliche Kunstsammlungen Dresden (Abb. 65, 72, 108–110, 112, 114, 122, 123, 129, 146, 147, Fotos: Elke Estel und Hans-Peter Klut, U.-M. Hoffmann, Dresden); Kunstgewerbemuseum, Staatliche Kunstsammlungen Dresden (Abb. 31, Foto: Elke Estel und Hans-Peter Klut, Dresden); Kupferstich-Kabinett, Staatliche Kunstsammlungen Dresden (Abb. 2, 32, 59, 70, 87, 91, 125, 130, 131, Fotos: Herbert Boswank, Elke Estel und Hans-Peter Klut, Renate Schurz, Dresden); Mathematisch-Physikalischer Salon, Staatliche Kunstsammlungen Dresden (Abb. 41, 42, 44–46, 127, Fotos: Jürgen Karpinski, Peter Müller, Dresden); Münzkabinett, Staatliche Kunstsammlungen Dresden (Abb. 64, 85, 115, 134, 141, 150, Fotos: Elke Estel und Hans-Peter Klut, Dresden); Porzellansammlung, Staatliche Kunstsammlungen Dresden (Abb. 7, Foto: Klaus Tänzer, Dresden; Abb. 60, Foto: Jürgen Karpinski; Abb. 86, Foto: Rico Hoffmann, Dresden); Rüstkammer, Staatliche Kunstsammlungen Dresden (Abb. 35–39, Fotos: Elke Estel und Hans-Peter Klut, Dresden); Museen der Stadt Dresden, Stadtmuseum Dresden (Abb. 83, Foto: Franz Zadniček); Museen der Stadt Dresden, Städtische Galerie Dresden, Kunstsammlung (Abb. 1, 14, 22, 53, 66, 76, 88, 99, 148, Fotos: Franz Zadniček); Hermann-Krone-Sammlung. Technische Universität Dresden. Institut für Angewandte Photophysik (Abb. 98, 137); Landesamt für Denkmalpflege Sachsen, Dresden (Abb. 4, 74, 80, 143, Fotos: Junius); Michel Sandstein GmbH, Dresden (Abb. 75); Sächsisches Hauptstaatsarchiv Dresden (Abb. 47, 51, 84, 89); Sächsische Landesbibliothek – Staats- und Universitätsbibliothek Dresden, Abt. Deutsche Fotothek (Abb. 3, 5, 8, 9, 11, 13, 20, 21, 23–30, 33, 34, 40, 43, 48, 49, 61–63, 78, 79, 81, 82, 90, 93, 100–106, 117, 126, 132, 133, 135, 142, 144, 145, 162, Fotos: Regine Richter, André Rous, Dresden); Schlösser und Gärten in Dresden (Abb. 52); Stadtarchiv Dresden (Abb. 92, 94–97, 138–140); Stiftung museum kunst palast, Düsseldorf (Abb. 15); Collection van Abbemuseum, Eindhoven (Abb. 107); Städtische Sammlungen Freital (Abb. 69); Dogenhaus Galerie Leipzig (Abb. 158, 159, Fotos: Matthias Hoch); Galerie EIGEN + ART Leipzig/Berlin (Abb. 153, 154, Fotos: Ricarda Roggan); Museum der bildenden Künste Leipzig (Abb. 77,

Foto: Ursula Gerstenberger); Staatliche Schlösser, Burgen und Gärten Sachsen, Schloss Moritzburg und Fasanenschlösschen (Abb. 56); Umeleckoprumyslove Muzeum, Prag (Abb. 6); Staatliches Museum Schwerin (Abb. 50); Nationalmuseum Stockholm (Abb. 55); Conservation des Musées d'Art et d'Histoire, Troyes (Abb. 124, Foto: Jean-Marie Protte); Städtische Museen Zwickau, Kunstsammlungen (Abb. 118, 119); Michael Grzesiak von urbikom.com, Berlin, Leipzig (Abb. 163); Prof. Ralf Kerbach, Biesenthal, Dresden (Abb. 161); Walter Niedermayr, Bozen (Abb. 157); Elke Estel und Hans-Peter Klut, Dresden (Abb. 67); Volker Kreidler, Berlin (Abb. 156); Michael Lange, Dresden (Abb. 160); Nachlass Hermann Glöckner, Dresden (Abb. 151); Archiv Jürgen Paul, Dresden (Abb. 12, 16–19); Prof. Jürgen Schieferdecker, Dresden (Abb. 149); Frank-Heinrich-Müller, www.photographiedepot.de, Leipzig (Abb. 155); Peter Neusser, München (Abb. 152); Archiv Duncan Berry, Yarmouth Port (Abb. 10); © VG Bild-Kunst (Abb. 123, 147)

Impressum

**Der Blick auf Dresden. Die Frauenkirche und
das Werden der Dresdner Stadtsilhouette**
29. Oktober 2005 – 1. Mai 2006
Ausstellungsgebäude an der Brühlschen Terrasse

Eine Ausstellung der Staatlichen Kunstsammlungen Dresden
und der Stiftung Frauenkirche

Katalog herausgegeben von Anna Greve, Gilbert Lupfer und
Peter Plaßmeyer für die Staatlichen Kunstsammlungen Dresden

Schirmherr

Prof. Dr. Georg Milbradt
Ministerpräsident des Freistaates Sachsen

Wissenschaftlicher Beirat

Steffen Heitmann
MdL, Staatsminister a. D. (Vorsitzender)

Barbara Ludwig
Staatsministerin für Wissenschaft und Kunst
(seit dem 13.12.2004)

Dr. Werner Barlmeyer
Direktor des Stadtmuseums Dresden

Dr. Thomas Bürger
Generaldirektor der Sächsischen Landesbibliothek –
Staats- und Universitätsbibliothek Dresden

Prof. Dr. Gerhard Glaser
Ehem. Sächsischer Landeskonservator

Dr. Christoph Münchow
Oberlandeskirchenrat

Prof. Dr. Hans Joachim Neidhardt

Prof. Dr. Jürgen Paul

Dr. Matthias Rößler
MdL, Staatsminister a. D.

Ingolf Roßberg
Oberbürgermeister der Stadt Dresden

Prof. Dr. Martin Roth
Generaldirektor der Staatlichen Kunstsammlungen Dresden

Wissenschaftlicher Beirat für das Projekt »Blickwechsel«

Steffen Heitmann
MdL, Staatsminister a. D. (Vorsitzender)

Prof. Dr. Wolfgang Holler
Direktor des Kupferstich-Kabinetts
Staatliche Kunstsammlungen Dresden

Ralph Lindner
Stiftungsdirektor der Kulturstiftung des Freistaates Sachsen

Dr. Jutta Penndorf
Direktorin des Lindenau-Museums Altenburg

Ausstellungsleitung

Dr. Peter Plaßmeyer
Direktor des Mathematisch-Physikalischen Salons
Staatliche Kunstsammlungen Dresden

PD Dr. Gilbert Lupfer
Staatliche Kunstsammlungen Dresden

Dr. Anna Greve
Staatliche Kunstsammlungen Dresden

Redaktion

Dr. Anna Greve
Staatliche Kunstsammlungen Dresden

PD Dr. Gilbert Lupfer
Staatliche Kunstsammlungen Dresden

Dr. Peter Plaßmeyer
Direktor des Mathematisch-Physikalischen Salons
Staatliche Kunstsammlungen Dresden

Bearbeitung des Kataloganhangs

Katrin Gemser

Lektorat

Merle Ziegler
Deutscher Kunstverlag München · Berlin

Ausstellungsarchitektur

Klinkenbusch + Kunze Architekten ArGe, Dresden

Ausstellungsgrafik, Layout/Satz Katalog

Denise Walther
Heimatstuben, Dresden

Reproduktionen

DZA Satz & Bild GmbH, Altenburg

Druck und Bindung

aprinta, Wemding

Bibliografische Information Der Deutschen Bibliothek

Die Deutsche Bibliothek verzeichnet diese Publikation in der
Deutschen Nationalbibliografie; detaillierte bibliografische
Daten sind im Internet über http://dnb.ddb.de abrufbar.

© 2005 Staatliche Kunstsammlungen Dresden
Deutscher Kunstverlag München · Berlin

ISBN 3-422-06576-8